Monika Reimann

Grundstufen-Grammatik
Griechenland

Erklärungen und Übungen

bearbeitet von
Manuela Georgiakaki

übersetzt von
Eleftheria Pikologlou

Für M. und D.

Πεντέλης 31Α, 153 43 Αγ. Παρασκευή
Τηλ. 210 600 7801-2 Fax 210 600 7800
E-Mail: info@hueber-hellas.gr

Συντονισμός έκδοσης:	Χρήστος Καραμπάτος
Επιμέλεια έκδοσης:	Σοφία Παπαγεωργίου
Διορθώσεις:	Γεωργία Μπαρκούρα

 Dieses Werk folgt der seit dem 1. August 1998 gültigen Rechtschreibreform.

9. Auflage 2005
© 1996 Max Hueber Verlag, D-85737 Ismaning
© 1998 Hueber Hellas, GR-153 43 Athen
Verlagsredaktion: Peter Süß
Herstellung / Layout / Umschlag: Markus Dockhorn
Satz im griech. Teil: CHR. KARABATOS-Verlag, Athen
Herstellung im griech. Teil: Color box, Athen
Umschlaggrafik: Maria Hösl, München
Zeichnungen: Wilfried Poll, München
Printed in Greece
ISBN 960–7396–24–3

Πρόλογος

Το βιβλίο αυτό με τη συστηματική παρουσίαση γραμματικών και συντακτικών φαινομένων είναι ένα πολύτιμο εργαλείο για όσους ασχολούνται με την εκμάθηση της γερμανικής γλώσσας. Απευθύνεται σε μαθητές της βασικής βαθμίδας (Grundstufe), αλλά και σε μαθητές της μεσαίας βαθμίδας (Mittelstufe), που θέλουν να θυμηθούν και να επαναλάβουν την ύλη προηγούμενων χρόνων. Αποτελεί συμπλήρωμα σε όλα τα βιβλία της βασικής βαθμίδας και σημαντικό βοήθημα στην προετοιμασία για τις εξετάσεις του *Zertifikat Deutsch als Fremdsprache*, αφού το λεξιλόγιο που υπάρχει σε όλα τα παραδείγματα και τις ασκήσεις αντιστοιχεί σ' αυτό που απαιτείται και για τις εξετάσεις.

Το ιδιαίτερο γνώρισμα του βιβλίου είναι ότι οι εξηγήσεις και οι απαραίτητες διευκρινίσεις δίνονται στα ελληνικά, ώστε να γίνονται κατανοητές ακόμη κι από αρχάριους. Κάποιοι όροι, που συναντάει κανείς συχνά στα διδακτικά βιβλία, παραμένουν στα γερμανικά.

Οι πίνακες βοηθούν στην ομαδοποίηση γραμματικών τύπων, που παρουσιάζονται έτσι συνοπτικά και με σαφήνεια. Οι ασκήσεις στο τέλος κάθε κεφαλαίου κάνουν δυνατή την πρακτική εφαρμογή και χωρίζονται σε δύο βαθμίδες δυσκολίας. Οι ευκολότερες ασκήσεις έχουν αρίθμηση σε ανοιχτό μπλε χρώμα, ενώ οι δυσκολότερες σε σκούρο μπλε.

Η μεθοδική της συγγραφής και η δομή του βιβλίου διαφαίνονται στον πίνακα περιεχομένων που ακολουθεί. Εκεί, δίνεται η ορολογία και στις δύο γλώσσες. Έτσι, παρουσιάζεται μια συνοπτική εικόνα των γραμματικών τύπων και συντακτικών φαινομένων, όπως αυτά εμφανίζονται στο βιβλίο, χωρίς να είναι απαραίτητο να τηρηθεί η συγκεκριμένη αυτή σειρά.

Η οργάνωση και η συστηματοποίηση, που διακρίνουν τη δομή του βιβλίου, το καθιστούν ένα ιδιαίτερα εύχρηστο εργαλείο τόσο για την ώρα του μαθήματος όσο και για την εκμάθηση στο σπίτι.

Συγγραφείς και Εκδοτικός οίκος

Περιεχόμενα   Inhaltsverzeichnis

Το ουσιαστικό   Nomen

Τα μόρια — Partikeln

Η πρόταση Satz

Abkürzungen

Akk.	Akkusativ
Dat.	Dativ
f.	feminin
Gen.	Genitiv
Inf.	Infinitiv
m.	maskulin
n.	neutrum
Nom.	Nominativ
Pl.	Plural
Sing.	Singular

1.1 Το ρήμα • Verb
Απαραίτητα ρήματα • Grundverben

sein – haben – werden

Χρήση

Τα ρήματα *sein, haben, werden* έχουν διάφορες χρήσεις. Τα συναντάμε σαν κύρια ρήματα, αλλά και σαν βοηθητικά, που χρησιμεύουν στο σχηματισμό των ρηματικών τύπων σε διάφορους χρόνους. Ας δούμε λοιπόν κάποια παραδείγματα:

sein

σαν κύριο ρήμα
Er ist jung. = Είναι νέος.   + επίθετο
Ich bin Arzt. = Είμαι γιατρός.   + ουσιαστικό
Die Tür ist geschlossen.   + Partizip II
= Η πόρτα είναι κλειστή.

σαν βοηθητικό ρήμα
Ich bin gestern angekommen.   Perfekt
= Έφτασα χθες.
Ich war gestern angekommen.   Plusquamperfekt
= Είχα φτάσει χθες.

τροπική χρήση
Es ist noch viel zu tun.   εκφράζει
= Πρέπει ακόμα να γίνουν πολλά.   αναγκαιότητα

haben

σαν κύριο ρήμα
Ich habe einen Hund. = Έχω ένα σκύλο.   + ουσιαστικό

σαν βοηθητικό ρήμα
Ich habe ihn gefragt. = Τον ρώτησα.   Perfekt
Ich hatte ihn gefragt. = Τον είχα ρωτήσει.   Plusquamperfekt

τροπική χρήση
Ich habe noch viel zu tun.   εκφράζει
= Έχω ακόμα πολλά να κάνω.   αναγκαιότητα

werden

σαν κύριο ρήμα
Ich werde Pilot. = Θα γίνω πιλότος.   + ουσιαστικό
Ich werde ungeduldig. = Ανυπομονώ.   + επίθετο

σαν βοηθητικό ρήμα
Ich würde jetzt gern schlafen.   Konjunktiv II
= Τώρα θα ήθελα να κοιμηθώ.
Hier wird ein Museum gebaut.   παθητική φωνή
= Εδώ χτίζεται ένα μουσείο.
Ich werde dich bald besuchen.   Futur I
= Θα σε επισκεφτώ σύντομα.

τροπική χρήση
Er wird krank sein.   εκφράζει υπόθεση
= Μάλλον θα είναι άρρωστος.

Κλίση

		sein	haben	werden
Präsens	ich	bin	habe	werde
	du	bist	hast	wirst
	er, sie, es	ist	hat	wird
	wir	sind	haben	werden
	ihr	seid	habt	werdet
	sie, Sie	sind	haben	werden
Präteritum	ich	war	hatte	wurde
	du	warst	hattest	wurdest
	er, sie, es	war	hatte	wurde
	wir	waren	hatten	wurden
	ihr	wart	hattet	wurdet
	sie, Sie	waren	hatten	wurden
Perfekt	ich	bin … gewesen	habe … gehabt	bin … geworden*
	…	…	…	…

*   Στην παθητική φωνή: *bin … worden*

Plusquamperfekt	ich	war … gewesen	hatte … gehabt	war … geworden
	…	…	…	…

▶ Ασκήσεις 1–3

können – dürfen – müssen – sollen – wollen – mögen (Modalverben)

Χρήση

Η σημασία των παρακάτω ρημάτων δεν μπορεί να αποδοθεί με μια απλή μετάφραση. Έτσι θα βοηθήσουν τα παραδείγματα:

können

εκφράζει μια ικανότητα (= ξέρω να κάνω κάτι)
Ich kann segeln.

εκφράζει μια δυνατότητα (= μπορώ)
Kann man hier Theaterkarten kaufen?

δηλώνει ότι δίνουμε την άδειά μας (= μπορεί, επιτρέπεται να)
Du kannst gern mein Auto nehmen.

dürfen

δηλώνει ότι δίνουμε την άδειά μας
Man darf hier parken.

εκφράζει μια απαγόρευση
Sie dürfen hier nicht rauchen.

χρησιμοποιείται σε ευγενική ερώτηση
Darf ich Ihnen helfen?

müssen

δηλώνει καθήκον, εντολή, διαταγή (από τρίτο)
Der Arzt hat gesagt, ich muss diese Tabletten dreimal täglich nehmen.
Sie müssen hier noch unterschreiben.

Σε αρνητικές προτάσεις το *nicht müssen* δηλώνει ότι δεν υπάρχει υποχρέωση ή αναγκαιότητα και μπορεί να αντικατασταθεί από την έκφραση *nicht brauchen zu*:

Dieses Formular müssen Sie nicht unterschreiben.
(= δε χρειάζεται να)
Dieses Formular brauchen Sie nicht zu unterschreiben.

Το ρήμα *müssen* δεν εκφράζει απαγορεύσεις. Προσέξτε πώς μεταφράζεται η παρακάτω ελληνική πρόταση:
Εδώ δεν πρέπει να καπνίζετε. = Hier dürfen Sie nicht rauchen.

▶ *Χρήση του ρήματος brauchen σαν κύριο ρήμα σελίδα* 16

sollen	*δηλώνει ότι πρόκειται για συμβουλή, σύσταση* Der Arzt hat gesagt, ich soll nicht so viel rauchen.
	δηλώνει ότι πρόκειται για συμβουλή, σύσταση *(Αν θέλουμε να εκφραστούμε με μεγαλύτερη ευγένεια,* *χρησιμοποιούμε το sollen σε Konjunktiv II.)* Der Arzt hat gesagt, ich sollte mehr Sport treiben.
	δηλώνει ότι πρόκειται για ηθική υποχρέωση Man soll Rücksicht auf andere Menschen nehmen.
wollen	*δηλώνει ένα σχέδιο, μια πρόθεση, μια επιθυμία* Wir wollen uns ein Haus kaufen. Ich will Physik studieren.
mögen (Οριστική)	*mögen σαν κύριο ρήμα (= συμπαθώ, αγαπώ, μου αρέσει)* Ich mag sie sehr gern. Kaffee mag ich nicht. Ich trinke nur Tee.
ich möchte (Konjunktiv II)	*εκφράζει μια επιθυμία (= θέλω, θα ήθελα)* Ich möchte bitte ein Kilo Tomaten. Ich möchte jetzt wirklich nach Hause gehen.
	δηλώνει ένα σχέδιο, μια πρόθεση (= θέλω, σκοπεύω να) Ich möchte im nächsten Urlaub nach Griechenland fahren. Ich möchte ihn auf jeden Fall besuchen.

Τα Modalverben σαν κύρια ρήματα	können	Ich kann Deutsch. = Ξέρω γερμανικά.
	dürfen	Ich darf mit dir ins Kino.
	müssen	Ich muss jetzt nach Hause.
	sollen	Was soll das? = Τι σημαίνει αυτό; (επίπληξη)
	wollen	Ich will jetzt nicht!
	ich möchte	Ich möchte das aber nicht!

Κλίση

		können	**dürfen**	**müssen**	
Präsens	ich	kann	darf	muss	
	du	kannst	darfst	musst	
	er, sie, es	kann	darf	muss	
	wir	können	dürfen	müssen	
	ihr	könnt	dürft	müsst	
	sie, Sie	können	dürfen	müssen	

		sollen	**wollen**	**mögen**	
	ich	soll	will	mag	möchte
	du	sollst	willst	magst	möchtest
	er, sie, es	soll	will	mag	möchte
	wir	sollen	wollen	mögen	möchten
	ihr	sollt	wollt	mögt	möchtet
	sie, Sie	sollen	wollen	mögen	möchten

		können	**dürfen**	**müssen**	
Präteritum	ich	konnte	durfte	musste	
	du	konntest	durftest	musstest	
	er, sie, es	konnte	durfte	musste	
	wir	konnten	durften	mussten	
	ihr	konntet	durftet	musstet	
	sie, Sie	konnten	durften	mussten	

		sollen	**wollen**	**mögen**	
	ich	sollte	wollte	mochte	wollte*
	du	solltest	wolltest	mochtest	…
	er, sie, es	sollte	wollte	mochte	
	wir	sollten	wollten	mochten	
	ihr	solltet	wolltet	mochtet	
	sie, Sie	sollten	wollten	mochten	

* Στο χρόνο Präteritum το *ich möchte* αντικαθίσταται από το *ich wollte*:
Nachher möchte ich noch einen Spaziergang machen.
Gestern wollte ich noch einen Spaziergang machen, aber dann hat es
plötzlich angefangen zu regnen.

Perfekt	Ich habe nach Hause gehen müssen. = Έπρεπε να πάω στο σπίτι.
	Er hat nicht schlafen können. = Δεν μπόρεσε να κοιμηθεί.

Τα Modalverben χρησιμοποιούνται σπάνια σε Perfekt.
Πιο συχνά τα συναντάμε σε Präteritum:

Ich musste nach Hause gehen. = Έπρεπε να πάω στο σπίτι.
Er konnte nicht schlafen. = Δεν μπόρεσε να κοιμηθεί.

Plusquamperfekt	Τα Modalverben χρησιμοποιούνται πολύ σπάνια σε Plus-quamperfekt (Ich hatte nach Hause gehen müssen. – Er hatte nicht schlafen können.).

Η σύνταξη στην κύρια πρόταση

Präsens	Ich muss zum Arzt gehen.
Präteritum	Ich musste zum Arzt gehen.
	σπάνια
Perfekt	Ich habe nach Hause gehen müssen.
Plusquamperfekt	Ich hatte nach Hause gehen müssen.

Η σύνταξη στη δευτερεύουσα πρόταση

Präsens	Ich weiß, dass ich zum Arzt gehen muss.
Präteritum	Ich weiß, dass ich zum Arzt gehen musste.
	σπάνια
Perfekt	Ich weiß, dass ich zum Arzt habe gehen müssen.
Plusquamperfekt	Ich wusste, dass ich zum Arzt hatte gehen müssen.

▶ Ασκήσεις 4–11

lassen – brauchen

Χρήση

Η σημασία των παρακάτω ρημάτων δεν μπορεί να αποδοθεί με μια απλή μετάφραση. Έτσι θα βοηθήσουν τα παραδείγματα:

lassen

σαν κύριο ρήμα
Er kann es einfach nicht lassen. = Δεν μπορεί να το σταματήσει.
Lassen Sie das! = Αφήστε το! Σταματήστε!
Tu, was du nicht lassen kannst! = Κάνε ό,τι νομίζεις.

τροπική χρήση
Ich lasse ihn mit meinem Auto fahren.   άδεια
= Τον αφήνω να οδηγήσει το αμάξι μου.
Er lässt sich von ihr die Haare schneiden.   εντολή
= Τη βάζει να του κόψει τα μαλλιά.
Die Maschine lässt sich noch reparieren.   δυνατότητα
= Το μηχάνημα μπορεί ακόμα να επισκευαστεί.

lassen σε Perfekt

σαν κύριο ρήμα
Ich habe meine Tasche zu Hause gelassen. *haben + gelassen*
= Άφησα την τσάντα μου στο σπίτι.

τροπική χρήση
Er hat sich von ihr die Haare schneiden   *haben + Infinitiv*
lassen. = Την έβαλε να του κόψει τα μαλλιά.   *+ lassen*

brauchen

σαν κύριο ρήμα
Ich brauche deine Hilfe.   *+ Akkusativ*
= Χρειάζομαι τη βοήθειά σου.

τροπική χρήση
Du brauchst nicht zu kommen.   = *nicht müssen*
= Δε χρειάζεται να έρθεις.   ▶ *müssen* σελίδα 12

brauchen σε Perfekt

σαν κύριο ρήμα
Ich habe Hilfe gebraucht.   *haben + gebraucht*
= Χρειάστηκα βοήθεια.

τροπική χρήση
Du hast nicht zu kommen brauchen.   *haben + nicht + zu*
= Δε χρειάστηκε να έρθεις.   *+ Infinitiv + brauchen*

Καλύτερα να χρησιμοποιούμε εδώ αντί Perfekt → Präteritum:
Du brauchtest nicht zu kommen.

Κλίση

		lassen		brauchen
Präsens	ich	lasse		brauche
	du	lässt		brauchst
	er, sie, es	lässt		braucht
	wir	lassen		brauchen
	ihr	lasst		braucht
	sie, Sie	lassen		brauchen
Präteritum	ich	ließ		brauchte
	du	ließest		brauchtest
	er, sie, es	ließ		brauchte
	wir	ließen		brauchten
	ihr	ließt		brauchtet
	sie, Sie	ließen		brauchten
Perfekt (σαν κύριο ρήμα)	ich ...	habe ... gelassen ...		habe ... gebraucht ...
Perfekt (σαν βοηθητικό ρήμα)	ich ...	habe ... Inf. + lassen ...		habe ... *nicht* + *zu* + Inf. + brauchen ...
Plusquamperfekt (σαν κύριο ρήμα)	ich ...	hatte ... gelassen ...		hatte ... gebraucht ...
Plusquamperfekt (σαν βοηθητικό ρήμα)	ich ...	hatte ... Inf. + lassen ...		hatte ... *nicht* + *zu* + Inf. + brauchen ...

▶ Ασκήσεις 12–14

1 Συμπληρώστε τα ρήματα σε Präsens ή σε Präteritum.

1. er _hat_   er hatte
2. wir sind   wir _____
3. du _____   du wurdest
4. ihr seid   ihr _____
5. Sie _____   Sie hatten
6. er _____   er war
7. ich bin   ich _____
8. ihr werdet   ihr _____
9. sie _____   sie waren
10. ich werde   ich _____
11. ihr habt   ihr _____
12. es _____   es wurde

2 Συμπληρώστε τα ρήματα *sein, haben* και *werden* σε Präsens.

1. Seit wann _ist_ er denn verheiratet?
2. Wie alt _____ du?
3. Wenn ich mal groß _____ , _____ ich Lokomotivführer.
4. Er _____ einfach keine Geduld mit den Kindern.
5. Wann _____ du eigentlich Geburtstag?
6. Die Lebensmittel _____ von Tag zu Tag teurer!
7. Ihr schafft das schon. Ihr _____ doch noch jung!
8. Es _____ schon ziemlich kühl hier. Ich mache lieber die Heizung an.
9. Ich _____ langsam müde. Ich gehe am besten bald ins Bett.
10. _____ Sie Herrn Peters schon angerufen?

3 Συμπληρώστε τα ρήματα *sein, haben* και *werden* σε Präteritum ή Perfekt.

1. ■ Ich habe letzte Woche dauernd bei dir angerufen.
   ● Tut mir Leid, aber da _war_ ich nicht zu Hause.
2. ■ Wo _____ du denn gestern Abend? Warum bist du nicht gekommen?
   ● Ich _____ leider keine Zeit.
3. ■ Ich _____ letzte Woche krank.
   ● Was _____ Sie denn?
   ■ Grippe.
4. ■ Warum hat er uns alle eingeladen?
   ● Er _____ gestern Vater _____ und möchte das mit uns feiern.
5. ■ Wo _____ ihr denn so lange? Wir warten schon eine halbe Stunde.
   ● Wir _____ Hunger und haben uns noch schnell etwas zu essen gekauft.
6. ■ Wie _____ denn euer Urlaub? _____ ihr eine schöne Zeit?
   ● Eigentlich schon. Nur _____ leider am dritten Tag das Wetter schlecht, und dann _____ es jeden Tag kälter.

4 Συμπληρώστε τα ρήματα *können, dürfen, müssen, sollen, wollen, möcht-* σε Präsens και Präteritum.

1.	er *will/wollte* _____ schlafen	wollen
2.	sie _____ arbeiten	müssen
3.	ihr _____ aufhören	sollen
4.	ich _____ spazieren gehen	wollen
5.	sie (Pl.) _____ lesen	möcht-
6.	er _____ ausgehen	dürfen
7.	du _____ Auto fahren	können
8.	wir _____ bleiben	müssen
9.	ich _____ nicht mitkommen	dürfen
10.	Sie _____ gehen	können
11.	ich _____ lernen	müssen
12.	du _____ anfangen	sollen
13.	sie _____ studieren	wollen
14.	sie _____ essen	möcht-

5 Μετατρέψτε τις προτάσεις αλλάζοντας το χρόνο από Perfekt σε Präteritum.

1. Sie hat heute nicht länger arbeiten wollen.
   Sie wollte heute nicht länger arbeiten.

2. Der Patient hat viel spazieren gehen müssen.

3. Sie hat gestern Abend nicht ins Kino gehen dürfen.

4. Er hat den Bericht gestern nicht mehr beenden können.

5. Sie haben nicht mitkommen wollen.

6. Wir haben das noch schnell fertig machen müssen.

7. Aber du hast doch die Karten kaufen sollen!

8. Er hat mir nicht helfen können.

6 Συμπληρώστε τα ρήματα *müssen* ή *sollen* σε Präsens.

1. Du _____ dich beeilen, sonst kommst du zu spät.

2. Er _____ nicht so viel rauchen.

3. Ich _____ heute unbedingt zum Zahnarzt. Ich hatte die ganze Nacht starke Zahnschmerzen.

4. Deine Kinder _____ bitte ein bisschen leiser sein. Ich möchte schlafen.

5. Er _____ seine Arbeit nicht immer wichtiger nehmen als seine Familie.

6. Ich kann erst etwas später kommen. Ich _____ vorher noch für Oma einkaufen gehen.

7. Einen schönen Gruß von Herrn Breiter. Sie _____ nicht auf ihn warten, er _____ nämlich noch länger arbeiten.

8. Wir haben kein Brot mehr. Wir _____ noch zur Bäckerei gehen.

7 Συμπληρώστε τα ρήματα *können* ή *dürfen* σε Präsens.

1. Ich _____ nicht mehr so viel Fleisch essen, weil es zu viel Cholesterin hat.
2. _____ du mir morgen bitte dein Auto leihen?
3. Sie ist erst 15 Jahre alt, deshalb _____ sie noch nicht in die Disco gehen.
4. _____ man hier rauchen?
5. Wir _____ diese Wohnung nicht mieten. Sie ist zu teuer.
6. Am Sonntag _____ ihr doch ausschlafen, oder?
7. Kinder unter 16 Jahren _____ in Deutschland keinen Alkohol kaufen.
8. Herr Petersen ist krank. Er _____ deshalb heute leider nicht kommen.

9 Συμπληρώστε το σωστό Modalverb.

1. Wir _möchten_ jetzt gern frühstücken. Kommst du bitte? (sollen/möchten/müssen)
2. Mein Mann _____ leider nicht mitkommen. Er hat heute keine Zeit. (durfte/sollte/konnte)
3. Der Chef lässt Ihnen sagen, dass Sie ihn irgendwann anrufen _____ . (sollen/wollen/müssen)
4. Sie _____ mich sprechen, hat meine Kollegin gesagt? (konnten/wollten/durften)
5. _____ ich Ihnen in den Mantel helfen? (Muss/Will/Darf)
6. Du _____ noch deine Hausaufgaben machen. Vergiss das nicht! (kannst/musst/darfst)

8 Was muss man hier tun? Was kann man hier tun? Was darf man hier nicht tun?

1. rauchen   *Hier darf man nicht rauchen.*
2. telefonieren   _____
3. überholen   _____
4. leise sein   _____
5. parken   _____
6. Information bekommen   _____
7. Motorrad fahren   _____
8. parken   _____

10 Συμπληρώστε τα ρήματα *können, müssen* ή *dürfen* σε Präteritum.

1. Früher _____ wir in kalten Zimmern schlafen.

2. Früher _____ die Kinder in der Schule immer ganz still sitzen. Sie _____ nicht aufstehen, ohne den Lehrer vorher zu fragen.

3. Früher _____ wir auf der Straße spielen. Heute ist das zu gefährlich.

4. Früher _____ die Schulkinder Uniformen tragen.

5. Früher _____ man in der Schule nichts mitbestimmen.

6. Früher _____ wir auch nicht so viele Hausaufgaben machen wie die Kinder heute.

7. Früher _____ wir beim Essen nicht sprechen. Das hat unser Vater verboten.

8. Früher _____ wir auch am Samstag zur Schule gehen.

11 Συμπληρώστε τα Modalverben.

1. ◼ _Musst_ du heute Abend arbeiten oder _____ du mit uns essen gehen?

   ● Ich _____ heute leider arbeiten. Aber vielleicht _____ wir am Wochenende etwas zusammen unternehmen.

2. ◼ _____ Sie Französisch?

   ● Nein, aber ich _____ es auf jeden Fall lernen.

3. ◼ Frag doch mal deine Eltern, ob du mit uns ins Kino _____ .

   ● Ich _____ bestimmt nicht. Sie haben schon gesagt, dass ich heute Abend zu Hause bleiben _____ .

4. ◼ _____ ich Ihnen ein Glas Wein anbieten?

   ● Nein danke, ich _____ lieber ein Mineralwasser.

5. ◼ Das Flugzeug hat Verspätung. Wir _____ noch eine Stunde warten.

   ● Dann _____ wir doch in die Bar gehen und dort warten.

6. ◼ So, wir sind fertig. Sie _____ jetzt nach Hause gehen.

   ● Danke, aber ich _____ gern noch ein bisschen hier bleiben.

12 Συμπληρώστε τα ρήματα *lassen* και *brauchen* σε Präsens ή Perfekt.

1. Ihr _____ euch keine Sorgen zu machen. brauchen / Präsens

2. Warum _____ ihr mich nicht endlich in Ruhe? lassen / Präsens

3. Wo sind bloß meine Schlüssel? Hoffentlich _____
   ich sie nicht in der Wohnung _____ . lassen / Perfekt

4. Vielen Dank, aber das kann ich alleine machen.
   Du _____ mir nicht zu helfen. brauchen / Präsens

5. Sein Auto ist schon wieder kaputt. Dabei _____
   er es erst vor zwei Wochen reparieren _____ . lassen / Perfekt

6. Der Zug fährt erst in zwei Stunden. Wir _____
   uns also nicht so zu beeilen. brauchen / Präsens

13 Συμπληρώστε τα ρήματα *lassen* και *brauchen* στο σωστό τύπο.

1. ■ Ich habe die Küche schon aufgeräumt.
   ● Danke, das ist sehr nett, aber das hättest du nicht zu machen _____ .

2. ■ Deine Wohnung sieht ja plötzlich ganz anders aus!
   ● Ja, ich habe sie kürzlich renovieren _____ .

3. ■ Nie _____ du mich etwas alleine machen!
   ● Das stimmt doch nicht.

4. ■ Nimmst du immer noch diese starken Tabletten?
   ● Nein. Seit ein paar Tagen habe ich keine Schmerzen mehr, deshalb _____
   ich sie nicht mehr zu nehmen.

5. ■ Hast du das Kleid selbst genäht?
   ● Nein, das habe ich vom Schneider machen _____ .

6. ■ Hast du gerade ein bisschen Zeit?
   ● Ja, klar.
   ■ Ich _____ nämlich deinen Rat.

14 Ταιριάξτε τα κομμάτια των διαλόγων και συμπληρώστε το ρήμα που λείπει.

1. ■ Brauchst du das Auto heute Abend?
   ● *Nein, du kannst es nehmen.*
2. ■ Mein Hund ist krank, und ich weiß nicht, was er hat.
3. ■ Hans, mach bitte die Musik leiser. Das stört unsere Gäste.
4. ■ Muss ich die Briefe heute noch schreiben?
5. ■ Was macht denn Ihre Tochter nach dem Abitur?
6. ■ Die Lebensmittelpreise sind in den letzten Jahren sehr gestiegen.
7. ■ Wie funktioniert denn der Videorekorder?
8. ■ Wo bleibt denn deine Tochter? Sie wollte doch schon seit einer Stunde zurück sein.
9. ■ Wann kommt denn Christian aus Moskau zurück?
10. ■ Fahren wir am Sonntag zum Segeln?

a ● Morgen. Ich _____ ihn wahrscheinlich am Flughafen abholen.
b ● Nein, nein, das _____ Sie heute nicht mehr zu tun. Sie _____ gern nach Hause gehen.
c ● Nein, du *kannst* es nehmen.
d ● Ja, ich _____ auch langsam unruhig. Normalerweise ist sie immer pünktlich.
e ● Sie _____ Rechtsanwältin _____ und hofft, dass sie gleich einen Studienplatz bekommt.
f ● Ich habe schon alles programmiert. Sie _____ ihn nur noch anzumachen.
g ● Dann _____ du zum Tierarzt gehen und ihn untersuchen _____ .
h ● Ja gern, ich _____ aber nicht segeln.
i ● Ach _____ ihn doch seine Musik hören. Das stört uns gar nicht.
j ● Ja, ja, alles _____ teurer.

1	2	3	4	5	6	7	8	9	10
c									

1.2   Το ρήμα · Verb
Χρόνοι · Tempora

Κάποια γεγονότα μπορεί να διαδραματίζονται στο παρελθόν, στο παρόν ή στο μέλλον. Όπως στα ελληνικά, έτσι έχουμε και στα γερμανικά διάφορους χρόνους, που μας επιτρέπουν να εκφράσουμε σε ποια χρονική στιγμή γίνεται κάτι. Στον πίνακα μπορείτε να δείτε ποιους χρόνους χρησιμοποιούμε για περασμένα, τωρινά και μελλοντικά γεγονότα:

	Παρελθόν	Παρόν	Μέλλον
πιθανοί χρόνοι	Perfekt	Präsens	Futur I
	Präteritum		Präsens με χρονικό
	Plusquamperfekt		προσδιορισμό

Ας δούμε τώρα έναν έναν τους χρόνους. Θα δείξουμε πότε χρησιμοποιείται ο κάθε χρόνος και πώς σχηματίζεται.

Το παρόν · Gegenwart

Präsens

Χρήση

άμεσο παρόν
- Wo ist denn Angela?
- Im Wohnzimmer.
- Und was macht sie da?
- Sie sieht fern.

διαχρονική ισχύ
- Köln liegt am Rhein.
- In Paris gibt es viele Museen.

κατάσταση που διαρκεί μέχρι αυτή τη στιγμή
- Ich wusste nicht, dass du jetzt in Köln wohnst.
- Doch, schon seit drei Jahren.
- Arbeitest du dort?
- Nein, ich studiere noch.

24

Κλίση

Για να σχηματίσουμε τον Präsens, αφαιρούμε την κατάληξη
-*en* από το απαρέμφατο και προσθέτουμε τις αντίστοιχες
καταλήξεις στο θέμα:

ομαλά ρήματα

fragen

ich	frage	wir	fragen
du	fragst	ihr	fragt
er, sie, es	fragt	sie, Sie	fragen

Ιδιαιτερότητες υπάρχουν στα ρήματα:
- με θέμα που λήγει σε -*t* ή -*d* όπως το *arbeiten*
- με θέμα που λήγει σε -*s*, -*ß*, -*x*, -*z* όπως το *reisen*
- που λήγουν σε -*eln* όπως το *klingeln*

Ιδιαιτερότητες

	arbeiten	**reisen**	**klingeln**
ich	arbeite	reise	klingle
du	arbeitest	reist	klingelst
er, sie, es	arbeitet	reist	klingelt
wir	arbeiten	reisen	klingeln
ihr	arbeitet	reist	klingelt
sie, Sie	arbeiten	reisen	klingeln
όμοια κλίνονται:	finden leiden	rasen heißen	würfeln sammeln

Τα παρακάτω ρήματα μεταβάλλουν το θέμα τους στο β΄ και γ΄
ενικό πρόσωπο. Στα υπόλοιπα πρόσωπα κλίνονται κανονικά,
οι δε καταλήξεις τους είναι ίδιες με των ομαλών ρημάτων:

ανώμαλα ρήματα

	lesen	**nehmen**	**fahren**
ich	lese	nehme	fahre
du	liest	nimmst	fährst
er, sie, es	liest	nimmt	fährt
	...	...	...
	e → ie	e → i	a → ä
όμοια κλίνονται:	sehen befehlen	geben sprechen	schlafen laufen

Το ρήμα *wissen* δεν παίρνει κατάληξη στο α΄ και γ΄ ενικό πρόσωπο. Μεταβάλλει επίσης το θέμα του και στα τρία πρόσωπα του ενικού. Το ίδιο ισχύει και για κάποια *Modalverben* ▶ σελίδα 14

wissen

ich	we**i**ß	wir	wissen
du	we**i**ßt	ihr	wisst
er, sie, es	we**i**ß	sie, Sie	wissen

▶ Ασκήσεις 1–5

Το παρελθόν • Vergangenheit

Για να εκφράσουμε το παρελθόν, χρησιμοποιούμε κυρίως τους χρόνους Perfekt και Präteritum. Ο Perfekt χρησιμοποιείται κατά κύριο λόγο στην καθομιλουμένη. Ο Präteritum χρησιμοποιείται κυρίως στο γραπτό λόγο, καθώς και στα ρήματα *sein, haben, werden*, τα Modalverben και το απρόσωπο *es gibt*.

Perfekt

Χρήση

κυρίως σε συνομιλίες και διαλόγους
- Was hast du gestern gemacht?
- Ich bin ins Kino gegangen.
- Was hast du denn angeschaut?
- Den neuen Film von Wim Wenders.
- Den habe ich auch schon gesehen.
- Und wie hat er dir gefallen?
- Sehr gut.

Στα ελληνικά ο Perfekt μπορεί να αποδοθεί κατά περίπτωση με Παρατατικό, Αόριστο ή Παρακείμενο.

Κλίση

Ο Perfekt σχηματίζεται με τον Ενεστώτα των βοηθητικών ρημάτων *haben* ή *sein* και τη μετοχή παρακειμένου (Partizip II):
machen → ich habe gemacht   gehen → ich bin gegangen

Δείτε ποια ρήματα σχηματίζουν τον Perfekt με το βοηθητικό ρήμα *haben* και ποια με το *sein*:

haben + Partizip II	*sein* + Partizip II
Was **hast** du **gemacht**?	Wohin **bist** du **gegangen**?
• τα περισσότερα ρήματα	• ρήματα που δηλώνουν κίνηση από ένα μέρος σε άλλο (χωρίς αντικείμενο σε Akkusativ, δηλ. αμετάβατα), π.χ. *fahren, kommen, abfahren*:
Da ist ja das Wörterbuch! Ich habe es schon gesucht.	Ich bin am Wochenende in die Berge gefahren. Warum bist du nicht schon gestern gekommen? Der Zug ist vor einer Stunde abgefahren.
• όλα τα μέσα ρήματα, π.χ. *sich entscheiden, sich unterhalten*:	• ρήματα που δηλώνουν αλλαγή κατάστασης (χωρίς αντικείμενο σε Akkusativ, δηλ. αμετάβατα), π.χ. *wachsen, werden, aufwachen*:
Ich habe mich noch nicht entschieden. Er hat sich mit mir unterhalten.	Der Baum ist aber ganz schön gewachsen! Er ist letzte Woche Vater geworden. Sie ist gerade aufgewacht.
	• *bleiben, sein, passieren*:
	Er ist eine Woche in Frankfurt geblieben. Ich bin gestern im Theater gewesen. Was ist denn passiert?

27

Partizip II

Υπάρχουν τρεις μεγάλες ομάδες μετοχών παρακειμένου, αυτές που τελειώνουν σε -*t*, αυτές που τελειώνουν σε -*n* και τα μικτά ρήματα:

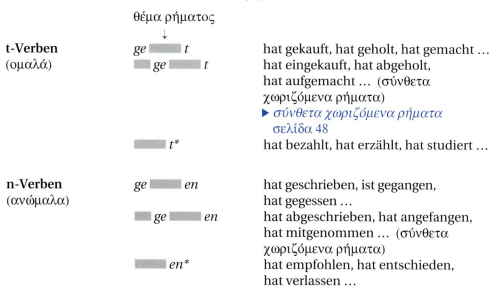

	θέμα ρήματος	
t-Verben (ομαλά)	*ge* ▓▓ *t*	hat gekauft, hat geholt, hat gemacht …
	▓▓ *ge* ▓▓ *t*	hat eingekauft, hat abgeholt, hat aufgemacht … (σύνθετα χωριζόμενα ρήματα) ▶ *σύνθετα χωριζόμενα ρήματα σελίδα 48*
	▓▓ *t**	hat bezahlt, hat erzählt, hat studiert …
n-Verben (ανώμαλα)	*ge* ▓▓ *en*	hat geschrieben, ist gegangen, hat gegessen …
	▓▓ *ge* ▓▓ *en*	hat abgeschrieben, hat angefangen, hat mitgenommen … (σύνθετα χωριζόμενα ρήματα)
	▓▓ *en**	hat empfohlen, hat entschieden, hat verlassen …

Όπως βλέπετε, στα ανώμαλα ρήματα το θέμα συνήθως μεταβάλλεται. Μπορείτε να συμβουλευτείτε τη λίστα ανώμαλων ρημάτων για τις μετοχές αυτές, που θα πρέπει σταδιακά να μάθετε κι απ' έξω ▶σελίδες 45–47

* Τα ρήματα με πρόθεμα *be-, emp-, ent-, er-, ge-, miss-, ver-, zer-,* καθώς και τα περισσότερα ρήματα σε -*ieren* σχηματίζουν τη μετοχή χωρίς το πρόθεμα *ge-*.

| *denken, bringen,*
kennen, nennen,
wissen, …
(μικτά ρήματα) | *ge* ▓▓ *t*
μεταβάλλουν το θέμα τους, αλλά παίρνουν κατάληξη -*t* (των ομαλών) | hat gedacht, hat gebracht, hat gekannt, hat genannt, hat gewusst, … |
| *haben, sein,*
werden | | hat gehabt, ist gewesen, ist geworden
▶σελίδα 11 |

▶Ασκήσεις 6–12

Präteritum

Χρήση

χρησιμοποιείται κυρίως σε γραπτές διηγήσεις και αφηγήσεις

■ Als sie gestern Abend nach Hause kam, erschrak sie fürchterlich. Ihre Wohnungstür war offen und …
■ Die Blutuntersuchungen ergaben leider kein eindeutiges Krankheitsbild. Deshalb musste der Patient …

σχεδόν πάντοτε με τα Modalverben και τα ρήματα sein, haben, werden, lassen, brauchen, geben (es gab)

■ Was habt ihr gestern Abend gemacht?
● Wir waren im Kino.

Στα ελληνικά ο Präteritum μπορεί να αποδοθεί κατά περίπτωση με Παρατατικό ή Αόριστο.

▶ *Präteritum των ρημάτων sein, haben, werden, lassen, brauchen και των Modalverben* σελίδες 11, 14, 17

Κλίση

Στο σχηματισμό του Präteritum διακρίνουμε τις ίδιες ομάδες ρημάτων όπως στον Perfekt, δηλαδή τα ρήματα σε *-t* (ομαλά) και τα ρήματα σε *-n* (ανώμαλα). Εδώ δεν υπάρχουν μικτά ρήματα:

t-Verben
(ομαλά)

fragen

ich	frag**te**	wir	frag**ten**
du	frag**test**	ihr	frag**tet**
er, sie, es	frag**te**	sie, Sie	frag**ten**

Ιδιαιτερότητες

arbeiten

ich	arbei**te**te	wir	arbei**te**ten
du	arbei**te**test	ihr	arbei**te**tet
er, sie, es	arbei**te**te	sie, Sie	arbei**te**ten

όμοια κλίνονται: warten, landen, atmen, regnen …

n-Verben
(ανώμαλα)

gehen

ich	ging	wir	gingen
du	gingst	ihr	gingt
er, sie, es	ging	sie, Sie	gingen

Τα ρήματα αυτής της ομάδας, που θα πρέπει σταδιακά να μάθετε κι απ' έξω, βρίσκονται στη λίστα ανώμαλων ρημάτων ▶ σελίδες 45–47

▶ Ασκήσεις 13–17

Plusquamperfekt

Χρήση

Ο Plusquamperfekt δε χρησιμοποιείται πολύ συχνά. Με τον Plusquamperfekt περιγράφουμε ένα γεγονός Α, το οποίο συνέβη στο παρελθόν πριν αρχίσει ένα άλλο γεγονός Β στο παρελθόν. Το γεγονός Β βρίσκεται συνήθως σε Präteritum (στο γραπτό λόγο, π.χ. σε αφήγηση).

γεγονός Α   *γεγονός Β*
Der Regen hatte schon aufgehört, als ich gestern in Rom ankam.

Μπορούμε και να αντιστρέψουμε τις προτάσεις:

γεγονός Β   *γεγονός Α*
Als ich gestern in Rom ankam,   hatte der Regen schon
                                  aufgehört.

Κλίση

Ο Plusquamperfekt σχηματίζεται με τον Präteritum των βοηθητικών ρημάτων *haben* ή *sein* και τη μετοχή παρακειμένου (Partizip II). Φυσικά ισχύει κι εδώ ο κανόνας για τη χρήση των βοηθητικών ρημάτων *sein* και *haben*, που γνωρίζουμε ήδη από τον Perfekt. Τα ρήματα που δηλώνουν κίνηση από ένα μέρος σε άλλο, αλλαγή κατάστασης, καθώς και τα ρήματα *bleiben*, *sein*, *passieren* σχηματίζουν τον Plusquamperfekt με το βοηθητικό ρήμα *sein*, ενώ όλα τα υπόλοιπα ρήματα με το βοηθητικό ρήμα *haben* ▶σελίδα 27

hatte + Partizip II	*war* + Partizip II
Der Regen hatte schon aufgehört, als ich ankam.	Der Zug war leider schon abgefahren, als ich am Bahnhof ankam.

▶Ασκήσεις 18–19

▶Διαφορά στη χρήση παρόντος και παρελθόντος Ασκήσεις 20–22

Als ich bei der Geburtstagsfeier ankam,
war der Kuchen schon aufgegessen.

Το Μέλλον • Zukunft

Για να εκφράσουμε ένα μελλοντικό γεγονός, χρησιμοποιούμε συνήθως τον Präsens μαζί με ένα χρονικό προσδιορισμό, που δηλώνει μελλοντική σημασία (*morgen, heute Abend, nächste Woche, bald ...*).

Präsens

Μελλοντικό γεγονός *(Präsens + χρονικός προσδιορισμός)*
- Kommst du am Samstag zu meiner Party?
- Tut mir Leid, aber ich fahre am nächsten Wochenende zu meinen Eltern.

Futur I

Με Futur I, που σχηματίζεται με το βοηθητικό ρήμα *werden* + Infinitiv (απαρέμφατο), προσδίδεται στο μέλλον μια επιπλέον σημασία.

μέλλον + υπόσχεση
- Ich werde dich in deiner neuen Wohnung besuchen.
- Wir werden das heute Abend noch einmal besprechen.

μέλλον + πρόθεση, πρόβλεψη
- Ich werde in die USA fliegen.
- Wir werden bestimmt eine Lösung finden.

▶ *Κλίση του ρήματος werden* σελίδα 11

▶ Άσκηση 23

1 Συμπληρώστε το ρήμα στο σωστό πρόσωπο.

1. sie _geht_ ___ gehen

2. ihr ___ schreiben

3. er ___ telefonieren

4. wir ___ reden

5. du ___ machen

6. sie ___ fragen

7. ich ___ spielen

8. du ___ lieben

9. Sie ___ studieren

10. sie (Pl.) ___ schlafen

2 Συμπληρώστε το ρήμα στο σωστό πρόσωπο.

1. Wo _arbeitest_ du? (arbeiten)

2. Er ___ schon lange. (warten)

3. Ich ___ meine Brille nicht. (finden)

4. Wann ___ du? (fahren)

5. Ich ___ es nicht. (wissen)

6. Sie ___ dich um Hilfe. (bitten)

7. Er ___ mich nie. (grüßen)

8. Wann ___ ihr? (heiraten)

9. Wie ___ du? (heißen)

10. ___ du mir bitte den Stift? (geben)

3 Μετατρέψτε τις ερωτήσεις χρησιμοποιώντας το β΄ ενικό πρόσωπο (*du*).

1. Was empfehlen Sie mir?   _Was empfiehlst du mir?_ ___

2. Wohin fahren Sie? ___

3. Wem helfen Sie gern? ___

4. Wie lange warten Sie schon hier? ___

5. Warum vergessen Sie das immer wieder? ___

6. Warum antworten Sie nicht? ___

7. Warum nehmen Sie mir die Zigaretten weg? ___

8. Wissen Sie den Namen? ___

9. Warum werden Sie gleich so böse? ___

10. Welche Zeitung lesen Sie da? ___

11. Sind Sie heute Abend zu Hause? ___

12. Wen laden Sie sonst noch ein? ___

4 Συμπληρώστε τα ρήματα στο σταυρόλεξο χρησιμοποιώντας μόνο κεφαλαία (ß = SS).

οριζόντια

1. Warum ▧▧▧▧ du nicht? Ich habe dich etwas gefragt.
2. Mama, wo ▧▧▧▧ du?
3. ▧▧▧▧ du keine Süßigkeiten?
4. Ich habe so einen Durst. Ich muss schnell etwas ▧▧▧▧ .
5. Ich ▧▧▧▧ gern an meine Kindheit.
6. Wo ▧▧▧▧ wir uns heute Abend? Vor dem Kino?

κάθετα

7. Mach schnell. Opa ▧▧▧▧ schon auf uns.
8. Der Pullover ▧▧▧▧ mir nicht. Er ist viel zu groß.
9. Was ▧▧▧▧ ihr denn heute Abend? Wollt ihr uns nicht besuchen?
10. Ich ▧▧▧▧ schon seit 15 Jahren in dieser Firma.
11. ▧▧▧▧ ich Ihnen in den Mantel helfen?
12. Wie ▧▧▧▧ du mein neues Kleid? Das habe ich heute gekauft.

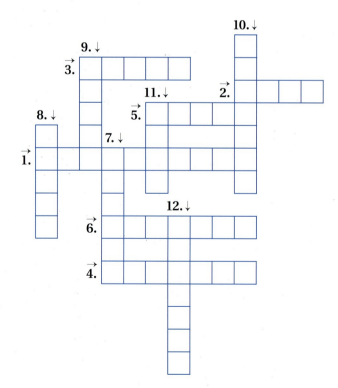

5 Συμπληρώστε τα ρήματα, που ταιριάζουν, στο σωστό πρόσωπο.

1. ■ Wie lange _sind_ Sie schon in Deutschland?
   ● Seit ungefähr einem halben Jahr.
   ■ Sie _____ ja schon sehr gut Deutsch.
   ● Danke, es _____ so.

2. ■ Es _____ schon spät. Die letzte U-Bahn _____ in zwanzig Minuten.
   ● Das macht nichts. Ich _____ dich mit meinem Auto nach Hause.
   ■ Vielen Dank, das _____ sehr nett von dir.

3. ■ Ich _____ Martin. Und wie _____ du?
   ● Isabel.
   ■ Und woher _____ du?
   ● Aus Venezuela.
   ■ Wie lange _____ du schon in Deutschland?
   ● Seit zwei Monaten.

4. ■ Warum _____ du Oma nicht? Du _____ doch, dass sie viel Arbeit hat.
   ● Ich _____ nicht, wie ich ihr helfen kann.
   ■ Warum _____ du sie dann nicht? Sie _____ es dir dann schon.

6 Συμπληρώστε τη σωστή μετοχή παρακειμένου (Partizip II).

angekommen	angerufen	gegessen	geschrieben
gesagt	empfohlen	ausgemacht	gewesen

1. Warum hast du das Radio _____ ?

2. Sind Sie schon einmal in Japan _____ ?

3. Hast du heute schon etwas _____ ?

4. Wann sind Sie _____ ?

5. Warum hast du mir keine Karte aus dem Urlaub _____ ?

6. Warum haben Sie das nicht früher _____ ?

7. Warum hast du denn nicht _____ , wenn du so spät kommst?

8. Wer hat Ihnen dieses Hotel _____ ?

7 Σχηματίστε τη μετοχή παρακειμένου (Partizip II) των ρημάτων. Έπειτα ταξινομήστε τις μετοχές στον πίνακα.

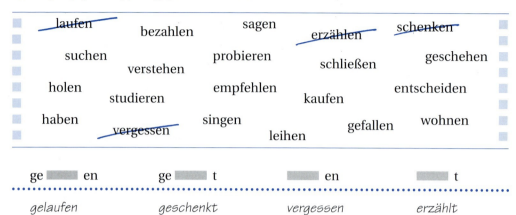

laufen   bezahlen   sagen   erzählen   schenken

suchen   verstehen   probieren   schließen   geschehen

holen   studieren   empfehlen   kaufen   entscheiden

haben   vergessen   singen   leihen   gefallen   wohnen

ge ▦ en	ge ▦ t	▦ en	▦ t
gelaufen	geschenkt	vergessen	erzählt
...	...	...	...

8 Συμπληρώστε τα ρήματα *haben* και *sein* στο σωστό πρόσωπο.

1. ▦ Wie _bist_ du hierher gekommen?
   ● Ich _____ ein Taxi genommen.

2. ▦ Was _____ Sie am Wochenende gemacht?
   ● Ich _____ zum Schwimmen gegangen.

3. ▦ _____ ihr euch schon die Innenstadt angesehen?
   ● Ja, gestern.
   ▦ Und wie _____ es euch gefallen?
   ● Sehr gut. Wir _____ sogar in einer Kirche ein Orgelkonzert gehört.

4. ▦ Warum _____ du denn so müde?
   ● Ich _____ gestern mit einer Freundin in die Disco gegangen. Danach _____ ich lange nicht eingeschlafen. Vielleicht _____ ich auch am Nachmittag zu viel Kaffee getrunken.

5. ▦ _____ Sie schon umgezogen?
   ● Nein, wir _____ die Wohnung noch nicht fertig renoviert.

6. ▦ Wann _____ Sie geboren?
   ● Am 12.1.1968.
   ▦ Und wann _____ Sie mit dem Studium begonnen?
   ● 1988.

9 Συμπληρώστε το απαρέμφατο (Infinitiv).

1. gerannt   *rennen*
2. geflossen   _____
3. geschienen   _____
4. gehangen   _____
5. getroffen   _____
6. geraten   _____
7. gelegen   _____
8. gewusst   _____
9. gekannt   _____
10. geschnitten   _____
11. weggenommen   _____
12. gestritten   _____
13. gestiegen   _____
14. begonnen   _____
15. abgebrochen   _____
16. gelungen   _____
17. gehoben   _____
18. geschwiegen   _____
19. verglichen   _____
20. gestohlen   _____
21. gewogen   _____
22. betrogen   _____
23. gefangen   _____
24. überwiesen   _____
25. verziehen   _____

10 Τι κάνατε το περασμένο σαββατοκύριακο; Γράψτε προτάσεις.

1. lange schlafen
   Ich habe lange geschlafen.
2. gemütlich frühstücken
3. in Ruhe Zeitung lesen
4. einen Brief schreiben
5. einen Mittagsschlaf machen
6. spazieren gehen
7. zum Abendessen mit Freunden ins Restaurant gehen
8. einen Film im Fernsehen sehen

11 *Haben* ή *sein*:
Διατυπώστε ερωτήσεις σε Perfekt.

- ~~viel arbeiten~~
- mit dem Auto fahren
- etwas Schönes machen
- Zeitung lesen
- Radio hören
- jemandem helfen
- spazieren gehen
- Essen kochen
- schwimmen
- ~~früh aufstehen~~
- eine Liebeserklärung machen
- Fahrrad fahren

1. *Haben Sie heute viel gearbeitet?*
2. *Sind Sie heute früh aufgestanden?*
3. _____
4. …

37

12 Συμπληρώστε τα ρήματα σε Perfekt.

1. Franz _hat_ sich um einen Job bei der Post _beworben_ .	bewerben
2. Beeil dich! Der Film _____ vor zehn Minuten _____ .	beginnen
3. Mein Gott, _____ ich jetzt _____ !	erschrecken
4. Wie _____ denn der Mann _____ , mit dem ich dich gestern auf der Party _____ _____ ?	heißen treffen
5. Er _____ sehr lange unter der Trennung von seiner Freundin _____ .	leiden
6. Wer _____ das Spiel _____ ? Becker oder Agassi?	gewinnen
7. Ah, meine Brille! Wo _____ du sie denn _____ ?	finden
8. Was _____ du gestern Abend _____ ?	trinken
9. Das ist mein Platz! Hier _____ immer ich _____ .	sitzen
10. In welchem Jahr _____ Mozart _____ ?	sterben
11. Den ganzen Tag hat es geregnet, aber am Abend _____ es plötzlich wieder schön _____ .	werden
12. Warum _____ Sie mich gestern nicht mehr _____ ?	anrufen

13 Συμπληρώστε τα ρήματα σε Präteritum.

1. sie _machte_	machen	10. es _____	regnen
2. du _____	fragen	11. Sie _____	zahlen
3. ich _____	stellen	12. ihr _____	kaufen
4. sie _____	lieben	13. sie (Pl.) _____	holen
5. er _____	arbeiten	14. wir _____	legen
6. ihr _____	warten	15. ich _____	reisen
7. wir _____	reden	16. er _____	hängen
8. sie (Pl.) _____	hoffen	17. du _____	grüßen
9. du _____	lachen	18. Sie _____	kochen

14 Σχηματίστε τον Präteritum των ρημάτων στο γ΄ πρόσωπο ενικού και σημειώστε τα ρήματα στη σωστή στήλη.

Infinitiv	με αλλαγή θέματος	χωρίς αλλαγή θέματος
1. bieten	er bot	_____
2. antworten	_____	er antwortete
3. bleiben	_____	_____
4. stellen	_____	_____
5. stehen	_____	_____
6. hängen	_____	_____
7. machen	_____	_____
8. wissen	_____	_____
9. nennen	_____	_____
10. zählen	_____	_____
11. erschrecken	_____	_____
12. heben	_____	_____

15 Συμπληρώστε το ρήμα σε Präteritum.

Präsens	Präteritum	Perfekt
1. Der Unterricht fängt an.	fing an	hat angefangen
2. Sie bringt mir ein Geschenk.	_____	hat gebracht
3. Der Arzt verbindet die Wunde.	_____	hat verbunden
4. Er zieht sich um.	_____	hat sich umgezogen
5. Die Katze frisst die Maus.	_____	hat gefressen
6. Der Bus hält hier nicht.	_____	hat gehalten
7. Sie lädt Sarah zur Party ein.	_____	hat eingeladen
8. Er läuft schnell.	_____	ist gelaufen
9. Sie kommt auch.	_____	ist gekommen
10. Das Baby schreit viel.	_____	hat geschrien
11. Sie treibt viel Sport.	_____	hat getrieben
12. Er verzeiht mir die Lüge.	_____	hat verziehen

16 Συμπληρώστε το απαρέμφατο (Infinitiv).

1. stahl   *stehlen*
2. verglich   _____
3. roch   _____
4. sandte   _____
5. zwang   _____
6. warf   _____
7. betrog   _____
8. nahm   _____
9. schwieg   _____
10. fror   _____

17 Συμπληρώστε τα ρήματα στην παρακάτω αφήγηση σε Präteritum.

gehen	~~ankommen~~	
nehmen		auspacken
essen	fahren	gehen
suchen		gehen
empfehlen		kennen
duschen	haben	sein

1. Ich *kam* um 17.13 Uhr am Hauptbahnhof *an* .
2. Als Erstes _____ ich mir ein Hotel.
3. Da ich keine Hotels in Frankfurt _____ , _____ ich zur Touristeninformation.
4. Dort _____ man mir ein sehr schönes, kleines Hotel im Zentrum.
5. Ich _____ ein Taxi und _____ in das Hotel.
6. Dort _____ ich meine Koffer _____ und _____ .
7. Danach _____ ich ins Restaurant und _____ sehr viel, da ich großen Hunger _____ .
8. Schließlich _____ ich sehr müde und _____ ins Bett.

18 Συμπληρώστε τις απαντήσεις σε Plusquamperfekt.

1. ■ Warum mussten Sie noch einmal nach Hause zurückfahren? (meinen Pass vergessen)
   ● *Weil ich meinen Pass vergessen hatte.*

2. ■ Warum konntest du die Tür nicht aufschließen? (den Schlüssel nicht mitnehmen)
   ● _____
   _____

3. ■ Warum durftest du nicht mitkommen? (meine Eltern verbieten es)
   ● _____
   _____

4. ■ Warum mussten Sie gestern so lange im Büro bleiben? (der Chef bitten mich darum)
   ● _____
   _____

5. ■ Warum konntest du nichts zu essen einkaufen? (die Geschäfte schon schließen)
   ● _____
   _____

6. ■ Warum bist du gestern Abend nicht länger geblieben? (plötzlich müde werden)
   ● _____

19 Συμπληρώστε τα ρήματα σε Plusquamperfekt.

spülen	beenden	~~essen~~	abfahren	aufhören
werden	heimgehen	einladen		vergessen

1. Als ich gestern Abend nach Hause kam, _hatten_ meine Eltern schon _gegessen_ .
2. Bis wir am Bahnhof ankamen, _____ der Zug schon _____ .
3. Bis ich morgens aufstand, _____ mein Mann bereits das ganze Geschirr von der Party _____ .
4. Ich war am Wochenende in Paris. Eine Freundin _____ mich _____ .
5. Als wir in Bremen ankamen, _____ der Regen schon _____ und es _____ zum Glück auch wärmer _____ .
6. Als ich zur Party kam, _____ die meisten Gäste bereits _____ .
7. Als ich ihn kennen lernte, _____ er schon sein Studium _____ .
8. Inge ging noch schnell einmal nach Hause zurück, weil sie ihre Fahrkarte _____ _____ .

20 Γράψτε μικρούς διάλογους χρησιμοποιώντας τους χρόνους Präsens και Perfekt.

Britta hat heute alles anders gemacht als sonst. Eine Freundin fragt sie nach ihren Gewohnheiten.

συνήθως

1. mit dem Bus ins Büro fahren
   - ■ *Fährst du immer mit dem Bus ins Büro?*
2. um 7.00 Uhr aufstehen
3. um 8.30 Uhr mit der Arbeit anfangen
4. mittags in der Kantine essen
5. um 17.00 Uhr nach Hause fahren
6. auf dem Rückweg vom Büro einkaufen
7. abends Freunde treffen
8. um 23.00 Uhr ins Bett gehen

σήμερα

Auto
   - ● *Normalerweise ja, aber heute bin ich mit dem Auto gefahren.*

8.30 Uhr

10.00 Uhr

ein Sandwich im Büro essen

19.00 Uhr

direkt nach Hause fahren

allein zu Hause bleiben

22.00 Uhr

21 Συμπληρώστε τα ρήματα στο σωστό χρόνο: Präsens, Präteritum ή Perfekt.

Der Wettlauf zwischen dem Hasen und dem Igel

Es _____ (sein) an einem schönen Sonntagmorgen im Herbst. Frau Igel _____
(waschen) gerade ihre Kinder und _____ sie _____ (anziehen). Inzwischen
_____ ihr Mann auf dem Feld _____ (spazieren gehen). Er _____ (sein) noch
nicht weit weg, da _____ (treffen) er den Hasen. Er _____ (grüßen) ihn höflich:

5 „Guten Morgen, Meister Lampe!" Aber der Hase, der ein vornehmer und unhöflicher
Herr _____ (sein), _____ (antworten) ihm nicht. Er _____ (sagen) erst nach
einer Weile: „Was _____ (machen) du hier schon so früh am Morgen auf dem
Feld?" – „Ich _____ _____ " (spazieren gehen), _____ (sagen) der Igel. –
„Spazieren?" _____ (lachen) der Hase, „Du mit deinen kleinen, krummen Beinen?"

10 Das _____ (ärgern) den Igel sehr und er _____ (sagen): „_____ (glauben) du,
dass du mit deinen Beinen schneller laufen _____ (können) als ich?" – „Aber
natürlich", _____ (antworten) der Hase. Da _____ der Igel _____
(vorschlagen): „Machen wir doch einen Wettlauf. Ich werde dich überholen!" – „Das
_____ (sein) ja zum Lachen!", _____ (rufen) der Hase. „Du mit deinen krummen

15 Beinen! Aber wir _____ (können) es ja versuchen. Was _____ (bekommen) der
Sieger?" – „Ein Goldstück und eine Flasche Schnaps." – „Gut, _____ wir gleich
_____ (anfangen)!" – „Moment", _____ (sagen) der Igel, „ich _____ (müssen)
erst noch frühstücken. In einer halben Stunde _____ (sein) ich wieder hier."
Als der Igel zu Hause _____ (ankommen), _____ (rufen) er seine Frau und

20 _____ (sagen): „Ich _____ mit dem Hasen um eine Flasche Schnaps und ein

Goldstück _____ (wetten), dass ich schneller laufen _____ (können) als er. Zieh dich schnell an und komm mit." – „Ach du lieber Gott, _____ (sein) du verrückt?" – „Keine Sorge, komm einfach mit."

Unterwegs _____ (sagen) der Igel zu seiner Frau: „Pass gut auf! Wir _____
25 (machen) den Wettlauf auf dem langen Feld. Der Hase _____ (laufen) in der einen Furche, ich _____ (laufen) in der anderen Furche. Da oben _____ wir _____ (anfangen). Stell dich hier unten hin. Wenn der Hase _____ (ankommen), dann _____ (rufen) du: ‚Ich _____ (sein) schon da!'"

Der Igel _____ (gehen) nach oben zum Hasen. „_____ wir _____
30 (anfangen)?" – „Ja, gut." – „Also, eins – zwei – drei", _____ (zählen) der Hase und _____ (rennen) los. Der Igel _____ (machen) nur drei Schritte und _____ (bleiben) dann sitzen. Als der Hase unten _____ (ankommen), _____ (rufen) die Igelfrau: „Ich _____ (sein) schon da!" Der Hase _____ (sein) total überrascht und _____ (rufen): „Noch einmal!" und _____ (rennen) wieder
35 zurück. Als er oben _____ (ankommen), _____ (rufen) der Igelmann: „Ich _____ (sein) schon da!" – „Noch einmal!", _____ (schreien) der Hase und _____ (rennen) wieder los. So _____ (laufen) der Hase noch dreiundsiebzig Mal, und immer _____ (hören) er: „Ich _____ (sein) schon da!"

Beim vierundsiebzigsten Mal _____ (bleiben) der Hase tot liegen. Der Igel
40 _____ (nehmen) das Goldstück und die Flasche Schnaps, _____ (rufen) seine Frau, und beide _____ (gehen) glücklich nach Hause. Und wenn sie nicht _____ _____ (sterben), dann _____ (leben) sie noch heute.

βασισμένο σ᾽ ένα παραμύθι των αδερφών Grimm

43

22 Συμπληρώστε τα ρήματα στο σωστό χρόνο: Perfekt ή Plusquamperfekt.

> *Υπενθύμιση:*   Präsens + Perfekt
> Präteritum + Plusquamperfekt

1. Ich bin heute sehr müde, weil ich letzte Nacht zu wenig
   _____ .   schlafen

2. Sie wollte nicht mit ins Kino, weil sie den Film schon
   letzte Woche _____ .   sehen

3. Er ging so schnell er konnte, aber als er am Bahnhof
   ankam, _____ der Zug gerade _____ .   abfahren

4. Ich möchte jetzt nichts mehr essen, denn ich _____
   vorhin schon etwas _____ .   essen

5. _____ Sie die Post schon _____ ?   abschicken

6. Die Party war ein großer Erfolg. Wir _____ auch alles
   gut _____ .   vorbereiten

23 Μέλλον: Διατυπώστε ερωτήσεις.

1. am – was – du – Wochenende – machen
   Was machst du am Wochenende?

2. heute Abend – Kino – mit mir – du – ins – gehen

3. wie lange – im – du – Sommer – Urlaub machen

4. wann – mich – besuchen – Sie

5. morgen – spazieren gehen – wir

6. Sonntag – wir – am – schwimmen gehen

7. nächstes Jahr – in die – wieder – Sie – fliegen – USA

8. nach der Arbeit – gehen – ins – Café – wir – noch

Το ρήμα · Verb
Ανώμαλα ρήματα · Unregelmäßige Verben

Infinitiv (γ′ πρόσωπο ενικού)	Präteritum	Perfekt	
abbiegen	bog ab	ist abgebogen	στρίβω
anbieten	bot an	hat angeboten	προσφέρω
anfangen (fängt an)	fing an	hat angefangen	αρχίζω
backen (bäckt)	backte/buk	hat gebacken	ψήνω
beginnen	begann	hat begonnen	αρχίζω
betrügen	betrog	hat betrogen	(εξ)απατώ
beweisen	bewies	hat bewiesen	αποδεικνύω
bewerben (bewirbt)	bewarb	hat beworben	κάνω αίτηση πρόσληψης
bitten	bat	hat gebeten	παρακαλώ
bleiben	blieb	ist geblieben	(παρα)μένω
braten (brät)	briet	hat gebraten	τηγανίζω
brechen (bricht)	brach	hat gebrochen	σπάζω
brennen	brannte	hat gebrannt	καίει, καίγεται
bringen	brachte	hat gebracht	φέρνω
denken	dachte	hat gedacht	σκέφτομαι
dürfen (darf)	durfte	(hat gedurft/ hat … dürfen)*	επιτρέπεται να
empfehlen (empfiehlt)	empfahl	hat empfohlen	συνιστώ
entscheiden	entschied	hat entschieden	αποφασίζω
erschrecken (erschrickt)	erschrak	ist erschrocken	τρομάζω
essen (isst)	aß	hat gegessen	τρώω
fahren (fährt)	fuhr	ist gefahren	οδηγώ, πηγαίνω (οδικώς)
fallen (fällt)	fiel	ist gefallen	πέφτω
fangen (fängt)	fing	hat gefangen	πιάνω
finden	fand	hat gefunden	βρίσκω
fliegen	flog	ist geflogen	πετώ
fließen	floss	ist geflossen	ρέω, κυλώ
fressen (frisst)	fraß	hat gefressen	τρώω (για ζώα)
frieren	fror	hat gefroren	κρυώνω
geben (gibt)	gab	hat gegeben	δίνω
gehen	ging	ist gegangen	πηγαίνω
gelingen	gelang	ist gelungen	πετυχαίνει
gelten (gilt)	galt	hat gegolten	ισχύει
geschehen (geschieht)	geschah	ist geschehen	συμβαίνει
gewinnen	gewann	hat gewonnen	κερδίζω
haben (hat)	hatte	hat gehabt	έχω
halten (hält)	hielt	hat gehalten	κρατώ

hängen	hing	ist/hat gehangen	κρέμεται
	hängte	hat gehängt	κρεμώ
heben	hob	hat gehoben	σηκώνω
heißen	hieß	hat geheißen	ονομάζομαι
helfen (hilft)	half	hat geholfen	βοηθώ
kennen	kannte	hat gekannt	γνωρίζω
kommen	kam	ist gekommen	έρχομαι
können (kann)	konnte	(hat gekonnt/ hat … können)*	μπορώ
laden** (lädt)	lud	hat geladen	
lassen (lässt)	ließ	hat gelassen	αφήνω
laufen (läuft)	lief	ist gelaufen	τρέχω
leiden	litt	hat gelitten	υποφέρω, πάσχω
leihen	lieh	hat geliehen	δανείζω, δανείζομαι
lesen (liest)	las	hat gelesen	διαβάζω
liegen	lag	ist/hat gelegen	βρίσκομαι (ξαπλωμένος)
messen (misst)	maß	hat gemessen	μετρώ
mögen (mag)	mochte	hat gemocht	συμπαθώ
müssen (muss)	musste	(hat gemusst/ hat … müssen)*	πρέπει
nehmen (nimmt)	nahm	hat genommen	παίρνω
nennen	nannte	hat genannt	ονομάζω, αποκαλώ
raten (rät)	riet	hat geraten	συμβουλεύω
riechen	roch	hat gerochen	μυρίζω
rufen	rief	hat gerufen	καλώ, φωνάζω
scheinen	schien	hat geschienen	φαίνομαι
schieben	schob	hat geschoben	σπρώχνω
schlafen (schläft)	schlief	hat geschlafen	κοιμάμαι
schlagen (schlägt)	schlug	hat geschlagen	χτυπώ
schließen	schloss	hat geschlossen	κλείνω
schneiden	schnitt	hat geschnitten	κόβω
schreiben	schrieb	hat geschrieben	γράφω
schreien	schrie	hat geschrien	ουρλιάζω
schweigen	schwieg	hat geschwiegen	σωπαίνω
schwimmen	schwamm	ist/hat geschwommen	κολυμπώ
sehen (sieht)	sah	hat gesehen	βλέπω
sein (ist)	war	ist gewesen	είμαι
senden	sandte	hat gesandt	στέλνω, εκπέμπω
	sendete	hat gesendet	
singen	sang	hat gesungen	τραγουδώ
sinken	sank	ist gesunken	βυθίζομαι, μειώνεται

sitzen	saß	ist/hat gesessen	κάθομαι
sprechen (spricht)	sprach	hat gesprochen	μιλώ
springen	sprang	ist gesprungen	πηδώ
stehen	stand	ist/hat gestanden	στέκομαι
stehlen (stiehlt)	stahl	hat gestohlen	κλέβω
steigen	stieg	ist gestiegen	ανεβαίνω
sterben (stirbt)	starb	ist gestorben	πεθαίνω
streiten	stritt	hat gestritten	τσακώνομαι
tragen (trägt)	trug	hat getragen	κουβαλώ, φορώ
treffen (trifft)	traf	hat getroffen	συναντώ
treiben**	trieb	hat getrieben	
treten (tritt)	trat	hat getreten	πατώ
trinken	trank	hat getrunken	πίνω
tun	tat	hat getan	κάνω
überweisen	überwies	hat überwiesen	εμβάζω
verbieten	verbot	hat verboten	απαγορεύω
verbinden	verband	hat verbunden	συνδέω
vergessen (vergisst)	vergaß	hat vergessen	ξεχνώ
vergleichen	verglich	hat verglichen	συγκρίνω
verlieren	verlor	hat verloren	χάνω
verzeihen	verzieh	hat verziehen	συγχωρώ
wachsen (wächst)	wuchs	ist gewachsen	αναπτύσσομαι
waschen (wäscht)	wusch	hat gewaschen	πλένω
wenden	wandte	hat gewandt	γυρίζω ανάποδα,
	wendete	hat gewendet	απευθύνομαι
werden (wird)	wurde	ist geworden	γίνομαι
werfen (wirft)	warf	hat geworfen	ρίχνω, πετώ
wiegen	wog	hat gewogen	ζυγίζω
wissen (weiß)	wusste	hat gewusst	ξέρω
ziehen	zog	hat gezogen	τραβώ, μετακομίζω
zwingen	zwang	hat gezwungen	(εξ)αναγκάζω

* ▶ σελίδα 15

Τα ρήματα αυτά τα συναντάμε με διάφορες σημασίες. Στη λίστα συμπεριλαμβάνονται μόνο οι πιο χαρακτηριστικές ερμηνείες των ρημάτων αυτών.

** Κάποια ρήματα έχουν πολλές διαφορετικές ερμηνείες ανάλογα με το πρόθεμα ή το ουσιαστικό, με το οποίο συνδέονται.

1.4 Το ρήμα · Verb

Χωριζόμενα και μη χωριζόμενα ρήματα
Trennbare und untrennbare Verben

Ορισμένα ρήματα στα γερμανικά είναι σύνθετα, αποτελούνται δηλαδή από το ρήμα και κάποιο πρόθεμα: **anfangen, beginnen**.

Στην πρόταση κάποια από αυτά τα ρήματα χωρίζονται. Ονομάζονται λοιπόν χωριζόμενα ρήματα, π.χ.: Der Unterricht *fängt* um 9.00 Uhr *an*.

Άλλα πάλι δε χωρίζονται, γι' αυτό και ονομάζονται σύνθετα μη χωριζόμενα ρήματα, π.χ.: Der Unterricht *beginnt* um 9.00 Uhr.

	χωριζόμενα ρήματα	μη χωριζόμενα ρήματα
	anfangen	**beginnen**
Präsens	ich fange … an	ich beginne …
Präteritum	ich fing … an	ich begann …
Perfekt	ich habe … angefangen	ich habe … begonnen
με Modalverb	ich möchte … anfangen	ich möchte … beginnen
ερώτηση	Wann fängst du … an?	Wann beginnst du …?
	Fängst du … an?	Beginnst du …?
προστακτική	Fang an!	Beginne!
Infinitiv + *zu*	Ich denke bald … anzufangen.	Ich denke bald … zu beginnen.

Σ' αυτές τις κατηγορίες ανήκουν:

ich fahre … **ab**	ich **be**komme
ich komme … **an**	ich **emp**fehle
ich mache … **auf/zu**	ich **ent**scheide
ich gehe … **aus**	ich **er**zähle
ich arbeite … **zusammen**	ich **ge**falle
ich kaufe … **ein**	ich **miss**verstehe
ich stelle … **fest**	ich **ver**stehe
ich fahre … **hin**	ich **zer**störe

- Τα ρήματα που αρχίζουν με τα ακόλουθα προθέματα, δε χωρίζονται ποτέ:

| be- | ent- | ge- | ver- |
| emp- | er- | miss- | zer- |

- Τα ρήματα που έχουν σαν πρόθεμα μια λέξη, που μπορεί να σταθεί μόνη της, ανεξάρτητα από το ρήμα, είναι τις περισσότερες φορές χωριζόμενα.
  Τα πιο σημαντικά από αυτά τα προθέματα είναι τα παρακάτω:

ab-	bei-	hin-	weg-
an-	ein-	los-	zu-
auf-	fest-	mit-	zurück-
aus-	her-	vor-	zusammen-

- Εκτός από αυτά υπάρχουν και ρήματα με προθέματα, που είναι άλλοτε χωριζόμενα κι άλλοτε μη χωριζόμενα.

| durch- | über- | unter- | wider- |
| hinter- | um- | voll- | wieder- |

| Er **holt** seine Bücher **wieder**. | = Παίρνει πίσω τα βιβλία του. | → χωριζόμενο |
| Wir **wiederholen** die Lektion. | = Επαναλαμβάνουμε το μάθημα. | → μη χωριζόμενο |

Για αρχάριους μαθητές είναι σημαντικά τα ακόλουθα ρήματα αυτής της κατηγορίας:

μη χωριζόμενα

über-	er überfährt	er überholt	er überlegt
	er übernachtet	er übernimmt	er überrascht
	er überredet	er übersetzt	er überzeugt
unter-	er unterrichtet	er unterscheidet	er unterschreibt
	er unterstützt	er untersucht	
wider-	er widerspricht		
wieder-	er wiederholt		

χωριζόμενα

| um- | er steigt … um | er tauscht … um | er zieht … um |

Τα χωριζόμενα ρήματα χωρίζονται μέσα στην πρόταση. Το ρήμα που κλίνεται μπαίνει στη δεύτερη θέση της πρότασης, δηλ. τη θέση του ρήματος, ενώ το πρόθεμα του ρήματος μπαίνει στο τέλος της πρότασης, π.χ.: Wir fangen um 8.00 Uhr mit der Arbeit an.

▶ Ασκήσεις 1–7

1   Σχηματίστε το γ΄ πρόσωπο ενικού και γράψτε τα ρήματα στη σωστή στήλη.

weggehen	versuchen
bezahlen	weglaufen
bestellen	zurückgeben
misstrauen	vergleichen
entwickeln	gelingen
mitarbeiten	abfliegen
ausfallen	~~erlauben~~
vorstellen	einschließen
~~zurückschauen~~	

χωριζόμενα	μη χωριζόμενα
er schaut ... zurück	er erlaubt
...	...

2   Präsens:
Γράψτε προτάσεις.

Was macht eine Hausfrau?

1. das Baby anziehen
   Sie zieht das Baby an.

2. das Frühstück vorbereiten

3. den Tisch abräumen

4. das Geschirr spülen und abtrocknen

5. Lebensmittel einkaufen

6. die Wäsche aufhängen

7. die Tochter vom Kindergarten abholen

8. die Wohnung aufräumen

3   Μετατρέψτε τις προτάσεις της άσκησης 2 σε Perfekt.

Was hat sie den ganzen Tag gemacht?   1. *Sie hat das Baby angezogen.*
          ...

4   Γράψτε προτάσεις χρησιμοποιώντας τα παρακάτω ρήματα σε Präsens.

1. abfahren   *Der Zug fährt bald ab.*
2. empfehlen
3. zurückkommen
4. abgeben
5. verstehen
6. aufstehen
7. anrufen
8. erlauben
9. entscheiden
10. wegfahren

5 Präsens:
Διατυπώστε ερωτήσεις με βάση τις δικές σας προτάσεις της άσκησης 4.

1. *Fährt der Zug bald ab?*
...

6 Γράψτε προτάσεις σε Perfekt.

1. die Haustür – abschließen – er – nicht
    Er hat die Haustür nicht abgeschlossen.

2. das Rauchen – der Arzt – mir – verbieten

3. wann – aufstehen – du – heute?

4. die unregelmäßigen Verben – ihr – wiederholen?

5. sie – im Schlafzimmer – verstecken – ihr ganzes Geld

6. warum – noch nicht – du – dich – umziehen?

7. nach zwei Stunden – der Direktor – beenden – die Diskussion

8. meine kleine Tochter – dieses schöne Glas – zerbrechen – leider

9. Papa – noch nicht – anrufen

10. anfangen – wann – der Film?

7 Ποια ρήματα είναι χωριζόμενα και ποια μη χωριζόμενα;

1. *Drehen* Sie das Steak nach drei Minuten *um* .   umdrehen

2. Er *versteht* keinen Spaß ———— .   verstehen

3. Bitte _____ Sie doch schon mit dem Essen _____ .   beginnen

4. Wer von euch _____ mit mir nachher die Wohnung _____ ?   aufräumen

5. _____ dir doch eine Pizza beim Pizza-Service _____ .   bestellen

6. Warum _____ du sie nicht _____ ?   anrufen

7. Er _____ immer so lustige Geschichten _____ .   erzählen

8. Sie _____ sich immer erst in letzter Minute _____ .   entscheiden

Το ρήμα · Verb
Μέσα ρήματα · Reflexive Verben

Μέχρι τώρα γνωρίσαμε ρήματα, των οποίων η ενέργεια μεταβαίνει στο αντικείμενο:
Ich habe im Urlaub <u>einen netten Herren</u> getroffen.

Υπάρχουν όμως και ρήματα, που φανερώνουν ότι η ενέργεια του υποκειμένου επιστρέφει πάλι στο ίδιο το υποκείμενο. Ενεργεί δηλαδή πάνω στον εαυτό του. Εδώ υποκείμενο και αντικείμενο είναι το ίδιο πρόσωπο:

sich erholen   Ich habe **mich** im Urlaub gut erholt.

Akkusativ (μοναδικό αντικείμενο)

Κάποια από αυτά τα αυτοπαθή ρήματα δέχονται δύο αντικείμενα, ένα σε Dativ κι ένα σε Akkusativ. Σε Dativ μπαίνει το πρόσωπο, σε Akkusativ το πράγμα. Έτσι έχουμε λοιπόν την αυτοπαθή αντωνυμία, που δηλώνει το πρόσωπο, σε Dativ:

sich etwas   Ich habe **mir** <u>diese Entscheidung</u> gut überlegt.
überlegen
              Dativ   Akkusativ

Μερικά ρήματα μπορεί να χρησιμοποιηθούν σαν μέσα και σαν ενεργητικά:

anziehen   Ich ziehe <u>den Mantel</u> an.

            Akkusativ

sich anziehen   Ich ziehe **mich** an.

                 Akkusativ

                 Ich ziehe **mir** <u>einen Pullover</u> an.

                 Dativ   Akkusativ

Στο παρακάτω παράδειγμα το ρήμα *sich lieben* δεν εκφράζει μια αυτοπαθή κατάσταση, αλλά μια αμοιβαία σχέση ανάμεσα σε δύο πρόσωπα:

lieben   Er liebt sie und sie liebt ihn.
          Sie lieben **sich**.

Μια αμοιβαία σχέση μπορεί να εκφραστεί με ρήμα, αλλά και με επίθετο, που συντάσσεται με πρόθεση. Σ' αυτή την περίπτωση η πρόθεση και η αντωνυμία *einander* (= ο ένας τον άλλον) συναιρούνται:

> Er ist glücklich mit ihr und sie ist
> glücklich mit ihm.
> Sie sind glücklich **miteinander**.

Präposition + *einander*

Η θέση της αυτοπαθούς αντωνυμίας στην πρόταση

Η αυτοπαθής αντωνυμία, όπως και άλλες αντωνυμίες, μπαίνει στην κύρια πρόταση αμέσως μετά από το υποκείμενο και το ρήμα. Στη δευτερεύουσα μπαίνει μετά από το υποκείμενο:

Ich habe	**mich**	im Urlaub gut erholt.
Im Urlaub habe ich	**mich**	gut erholt.
Er hat erzählt, dass er	**sich**	im Urlaub gut erholt hat.

Σημαντικά ρήματα που χρησιμοποιούνται με μέση διάθεση:

sich amüsieren	Wir haben uns auf der Party gut amüsiert.
sich aufregen	Sie hat sich sehr über ihren Chef aufgeregt.
sich bedanken	Ich möchte mich ganz herzlich für die Blumen bedanken.
sich beeilen	Beeil dich bitte!
sich bemühen	Ich werde mich sehr um diesen Job bemühen.
sich beklagen	Sie beklagt sich immer über alles. Nichts gefällt ihr.
sich beschweren	Er hat sich beim Kellner über das schlechte Essen beschwert.
sich entschließen	Wir haben uns zu einem Kurzurlaub entschlossen.
sich erholen	Habt ihr euch im Urlaub gut erholt?
sich erkälten	Er hat sich beim Radfahren erkältet.
sich erkundigen	Haben Sie sich schon nach einer Zugverbindung erkundigt?
sich freuen	Wir haben uns sehr über Ihren Besuch gefreut.
sich irren	Tut mir Leid, da habe ich mich wohl geirrt.
sich kümmern	Er kümmert sich sehr um seine kranke Frau.
sich verabreden	Wir haben uns für heute Abend verabredet.
sich verabschieden	Einen Moment bitte. Ich muss mich noch verabschieden.
sich verlieben	Sie hat sich schon wieder verliebt.
sich vorstellen	Darf ich mich vorstellen? Ich heiße Peter Kramer.

Κλίση

Μαζί με το ρήμα κλίνεται και η αυτοπαθής αντωνυμία:

	Akkusativ		**Dativ**	
ich freue	mich	Ich ziehe	mir	eine Jacke an.
du freust	dich	Du ziehst	dir	eine Jacke an.
er, sie, es freut	sich	Er zieht	sich	eine Jacke an.
wir freuen	uns	Wir ziehen	uns	eine Jacke an.
ihr freut	euch	Ihr zieht	euch	eine Jacke an.
sie, Sie freuen	sich	Sie ziehen	sich	eine Jacke an.

Εκτός από το γ΄ πρόσωπο ενικού και πληθυντικού όλοι οι άλλοι τύποι ταυτίζονται με την προσωπική αντωνυμία.

▶ Ασκήσεις 1–3

Υπενθύμιση:
Η αυτοπαθής αντωνυμία μπαίνει σε Akkusativ όταν είναι το μοναδικό αντικείμενο στην πρόταση.

Ich habe mich im Urlaub gut erholt.

        Akk.

▶ *Εξαίρεση: Ρήματα που δέχονται αντικείμενο σε Dativ* σελίδα 204

Όταν υπάρχουν δύο αντικείμενα, τότε το πρόσωπο (= αυτοπαθής αντωνυμία) μπαίνει σε Dativ και το πράγμα σε Akkusativ:

Ich ziehe mir eine Jacke an.

     Dat.   Akk.

▶ *Το συμπλήρωμα ρήματος* σελίδες 203–205

1 Συμπληρώστε την αυτοπαθή αντωνυμία σε Akkusativ.

1. Ich ziehe _mich_ aus.
   (sich ausziehen)
2. Sie hat _____ verliebt.
   (sich verlieben)
3. Ich kann _____ nicht erinnern.
   (sich erinnern)
4. Wir haben _____ verlaufen.
   (sich verlaufen)
5. Ihr habt _____ geirrt.
   (sich irren)
6. Sie verstehen _____ sehr gut.
   (sich verstehen)
7. Du wunderst _____ .
   (sich wundern)
8. Er wäscht _____ .
   (sich waschen)
9. Wir treffen _____ heute Abend.
   (sich treffen)
10. Ich habe _____ schon bedankt.
    (sich bedanken)
11. Du hast _____ beschwert.
    (sich beschweren)
12. Habt ihr _____ im Urlaub gut
    erholt?
    (sich erholen)

3 Συμπληρώστε την αυτοπαθή αντωνυμία σε Akkusativ ή Dativ.

1. ▪ Warum wäschst du _____
     schon wieder die Haare?
   ● Weil ich heute Abend noch
     ausgehe.
2. ▪ Was ist denn passiert?
   ● Ich habe _____ die linke
     Hand verbrannt.
3. ▪ Zieh _____ bitte um, wir
     müssen gehen.
   ● Was soll ich _____ denn
     anziehen? Den Mantel oder die
     Jacke?
4. ▪ Ich kann _____ deine
     Telefonnummer einfach nicht
     merken.
   ● Dann schreib sie _____ doch
     endlich mal auf.
5. ▪ Ich möchte _____ für meine
     Verspätung entschuldigen.
     Ich habe den Zug verpasst.
   ● Dafür brauchen Sie _____
     doch nicht zu entschuldigen.
     Das kann jedem passieren.
6. ▪ Nehmen Sie _____ doch
     noch etwas Kuchen.
   ● Nein, danke. Ich bin wirklich
     satt.

2 Συμπληρώστε την αυτοπαθή αντωνυμία σε Dativ.

1. Ich habe _mir_ das Buch gerade angesehen.
2. Kannst du _____ denn kein besseres Fahrrad leisten?
3. Ich kann _____ nicht vorstellen, dass das richtig ist.
4. Es wird sicher kalt. Zieh _____ lieber noch eine warme Jacke an.
5. Wir machen _____ große Sorgen um unsere Kinder.
6. Habt ihr _____ das auch gut überlegt?
7. Wasch _____ bitte die Hände, sie sind ganz schmutzig.
8. Ich habe _____ sein Fahrrad für ein paar Tage geliehen.

Το ρήμα · Verb
Απαρέμφατο · Infinitiv

Το απαρέμφατο (Infinitiv) έχει σχεδόν σε όλα τα ρήματα την κατάληξη *-en* (π.χ. *fragen*) και μόνο μερικά ρήματα έχουν την κατάληξη *-n* (π.χ. *sein, tun, erinnern, lächeln*).

Απαρέμφατο χωρίς *zu*

σε σύνθετους ρηματικούς τύπους (Futur, Konjunktiv II)
Ich werde dich bestimmt besuchen.
Ich würde gern Chinesisch lernen.

με Modalverben
Ich muss jetzt gehen.
Ich möchte gern segeln lernen.
Er hat viel arbeiten müssen.

με τα ρήματα

lassen, hören, sehen, fühlen	bleiben, gehen, fahren, helfen*, lernen*
Präsens Ich lasse mir die Haare schneiden. Ich höre sie kommen.	Bleiben Sie bitte sitzen! Ich gehe jetzt einkaufen.
Perfekt *,haben' + Infinitiv + Infinitiv* Ich habe mir die Haare schneiden lassen. Ich habe sie kommen hören.	*,sein'/,haben' + Partizip II* Ich bin sitzen geblieben. Ich bin einkaufen gegangen. Ich habe surfen gelernt.

σε προσταγές, προτροπές
Bitte nicht rauchen!
Fenster schließen!

* Τα ρήματα αυτά μπορεί να δεχτούν και *zu*, όταν το απαρέμφατο συνοδεύεται και από άλλες λέξεις ή εκφράσεις, π.χ.:
Ich habe ihm geholfen ein Haus für seine Familie zu finden.

Απαρέμφατο με *zu*

Στα γερμανικά τα περισσότερα ρήματα συντάσσονται με το *zu*
και το απαρέμφατο (Infinitiv + *zu*) άλλου ρήματος.
Τα σημαντικότερα είναι:

anfangen/beginnen	Ich habe angefangen zu lernen.
anbieten	Ich habe ihnen angeboten zu kommen.
aufhören	Es hat aufgehört zu regnen.
beschließen/entscheiden	Wir haben beschlossen zu streiken.
bitten	Ich habe dich nicht gebeten zu helfen.
erlauben	Ich habe dir nicht erlaubt auszugehen*.
sich freuen	Ich freue mich zu kommen.
haben (Angst, Zeit, Lust …)	Ich habe keine Lust zurückzufahren*.
hoffen	Ich hoffe zu gewinnen.
raten	Ich rate Ihnen zu bleiben.
verbieten	Er hat uns verboten zu rauchen.
vergessen	Ich habe vergessen einzukaufen*.
versprechen	Er hat versprochen zu kommen.
versuchen	Er hat versucht zu schlafen.
vorhaben	Ich habe vor zu fahren.
vorschlagen	Ich schlage vor zu warten.

* Στα χωριζόμενα ρήματα το *zu* μπαίνει ανάμεσα στο πρόθεμα και στο ρήμα.

▶ *Δευτερεύουσες προτάσεις με um zu, ohne zu, (an)statt zu*
σελίδες 225–227

▶ Ασκήσεις 1–3

Ουσιαστικοποιημένο απαρέμφατο

Από ένα απαρέμφατο μπορεί κανείς να σχηματίσει ένα
ουσιαστικό. Αυτά τα ουσιαστικά είναι πάντα γένους
ουδέτερου, π.χ.: arbeiten → das Arbeiten

Ich habe *das Fehlen* des Passes erst am nächsten Tag bemerkt.
Beim Arbeiten am Computer tun mir nach einer Weile die
Augen weh.

1 Απαρέμφατο με ή χωρίς *zu*?

1. Du sollst nicht so laut ___ sprechen.
2. Ich hoffe, Sie bald wieder___sehen.
3. Wir haben schon angefangen ___ kochen.
4. Hören Sie ihn schon ___ kommen?
5. Sehen Sie die Kinder auf der Straße ___ spielen?
6. Du sollst leise ___ sein!
7. Er hat mir angeboten, mit seinem Auto ___ fahren.
8. Warum lassen Sie den alten Fernseher nicht ___ reparieren?
9. Wir werden ganz bestimmt ___ kommen.
10. Mein Vater hat mir verboten, mit dir in Urlaub ___ fahren.
11. Ich helfe dir das Geschirr ___ spülen.
12. Setzen Sie sich doch. – Nein danke, ich bleibe lieber ___ stehen.
13. Er hat nie Zeit, länger mit mir ___ sprechen.
14. Ich gehe nicht gern allein ___ schwimmen.

2 Γράψτε προτάσεις σε Präsens.

1. Ich – sich vornehmen – pünktlich kommen
   Ich nehme mir vor, pünktlich zu kommen.
2. Wir – nächste Woche – Zeit haben – unsere Freunde besuchen
3. Er – nicht wollen – mitkommen
4. Wir – hoffen – ihn – dazu überreden – noch
5. Leider – er – fast nie – Lust haben – reisen
6. Er – würde – am liebsten – immer zu Hause – bleiben
7. Aber – wir – gehen – gern – Kleidung einkaufen – in Paris
8. Ich – weinen – höre – das Baby

3 Συμπληρώστε τις απαρεμφατικές προτάσεις.

1. Ich habe keine Angst, *in der Nacht im Park spazieren zu gehen.*
2. Ich habe heute keine Lust, _____
3. Es macht mir Spaß, _____
4. Ich gebe mir viel Mühe, _____
5. Ich zwinge niemanden, _____
6. Ich freue mich darauf, _____

1.7 To ρήμα · Verb
Προστακτική · Imperativ

Χρήση

Η προστακτική χρησιμοποιείται στις παρακάτω περιπτώσεις:

σε μια παράκληση
Kommen Sie bitte hierher!
Leih mir bitte mal dein Wörterbuch!

για να δώσουμε μια συμβουλή
Trink nicht so viel Alkohol!
Geh doch mal wieder schwimmen!

σε μια φιλική προτροπή
Setzen Sie sich doch!
Nimm doch noch ein Stück Kuchen!

για να δώσουμε μια εντολή
Macht sofort das Fenster zu!
Geh weg!

Μια παράκληση και μια συμβουλή διατυπώνονται πιο ευγενικά με Konjunktiv II:

Würden Sie bitte hierher kommen?
Könntest du mir bitte mal dein Wörterbuch leihen?
Du solltest nicht so viel Alkohol trinken.
Du solltest mal wieder schwimmen gehen.

▶ *Konjunktiv II* σελίδες 68–71

Κλίση

Σχηματίζουμε την προστακτική με τον εξής τρόπο:

β΄ ενικό πρόσωπο: αφαιρούμε την προσωπική αντωνυμία *du* και την κατάληξη *-st*

β΄ πληθυντικό πρόσωπο: αφαιρούμε την προσωπική αντωνυμία *ihr* τύπος ευγενείας: μεταφέρουμε την αντωνυμία *Sie* μετά από το ρήμα

	Präsens	**Προστακτική**
du	du kommst	Komm!
ihr	ihr kommt	Kommt!
Sie	Sie kommen	Kommen Sie!

Ιδιαιτερότητες	du	ihr	Sie

haben, sein, werden

	du	ihr	Sie
haben	Hab Geduld!	Habt Geduld!	Haben Sie Geduld!
sein	Sei leise!	Seid leise!	Seien Sie leise!
werden	Werd(e) glücklich!	Werdet glücklich!	Werden Sie glücklich!

ανώμαλα ρήματα με αλλαγή φωνήεντος στο θέμα e → i, e → ie

lesen	Lies den Text!	Lest den Text!	Lesen Sie den Text!
essen	Iss langsamer!	Esst langsamer!	Essen Sie langsamer!

ανώμαλα ρήματα με Umlaut ä στο β΄ και γ΄ ενικό πρόσωπο, έχουν στην προστακτική θέμα με -a-

laufen	Lauf schneller!	Lauft schneller!	Laufen Sie schneller!
fahren	Fahr nach Hause!	Fahrt nach Hause!	Fahren Sie nach Hause!
schlafen	Schlaf nicht so lange!	Schlaft nicht so lange!	Schlafen Sie nicht so lange!

ρήματα σε -eln, -ern

klingeln	Klingle zwei Mal!	Klingelt zwei Mal!	Klingeln Sie zwei Mal!
ändern	Änd(e)re nichts!	Ändert nichts!	Ändern Sie nichts!

▶ Ασκήσεις 1–5

1 Γράψτε προτάσεις στην προστακτική στο β΄ ενικό και β΄ πληθυντικό πρόσωπο.

leise sein	das Fenster zumachen	~~den Text vorlesen~~
die Regel aufschreiben	lauter sprechen	das Buch aufschlagen
im Wörterbuch nachsehen	die Bücher schließen	an die Tafel kommen

Was sagt Ihr Lehrer?
du   *ihr*

Lies den Text vor!   *Lest den Text vor!*
…   …

2 Συμπληρώστε την προστακτική στο β΄ ενικό ή β΄ πληθυντικό πρόσωπο.

1. _____ mich doch mal besuchen!   kommen/Singular
2. _____ keine Angst!   haben/Plural
3. _____ doch ein bisschen leiser!   sein/Plural
4. _____ bitte lauter, ich verstehe dich so schlecht! sprechen
5. _____ bitte in der Pause die Fenster!   öffnen/Plural
6. _____ mir bitte mal schnell den Stift dort!   geben/Singular
7. _____ doch nicht so ungeduldig!   sein/Singular
8. _____ die Badesachen nicht!   vergessen/Plural
9. _____ doch Rücksicht auf deine Schwester!   nehmen
10. _____ mir, wenn ich dich etwas frage!   antworten

3 Χωριζόμενα ρήματα: Συμπληρώστε την προστακτική στο β΄ ενικό πρόσωπο.

1. _____ bitte das Fenster ___ !   zumachen
2. _____ doch ___ !   aufpassen
3. _____ doch nicht immer vor dem Fernseher ___ ! einschlafen
4. _____ endlich ___ !   anfangen
5. _____ bitte das Geschirr ___ !   abtrocknen
6. _____ bitte ___ !   mitkommen
7. _____ deine Spielsachen ___ !   aufräumen
8. _____ ihn doch mal zum Abendessen ___ ! einladen
9. _____ sie bitte vom Kindergarten ___ !   abholen
10. _____ den roten Pullover ___ !   mitnehmen

4 Μέσα ρήματα: Συμπληρώστε την προστακτική στον ενικό, πληθυντικό ή με τον τύπο ευγενείας *Sie*.

▶ *Μέσα ρήματα* σελίδες 52–54

1. _____ ein bisschen, der Zug fährt gleich ab!
(sich beeilen/Plural)

2. _____ bitte nach den Zugverbindungen!
(sich erkundigen/Sie)

3. _____ endlich!
(sich entscheiden/Singular)

4. _____ doch! Bald ist Weihnachten!
(sich freuen/Plural)

5. _____ nicht, ich kann das allein erledigen!
(sich bemühen/Sie)

6. _____ doch nicht dauernd, anderen Menschen geht es viel schlechter als dir!
(sich beklagen/Singular)

5 Γράψτε προτάσεις στην προστακτική στο β΄ ενικό και β΄ πληθυντικό πρόσωπο.

Ratschläge für den Urlaub

1. Lassen Sie Ihre Probleme zu Hause!
Lass deine Probleme zu Hause!
Lasst eure Probleme zu Hause!

2. Liegen Sie nie lange ohne Sonnenschutz in der Sonne!

3. Nehmen Sie nicht viel Geld mit an den Strand!

4. Vergessen Sie Ihre Arbeit!

5. Schlafen Sie viel!

6. Erholen Sie sich gut!

1.8

Το ρήμα · Verb
Παθητική φωνή · Passiv

Χρήση

Στην ενεργητική φωνή (Aktiv) μας ενδιαφέρει το πρόσωπο που ενεργεί:
- ▪ Was ist denn das für ein Lärm?
- ● <u>Die Nachbarn</u> bauen eine Garage.

Στην παθητική φωνή (Passiv) μας ενδιαφέρει η πράξη, το συμβάν:
- ▪ Was ist denn das für eine Baustelle?
- ● <u>Hier wird eine neue Autobahn gebaut.</u>

Προτάσεις σε παθητική φωνή χωρίς ποιητικό αίτιο

Hier wird eine neue Autobahn gebaut.

Η πράξη βρίσκεται στο επίκεντρο της πληροφορίας. Το πρόσωπο που ενεργεί (ποιητικό αίτιο = Agens) ή είναι σε όλους γνωστό ή άγνωστο ή και ασήμαντο για την πληροφορία.

(Es wurde dem Verletzten sofort geholfen.)
→ Dem Verletzten wurde sofort geholfen.

Στα ρήματα, που συντάσσονται με αντικείμενο σε Dativ, μπορεί το υποκείμενο στην πρώτη θέση ν' αντικατασταθεί από τη λέξη *es*. Εκφραστικά πάντως είναι προτιμότερο η πρόταση να σχηματίζεται χωρίς το *es*. Στην πρώτη θέση μπορεί να μπει κάποιος άλλος όρος.

▶ *Ρήματα με αντικείμενο σε Dativ* σελίδα 204

Προτάσεις σε παθητική φωνή με ποιητικό αίτιο

,von' + *Dativ*
Diese Schauspielerin wurde von allen bewundert.
Die Frau wurde von einem Auto angefahren.

,durch' + *Akkusativ*
Die Nachricht wurde ihr durch den Boten überbracht.
Der Patient wurde durch eine Operation gerettet.

Η πρόταση στην παθητική φωνή μπορεί και να ονομάζει το πρόσωπο που ενεργεί ή το πράγμα που είναι η αιτία της ενέργειας (ποιητικό αίτιο). Παρ' όλα αυτά η προσοχή μας παραμένει στραμμένη στην ίδια την ενέργεια.
Όταν το πρόσωπο ή η αιτία είναι άμεσα, τότε χρησιμοποιείται η πρόθεση *von*, όταν είναι έμμεσα η πρόθεση *durch*.

Κλίση

Σχηματίζουμε την παθητική φωνή με το βοηθητικό ρήμα *werden* + Partizip II.

Präsens	Hier	wird	eine neue Autobahn	gebaut.
Präteritum		wurde		gebaut.
Perfekt		ist		gebaut worden.
Plusquamperfekt		war		gebaut worden.

▶ *Κλίση του werden* σελίδα 11

Παθητική φωνή με Modalverb

Präsens	Die Küche	muss	aufgeräumt werden.
Präteritum		musste	

Η παθητική φωνή με Modalverb συναντάται πολύ σπάνια σε Perfekt και Plusquamperfekt.

▶ *Modalverben* σελίδες 12–15

Παθητική φωνή σε δευτερεύουσα πρόταση

Präsens	Ich weiß, dass hier eine neue Autobahn	gebaut wird.
Präteritum		gebaut wurde.
Perfekt		gebaut worden ist.
Plusquamperfekt		gebaut worden war.

με Modalverb

Präsens	Ich weiß, dass die Küche	aufgeräumt werden muss.
Präteritum	Ich wusste, dass die Küche	aufgeräumt werden musste.

▶ Ασκήσεις 1–10

1 Συμπληρώστε το ρήμα *werden* στο σωστό τύπο.

1. Hier _wird_ eine Kirche gebaut. (Präsens)
2. Wir _____ nicht gefragt, ob wir mitkommen wollten. (Präteritum)
3. In diesem Restaurant _____ ich immer freundlich bedient _____ (Perfekt)
4. Warum _____ in deiner Firma niemand mehr eingestellt? (Präsens)
5. Hoffentlich _____ ihr nicht in eine andere Abteilung versetzt. (Präsens)
6. Als ich endlich den Supermarkt gefunden hatte, _____ er gerade geschlossen. (Präteritum)
7. In meinem neuen Job _____ ich sehr gut bezahlt. (Präsens)
8. Mein Großvater musste in seinem Leben immer hart arbeiten. Ihm _____ nichts geschenkt. (Präteritum)
9. An der Grenze _____ unser Gepäck genau kontrolliert _____. (Perfekt)

2 Präsens: Γράψτε προτάσεις στην παθητική φωνή.

Wie zerstören die Menschen die Umwelt?

1. die Natur – schädigen
   Die Natur wird geschädigt.
2. die Flüsse – durch Chemikalien – vergiften
3. die Landschaft – mit Häusern – voll bauen
4. zu viel Müll – es – produzieren
5. die Wälder – zerstören
6. die Rohstoffe – verschwenden

3 Präsens: Γράψτε τις προτάσεις της άσκησης 2 στην παθητική φωνή, χρησιμοποιώντας το Modalverb *sollen + nicht noch mehr*.

Was fordern die Umweltschützer?

1. *Die Natur soll nicht noch mehr geschädigt werden.*
   …

4 Präteritum: Γράψτε προτάσεις στην παθητική φωνή.

1. Meine Wohnung war unordentlich.
   Meine Wohnung musste aufgeräumt werden.
2. Im Text waren noch viele Fehler.
3. Ich habe die Rechnung bekommen.
4. Meine Großeltern sind am Bahnhof angekommen.
5. Der Fahrradfahrer war leicht verletzt.

6. Mein Fernsehapparat war kaputt.
7. Die Papiere waren durcheinander.
8. Das ganze Geschirr war schmutzig.

aufräumen müssen

korrigieren müssen
bezahlen müssen
abholen müssen
ins Krankenhaus bringen müssen
reparieren müssen
ordnen müssen
spülen müssen

5 Συμπληρώστε τα ρήματα στην παθητική φωνή.

Der Mann _____ bei dem Unfall so	verletzen/Plusquamperfekt
schwer _____ _____ , dass er sofort	
in ein Krankenhaus _____ _____	einliefern müssen/Präteritum
_____ . Dort _____ er gründlich	untersuchen/Präteritum
_____ und dabei _____ _____ ,	feststellen/Präteritum
dass er sofort _____ _____ _____ .	operieren müssen/Präsens
Nachdem er drei Wochen im Krankenhaus	
_____ _____ _____ ,	behandeln/Plusquamperfekt
_____ er _____ _____ .	entlassen können/Präteritum
Zu Hause _____ er noch einige Wochen	versorgen/Präteritum
von seinem Hausarzt _____ .	

6 Was muss hier getan werden? Was darf hier getan werden? Was darf hier nicht getan werden?

1. _Die Baustelle darf nicht betreten werden._

2. _Hier ..._

3. _____

4. _____

5. _____

6. _____

7 Γράψτε με βάση τις προτάσεις της άσκησης 6 δευτερεύουσες προτάσεις στην παθητική φωνή.

1. Ich weiß, dass _die Baustelle nicht betreten werden darf._

...

8 Γράψτε δευτερεύουσες προτάσεις στην παθητική φωνή.

1. Man isst in Bayern so viel Schweinefleisch.

   Ich möchte gern wissen, warum *in Bayern so viel Schweinefleisch gegessen wird.*

2. Man schenkt den Kindern Kriegsspielzeug.

3. Man kann die militärische Aufrüstung nicht beenden.

4. Man erzieht die Kinder nicht zu mehr Toleranz.

5. Man achtet die Rechte der Minderheiten nicht.

6. Man muss bei Smog das Auto nicht zu Hause lassen.

9 Συμπληρώστε *von* ή *durch*.

1. Der Frosch wurde _____ der Prinzessin geküsst.

2. _____ das Feuer wurde großer Schaden verursacht.

3. Diese Frage wurde mir noch _____ niemandem gestellt.

4. Die Maus wurde _____ Gift getötet.

5. Der Baum wurde _____ einem Blitz getroffen.

6. Die Qualität der Artikel wurde _____ ein neues Produktions-verfahren sehr verbessert.

10 Perfekt: Γράψτε προτάσεις από τους τίτλους των εφημερίδων.

1. Unfall auf der Autobahn: 8 Menschen schwer verletzt
   Bei einem Unfall auf der Autobahn sind 8 Menschen schwer verletzt worden.

2. Sturm: 4 Autos von umgefallenen Bäumen beschädigt

3. Ferrari nachts im Zentrum gestohlen

4. Neues Schwimmbad vom Bürgermeister eröffnet

5. Banküberfall in der Kantstraße

6. Entführtes Kind gefunden

1.9 Το ρήμα · Verb
Konjunktiv II

Μέχρι τώρα γνωρίσαμε μια έγκλιση των ρημάτων: την Οριστική (= Indikativ), που εκφράζει το πραγματικό, αυτό που είναι δυνατόν να συμβαίνει ή να συμβεί.

Για να εκφράσουμε κάτι μη πραγματικό, κάτι φανταστικό, κάτι που ευχόμαστε να γίνει ή για να μιλήσουμε πιο ευγενικά σε κάποιον, χρησιμοποιούμε μια άλλη έγκλιση, την Konjunktiv.

Ας δούμε τώρα με παραδείγματα, σε ποιες περιπτώσεις χρησιμοποιείται:

ευγενική παράκληση

Herr Ober,	ich <u>möchte</u> bitte noch ein Bier.
	<u>würden</u> Sie mir bitte die Speisekarte <u>bringen</u>?
	<u>könnten</u> wir bitte noch etwas Brot bekommen?
	ich <u>hätte</u> gern noch einen Kaffee.

Αυτές οι προτάσεις φανερώνουν ευγένεια. Τις χρησιμοποιούμε κυρίως όταν απευθυνόμαστε σε κάποιον στον πληθυντικό. Όταν μιλάμε ευγενικά σε κάποιον στον ενικό, μπορούμε να εκφραστούμε και ως εξής:

Hilfst du mir <u>bitte</u>?
Hilfst du mir <u>mal</u>?
<u>Kannst du</u> mir helfen?

Μερικές φορές χρησιμοποιούνται κι όλες οι εκφράσεις ταυτόχρονα:

<u>Kannst du</u> mir <u>bitte</u> <u>mal</u> helfen?

μη πραγματική προϋπόθεση / δυνατότητα

παρόν 　■ Kommen Sie am Samstag zu meiner Geburtstagsparty?

πραγματικό 　● <u>Wenn ich Zeit habe, komme ich gern.</u> Ich rufe Sie morgen an und gebe Ihnen Bescheid. [= Ίσως έρθω.]

μη πραγματικό (= Konjunktiv II) 　● Vielen Dank für die Einladung. <u>Wenn ich Zeit hätte, würde ich sehr gerne kommen.</u> Aber leider fahre ich am Wochenende weg. [= Δε θα έρθω.]

παρελθόν	▪ Hast du gestern Abend das Spiel Bayern München gegen Werder Bremen gesehen?
πραγματικό	● Ja, natürlich hab' ich es gesehen.
μη πραγματικό (= Konjunktiv II)	● Nein, leider nicht. Ich musste länger arbeiten. Wenn ich Zeit gehabt hätte, hätte ich es natürlich angeschaut. [= Δεν το είδα.]

επιθυμία που δεν μπορεί να πραγματοποιηθεί

πραγματικότητα	Ich habe kein Geld dabei.
επιθυμία	Wenn ich **doch** mein Geld mitgenommen hätte! Hätte ich **doch** mein Geld mitgenommen!

συμβουλή / πρόταση

▪ An deiner Stelle würde ich mir vor der langen Fahrt noch etwas zu essen kaufen.

ή

▪ Du solltest dir vor der langen Fahrt noch etwas zu essen kaufen.

● Nein, das ist nicht nötig, ich habe viel gefrühstückt.

▪ Wir haben noch eine halbe Stunde Zeit, bis der Zug abfährt. Wir könnten doch noch einen Kaffee trinken gehen.

● Ja, gute Idee!

σύγκριση με als ob (= σαν να)

Er ist faul, aber er tut so, als ob er arbeiten würde.

Παθητική φωνή με Konjunktiv II

παρόν

würde + Partizip II
Dieses Haus würde leicht verkauft, wenn der Preis nicht so hoch wäre.
στην πραγματικότητα: Es wird nicht leicht verkauft, weil es zu teuer ist.

παρελθόν

wäre + Partizip II + *worden*
Dieses Haus wäre leicht verkauft worden, wenn der Preis nicht so hoch gewesen wäre.
στην πραγματικότητα: Es ist nicht verkauft worden, weil es zu teuer war.

Konjunktiv II με Modalverben

παρόν

Du solltest mehr schlafen.
στην πραγματικότητα: Du siehst müde aus.

παρελθόν

κύρια πρόταση (hätte + Infinitiv + Infinitiv)
Ich hätte länger schlafen sollen.
στην πραγματικότητα: Ich bin zu früh aufgestanden.

κύρια πρόταση + δευτερεύουσα πρόταση
Wenn ich heute nicht so früh hätte aufstehen müssen, wäre ich jetzt nicht so müde.
στην πραγματικότητα: Ich bin so müde, weil ich heute so früh aufstehen musste.

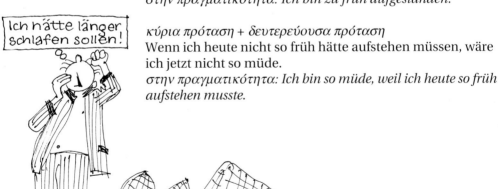

Κλίση

Η Konjunktiv II έχει τύπους για το παρόν και για το παρελθόν. Δείτε πώς σχηματίζονται:

παρόν

Τα περισσότερα ρήματα σχηματίζουν την Konjunktiv II με *würde* + Infinitiv

ich	würde	fragen	wir	würden	fragen
du	würdest	fragen	ihr	würdet	fragen
er, sie, es	würde	fragen	sie, Sie	würden	fragen

Προτάσεις με *würde* + Infinitiv έχουν την ίδια σύνταξη όπως οι προτάσεις με Modalverb + Infinitiv:

Ich <u>würde</u> gern mit dem Rauchen <u>aufhören</u>.
Ich <u>muss</u> mit dem Rauchen <u>aufhören</u>.

Τα παρακάτω ρήματα σχηματίζουν την Konjunktiv II από το θέμα του ρήματος σε Präteritum. Προσθέτουμε στο φωνήεν του θέματος Umlaut (¨) με εξαίρεση τα ρήματα *sollen* και *wollen*. Σ' αυτό το θέμα προστίθενται οι καταλήξεις που είδατε στον προηγούμενο πίνακα:

Infinitiv	Konjunktiv II	Infinitiv	Konjunktiv II
haben	ich hätte	mögen	ich möchte
sein	ich wäre	lassen	ich ließe
werden	ich würde	kommen	ich käme
wollen	ich wollte	gehen	ich ginge
sollen	ich sollte	wissen	ich wüsste
müssen	ich müsste	brauchen	ich bräuchte
dürfen	ich dürfte	geben	ich gäbe
können	ich könnte		

παρελθόν

‚hätte'/‚wäre' + *Partizip II*

	στην Οριστική υπάρχουν τρεις παρελθοντικοί χρόνοι	*στην Konjunktiv II υπάρχει ένας παρελθοντικός χρόνος*
Präteritum	ich kaufte ich kam	ich hätte gekauft ich wäre gekommen
Perfekt	ich habe gekauft ich bin gekommen	
Plusquamperfekt	ich hatte gekauft ich war gekommen	

▶Ασκήσεις 1–21

1 Οριστική του Präteritum και Konjunktiv II: Συμπληρώστε τα ρήματα.

1.	haben	du	*hattest*	du	*hättest*
2.	können	sie	_____	sie	_____
3.	müssen	ihr	_____	ihr	_____
4.	sollen	Sie	_____	Sie	_____
5.	werden	er	_____	er	_____
6.	dürfen	wir	_____	wir	_____
7.	wollen	ich	_____	ich	_____
8.	sein	sie (Pl.)	_____	sie (Pl.)	_____
9.	mögen	es	_____	es	_____
10.	gehen	ich	_____	ich	_____
11.	lassen	er	_____	er	_____
12.	geben	es	_____	es	_____
13.	brauchen	du	_____	du	_____
14.	wissen	wir	_____	wir	_____
15.	kommen	ich	_____	ich	_____

2 Συμπληρώστε τις προτάσεις.

1. er – sich mehr Zeit nehmen
   Ich würde mich freuen, *wenn er sich mehr Zeit nehmen würde.*
2. sie (Pl.) – mehr Geduld haben
   Es wäre schön, _____
3. du – mich in Ruhe lassen
   Ich wäre dir dankbar, _____
4. er – mit mir mehr Abende verbringen
   Es wäre toll, _____
5. ich – nicht so viel arbeiten müssen
   Ich wäre froh, _____
6. du – abends früher nach Hause kommen
   Es wäre schön, _____
7. wir – häufiger ins Theater gehen
   Ich würde mich freuen, _____
8. ihr – noch etwas länger bleiben
   Es wäre schön, _____

3 Konjunktiv II: Συμπληρώστε τον παρελθοντικό τύπο του ρήματος.

1. Wenn er doch _gekommen wäre_ !	kommen
2. Ich _____ das nicht _____ .	tun
3. Wir _____ nie _____ .	mitkommen
4. Sie _____ uns bestimmt nicht _____ .	besuchen
5. Ihr _____ die Straße ohne Stadtplan nie _____ .	finden
6. Sie (Pl.) _____ gern nach Amerika _____ .	fliegen
7. Er _____ sicher mit dir _____ _____ .	spazieren gehen
8. Ich _____ dir das schon noch _____ .	erzählen

4 Γράψτε την επιστολή στον πληθυντικό ευγενείας.

Liebe Angela,

wie geht es dir? Wie ist denn deine neue Arbeitsstelle? Hast du nette Kollegen?

Ich habe eine große Bitte. Du weißt doch, ich bin im Juli und August in Berlin. Ich möchte dort einen Sprachkurs besuchen. Leider weiß ich noch nicht, an welcher Schule, und ich habe noch keine Wohnmöglichkeit. Hilfst du mir?

Vielleicht kannst du mal deine Freunde und Bekannten fragen, ob jemand in dieser Zeit ein Zimmer vermietet. Und fragst du bitte an einigen Sprachschulen in Berlin nach den Preisen und Kursdaten? Kannst du mir vielleicht vorher einige Prospekte schicken? Dann kann ich mich nämlich rechtzeitig an einer Schule anmelden.

Darf ich dich zum Schluss noch um einen anderen Gefallen bitten? Du weißt ja, ich war noch nie in Berlin und komme mit viel Gepäck. Holst du mich bitte am Flughafen ab? Dafür koche ich für dich in Berlin ein typisch brasilianisches Essen.

Vielen Dank für deine Hilfe. Ich freue mich auf unser Wiedersehen in Deutschland.

Viele Grüße **Benedita**

Ξεκινήστε έτσι:

Sehr geehrte Frau Müller,

wie geht es Ihnen? Wie ist denn Ihre neue Arbeitsstelle? Haben Sie nette Kollegen?

Ich hätte eine große Bitte. ...

5 Γράψτε πιο ευγενικές προτάσεις.

1. Gib mir bitte Feuer. (2 τρόποι)
   Würdest du mir bitte Feuer geben?
   Könntest du mir bitte Feuer geben?
2. Darf ich mir Ihren Bleistift leihen?
3. Halten Sie bitte einen Moment
   meinen Mantel? (2 τρόποι)
4. Sagen Sie mir, wie ich zum Bahnhof
   komme? (2 τρόποι)
5. Kann ich Sie schnell etwas fragen?
6. Geben Sie mir ein Glas Wasser?
   (2 τρόποι)
7. Mach bitte das Fenster zu.
   (2 τρόποι)
8. Darf ich Sie bitten, das Radio leiser
   zu stellen?

7 Γράψτε προτάσεις με Konjunktiv II.
Αρχίστε τις προτάσεις έτσι:
Ich wäre froh, wenn ich …

1. so gut Deutsch sprechen können
   wie du
2. eine so große Wohnung haben
   wie ihr
3. Goethe auf Deutsch lesen können
4. jedes Jahr drei Monate Urlaub
   machen können
5. länger bleiben dürfen
6. zu Fuß zur Arbeit gehen können
7. nicht jeden Tag mit dem Auto
   fahren müssen
8. so viel Geduld haben wie Sie

Κι εσείς; Γράψτε 5 προτάσεις.

6 Αντιστοιχίστε.

1. Wenn ich mehr Fremdsprachen könnte,
2. Wenn ich mehr Geld mitgenommen hätte,
3. Ich hätte die Prüfung bestanden,
4. Das Problem wäre gar nicht entstanden,
5. Wenn du nicht so langsam gegangen wärest,
6. Ich wäre gern in dieses Konzert gegangen,

a wenn Sie mich vorher gefragt hätten.
b hätten wir den Zug sicher erreicht.
c wenn es noch Karten gegeben hätte.
d würde ich dich jetzt zum Essen einladen.
e hätte ich diesen Job bekommen.
f wenn sie mir nicht so schwierige Fragen gestellt hätten.

1	
2	
3	
4	
5	
6	

8 Συμπληρώστε τα ρήματα σε Konjunktiv II.

Wenn mein Vater der Scheich von Shambala _wäre_ ,	sein
_____ ich in weichen Betten _____ . Ich	schlafen können
_____ den ganzen Tag mit meinen Freundinnen	spielen
_____ und _____ meiner Mutter nicht immer in	brauchen
der Küche zu helfen. Sie _____ viele Angestellte für die	haben
Hausarbeit. Natürlich _____ mich auch ein Chauffeur in	fahren
die Schule _____ , und ich _____ nicht mehr zu	müssen
Fuß gehen. Außerdem _____ ich viele wunderschöne	haben
Kleider. Sicher _____ ich den ganzen Tag machen, was	dürfen
ich will. Aber vielleicht _____ das auch sehr langweilig.	sein
Ich _____ wahrscheinlich nicht mehr mit meinen	dürfen
Freundinnen auf der Straße spielen und _____ immer	müssen
aufpassen, dass ich mich nicht schmutzig mache. Vielleicht	
_____ ein Leben als Prinzessin doch nicht so schön.	sein

9 Was würden Sie machen, wenn …?
Was wäre, wenn …?

1. Wenn ich im Lotto gewinnen würde, würde ich …
2. Wenn ich als Kind bei den Eskimos gelebt hätte, …
3. Wenn Hunde sprechen könnten, …
4. Wenn ich die Königin von England wäre, …
5. Wenn ich nicht so faul wäre, …
6. Wenn ich im letzten Jahrhundert geboren wäre, …

10 Wo würden Sie am liebsten Urlaub machen? Was würden Sie dort tun?

Ich würde nach … fahren. Dort würde ich dann …

11 Συμπληρώστε τις προτάσεις.

Paul ist mit seinem Leben nicht zufrieden.

1. Er ist Automechaniker,
   aber er wäre gern Rennfahrer.
2. Er verdient zu wenig,
   _____
   (mehr verdienen)
3. Er wohnt in Audorf,
   _____
   (Hamburg)
4. Er muss früh aufstehen,
   _____
   (lange schlafen)
5. Er hat nur einen Kleinwagen,
   _____
   (einen Ferrari)
6. Er arbeitet in einer kleinen Firma,
   _____
   (in einer großen Firma arbeiten)

12 Γράψτε τι θα επιθυμούσατε.

Sie haben mit 17 Jahren bei einem Preisausschreiben ein tolles Auto gewonnen. Was wünschen Sie sich?

Wenn ich doch schon meinen Führerschein hätte!
Hätte ich doch schon meinen Führerschein!

1. Sie haben in der Nacht die letzte U-Bahn verpasst.
2. Ihr Traummann/Ihre Traumfrau lädt Sie zum Abendessen ein.
3. Sie landen mit Ihrer Deutschlehrerin nach einem Schiffsunglück auf einer einsamen Insel.
4. Sie bleiben im Lift eines Hochhauses stecken.

13 Εκ των υστέρων τα ξέρουμε όλα καλύτερα!

1. Sie stehen mit dem Auto im Stau. (U-Bahn fahren)
   Wäre ich doch mit der U-Bahn gefahren!
2. Sie hatten einen Ehekrach. (nie heiraten)
3. Das Hotel ist sehr schlecht. (besseres Hotel buchen)
4. Sie haben eine Erkältung bekommen. (wärmer anziehen)
5. Sie haben Ihren Zug verpasst. (früher aufstehen)
6. Sie machen einen Spaziergang. Plötzlich beginnt es zu regnen. (Regenschirm mitnehmen)

14 Συμπληρώστε τις προτάσεις.

Petra möchte ihr Aussehen verändern und bittet ihre Freundin Anna um Rat. Was sagt Anna? Beginnen Sie mit:

An deiner Stelle würde ich …
Du könntest doch …
Vielleicht solltest du …
Du müsstest mal …

1. *Du müsstest mal zu einem besseren Frisör gehen.*
2. Schmuck tragen
3. einen Minirock anziehen
4. lebendige Farben tragen
5. modische Schuhe anziehen
6. ein bisschen Make-up benutzen

Τι θα συμβουλεύατε την Petra;
Γράψτε ένα σύντομο κείμενο.
An ihrer Stelle würde ich … . Außerdem …

15 Die ideale Schule

Φανταστείτε ότι είστε ο
διευθυντής του σχολείου σας.
Τι θα αλλάζατε;

> Wenn ich Direktor dieser Schule wäre,
> würde ich in jeder Pause Getränke
> servieren.
> ή
> An seiner Stelle würde ich in jeder
> Pause Getränke servieren.

16 Ακροατές τηλεφωνούν στο ραδιοφωνικό σταθμό Weltweit: Οι ψυχολόγοι δίνουν συμβουλές.

Herr A:
Meine Freundin hat mich drei
Wochen vor der Hochzeit verlassen.
Ich bin so unglücklich und kann
an nichts anderes mehr denken.
Das Leben hat keinen Sinn mehr
für mich.
Herr Dr. Schlau antwortet:
An Ihrer Stelle wäre ich froh, dass
Ihnen das vor der Hochzeit und
nicht danach passiert ist. Sie sollten
jetzt vielleicht eine Reise machen
mit einem guten Freund, damit sie
wieder auf andere Gedanken kommen.

Παίξτε τώρα το ρόλο του / της ψυχολόγου. Δώστε συμβουλές ξεκινώντας έτσι:
An Ihrer Stelle … / Sie sollten … / Sie könnten … / Sie müssten …

1. *Britta (16 Jahre):* Jeden Tag auf dem Weg zur Schule treffe ich im Zug einen sehr
    gut aussehenden Jungen. Er schaut mich immer an, aber er sagt nie etwas zu
    mir. Wie kann ich mit ihm in Kontakt kommen?

2. *Frau B. (60 Jahre):* Ich lebe allein, seit mein Mann vor ein paar Jahren plötzlich
    gestorben ist. Leider habe ich nur wenige Bekannte und bin sehr einsam. Wie
    kann ich in meinem Alter andere Menschen kennen lernen?

3. *Hans (16 Jahre):* Ich will mit der Schule aufhören, weil ich endlich eine
    Ausbildung als Automechaniker anfangen möchte. Meine Eltern erlauben das
    nicht und wollen mich zwingen, weiter zur Schule zu gehen und das Abitur zu
    machen. Wie kann ich sie überzeugen?

17 Συμπληρώστε τις προτάσεις.

Heinrich möchte allen Frauen gefallen. Er tut immer so, als ob er der tollste
Typ der Welt wäre, aber in Wirklichkeit ist er ganz anders.

1. Er hat nie Geld.   *Aber er tut so, als ob er viel Geld hätte.*
2. Er kann nicht kochen.   _____
3. Er ist ziemlich ängstlich.   _____
4. Er ist nicht besonders intelligent.   _____
5. Er ist normalerweise unhöflich.   _____
6. Er hat wenig Freunde.   _____

18 Συμπληρώστε τις προτάσεις.

1. Es sieht so aus, *als ob es bald*   bald regnen
   regnen würde.
2. Du siehst so aus, …   die ganze Nacht nicht geschlafen haben
3. Es sieht so aus, …   wir müssen die Grammatik wiederholen
4. Sie sieht so aus, …   abgenommen haben
5. Die Kleine sieht so aus, …   krank sein
6. Du siehst so aus, …   müde sein

19 Συμπληρώστε *würde, hätte* ή *wäre* στο σωστό πρόσωπο.

1. *Würden* _____ Sie mir bitte einen Gefallen tun? Sagen Sie Herrn Fischer, dass ich
   morgen etwas später komme.
2. _____ Sie einen Moment Zeit für mich? Ich _____ gern etwas mit
   Ihnen besprechen.
3. Wie _____ es, wenn wir nach dem Theater noch ein Glas Wein zusammen
   trinken _____ ?
4. Mein Sohn _____ auch sehr gern mitgekommen. Aber leider ist er sehr
   erkältet.
5. Ich _____ noch eine Bitte. _____ Sie mich bitte kurz anrufen, wenn
   Herr Wagner zurück ist?
6. Das _____ du doch nicht allein machen müssen! Ich _____ dir schon
   geholfen.
7. Ich _____ dann gegen acht Uhr bei Ihnen. Ist Ihnen das recht?
8. _____ ihr mir bitte helfen?

20 Konjunktiv II ή Indikativ; Συμπληρώστε τα ρήματα.

1. Ich würde dir helfen, wenn ich Zeit _____ .

2. An Ihrer Stelle _____ ich es mir nochmal überlegen.

3. Wenn du Zeit _____ , komm doch mit!

4. _____ ich doch nichts gesagt!

5. Sie _____ etwas früher kommen sollen.

6. Es _____ besser, wenn Sie ihn mal anrufen _____ .

7. Was _____ geschehen, wenn sie ‚ja‘ gesagt _____ ?

8. Wenn er krank _____ , kann er nicht mitkommen.

9. Was _____ du machen, wenn du jetzt nicht in Deutschland _____ ?

10. Hättest du das auch getan? – Nein, das _____ ich wirklich nie getan!

21 Αντιστοιχίστε.

1	2	3	4	5	6	7	8

1. Du siehst müde aus.
2. Wenn Sie noch Fragen haben,
3. Ich würde mich sehr freuen,
4. Der neue Film von Spielberg ist super!
5. Papa, warum muss ich jetzt schon ins Bett?
6. Wenn ich könnte,
7. Soll ich den Brief gleich zur Post bringen?
8. Er tut nur so,

a Oh ja, das wäre sehr nett!
b als ob er nichts verstanden hätte.
c Weil wir morgen früh aufstehen müssen.
d Vielleicht solltest du ins Bett gehen.
e rufen Sie mich einfach an.
f Den solltest du dir auch anschauen.
g wenn Ihre Frau auch mitkäme.
h würde ich jetzt auch gern in Urlaub fahren.

1.10   Το ρήμα · Verb
Πλάγιος λόγος · Indirekte Rede

Στην καθομιλουμένη χρησιμοποιούμε για τον πλάγιο λόγο συνήθως την Οριστική. Σε επίσημα κείμενα όμως, ιδιαίτερα σε άρθρα εφημερίδων, χρησιμοποιείται συχνά στον πλάγιο λόγο Konjunktiv I.

	ευθύς λόγος	*πλάγιος λόγος*
Indikativ **(Οριστική)**	„Ich habe heute keine Zeit."	Er sagt, dass er heute keine Zeit hat.
Konjunktiv I	„Ich nehme an der Konferenz teil."	Der Politiker sagte, er nehme an der Konferenz teil.
	„Ich bin mit den Ergebnissen zufrieden."	Der Politiker sagte, er sei mit den Ergebnissen zufrieden.
	„Ich habe das nicht gewusst."	Der Politiker sagte, er habe das nicht gewusst.

άλλα γνωρίσματα του πλάγιου λόγου

- Ο πλάγιος λόγος εισάγεται πάντα με μια πρόταση, που περιέχει ένα λεκτικό ρήμα (*sagen, meinen, behaupten, berichten, erzählen, fragen* …).

- Κατόπιν ακολουθεί μια δευτερεύουσα πρόταση με *dass* ή μια άλλη κύρια πρόταση. Στη δευτερεύουσα το ρήμα που κλίνεται μπαίνει στο τέλος, ενώ στην κύρια στη δεύτερη θέση.

- Η προσωπική αντωνυμία αλλάζει στον πλάγιο λόγο (ich → er/sie; wir → sie; Sie → ich/wir).

- Σε ερωτηματικές προτάσεις έχουμε:
  ευθύς λόγος   *πλάγιος λόγος*
  „Wann kommst du?"   Sie hat gefragt, wann ich komme.
  „Kommst du heute?"   Sie hat gefragt, ob ich heute komme.

▶ *Ερωτηματικές προτάσεις* σελίδες 150, 210, 219

Konjunktiv I

Σχηματίζουμε την Konjunktiv I με το θέμα του απαρέμφατου και τις καταλήξεις που συναντήσαμε ήδη στην Konjunktiv II
▶ σελίδα 71

απαρέμφατο	→	*θέμα απαρέμφατου*	→	*Konjunktiv I*
kommen		komm-		ich komm-e

Προσοχή χρειάζεται στο ρήμα *sein*, που στα πρόσωπα του ενικού έχει διαφορετικές ή δεν έχει καθόλου καταλήξεις.

	καταλήξεις	kommen	sein
ich	-e	komme	sei
du	-est	kommest	seist
er, sie, es	-e	komme	sei
wir	-en	kommen	seien
ihr	-et	kommet	seiet
sie, Sie	-en	kommen	seien

Όπως βλέπετε, οι τύποι των ρημάτων στο α΄ ενικό, α΄ και γ΄ πληθυντικό πρόσωπο συμπίπτουν (σε όλα τα ρήματα εκτός από το *sein*) με εκείνους της Οριστικής του Ενεστώτα (Indikativ Präsens). Για να αποφύγουμε τη σύγχυση των τύπων, χρησιμοποιούμε σ' αυτά τα τρία πρόσωπα συνήθως Konjunktiv II.

Όπως η Konjunktiv II, έτσι και η Konjunktiv I εμφανίζεται σε δύο τύπους / χρόνους. Πιο πάνω είδαμε τον τύπο για το παρόν. Ο τύπος του παρελθόντος σχηματίζεται με την Konjunktiv I των βοηθητικών ρημάτων *haben / sein* και το Partizip II του ρήματος:

kommen	→	ich sei gekommen, du seist gekommen, …
essen	→	ich habe gegessen, du habest gegessen, …

▶ Ασκήσεις 1–3

1 Konjunktiv I: Συμπληρώστε τα ρήματα στο σωστό τύπο.

1. du bist   du _____
2. er braucht   er _____
3. sie muss   sie _____
4. ich habe   ich _____
5. er bietet … an   er _____

6. wir sind   wir _____
7. wir sind losgefahren   wir _____
8. Sie haben erklärt   Sie _____
9. du hast eingeladen   du _____
10. ich bin gekommen   ich _____

2 Συμπληρώστε τα ρήματα σε Konjunktiv I ή σε Konjunktiv II (όπου ο τύπος της Konjunktiv I συμπίπτει με την Οριστική).

1. Der Direktor: „Wir müssen Überstunden machen.“
   Der Direktor meinte, dass sie Überstunden machen _____.

2. Mutter: „Du telefonierst schon den ganzen Nachmittag mit Freunden.“
   Mutter sagte, dass ich schon den ganzen Nachmittag mit Freunden _____.

3. Der Deutschlehrer: „Martina und Heinz sind heute wieder zu spät gekommen.“
   Der Deutschlehrer behauptete, dass Martina und Heinz heute wieder zu spät gekommen _____.

4. Rudolf: „Ich gehe jeden Tag ein bisschen spazieren.“
   Rudolf sagte, dass er jeden Tag ein bisschen spazieren _____.

5. Markus und Peter: „Wir haben heute keine Zeit.“
   Markus und Peter meinten, dass sie heute keine Zeit _____.

3 Μετατρέψτε τις προτάσεις σε πλάγιο λόγο.

1. Frau Hauser: „Das Essen ist in einer halben Stunde fertig.“
   Frau Hauser ruft, _____

2. Herr Hauser: „Ich habe jetzt schon Hunger.“
   Herr Hauser antwortet, _____

3. Brigitte: „Ich habe heute den ganzen Tag noch nichts gegessen.“
   Brigitte sagt, _____

4. Frau Hauser: „Wir können ja auch schnell einen Salat machen.“
   Frau Hauser meint, _____

5. Brigitte: „Ich finde das eine gute Idee.“
   Brigitte ruft, _____

1.11 Το ρήμα • Verb

Ρήματα με προθέσεις • Verben mit Präpositionen

Στα γερμανικά πολλά ρήματα συνδέονται με το αντικείμενο μέσω μιας πρόθεσης, παίρνουν δηλαδή εμπρόθετο αντικείμενο. Τέτοια ρήματα υπάρχουν και στα ελληνικά, π.χ.: ενδιαφέρομαι για, πιστεύω σε. Δείτε το παράδειγμα:

- *Worüber* regst du dich denn so auf?
- *Über* mein Auto. Es geht schon wieder nicht.
- *Darüber* brauchst du dich doch wirklich nicht so aufzuregen. Vielleicht kann dir mein Mann helfen. Er versteht viel *von* Autos.

συνοπτικός πίνακας

Οι προθέσεις που συνοδεύουν τα ρήματα, συντάσσονται με σταθερές πτώσεις και είναι οι παρακάτω:

Dativ	**Akkusativ**	**Δίπτωτες προθέσεις (Dativ ή Akkusativ)**
aus	durch	in
bei	für	an
mit	gegen	auf
nach	ohne	unter
seit	um	über
von		vor
zu		hinter
		neben
		zwischen

Dativ

Ich diskutiere gern *mit* meinem Lehrer.
Ich gratuliere dir ganz herzlich *zum* Geburtstag.

Akkusativ

Ich interessiere mich sehr *für* die deutsche Literatur.
Er kümmert sich jeden Tag *um* seine kranken Eltern.

Στα ρήματα με δίπτωτες προθέσεις πρέπει να μαθαίνετε και την πτώση που τις ακολουθεί:

Ich denke *an* dich.	*denken an* + Akk.
Er leidet *an* einer schweren Krankheit.	*leiden an* + Dat.

83

Με ουσιαστικό / αντωνυμία

Αν θέλουμε να ρωτήσουμε για το εμπρόθετο αντικείμενο, πρέπει να συμπεριλάβουμε και την πρόθεση στην ερώτηση. Υπάρχουν δύο ειδών αντωνυμίες για τις ερωτήσεις και τις απαντήσεις:

όταν το εμπρόθετο αντικείμενο είναι πρόσωπο (πρόθεση + αντωνυμία)
- *Auf wen* wartest du denn?
- Auf Franz.
- Ich warte auch schon seit zwei Stunden *auf ihn.*

όταν το εμπρόθετο αντικείμενο είναι πράγμα (wo- / da- + πρόθεση)
- *Worüber* sprecht ihr gerade?
- Über den Film gestern Abend.
- Den habe ich auch gesehen. *Darüber* wollte ich auch mit euch sprechen.

Με απαρεμφατική και δευτερεύουσα πρόταση

da- + πρόθεση αναφέρεται στη δευτερεύουσα πρόταση που ακολουθεί
- Warum bist du denn so nervös?
- Ach, ich freue mich so sehr *darauf,* meinen Freund endlich wiederzusehen. Er kommt am nächsten Wochenende.

- Wo warst du denn gestern Abend?
- Oh, entschuldige bitte! Ich habe nicht mehr *daran* gedacht, dass wir uns ja treffen wollten. Das tut mir wirklich Leid.

da- + πρόθεση αναφέρεται στην προηγούμενη πρόταση / στις προηγούμενες προτάσεις
- Am nächsten Wochenende bekomme ich Besuch. Ich freue mich schon so sehr *darauf.*

▶*Προθέσεις* σελίδα 166

Λίστα των πιο σημαντικών ρημάτων με προθέσεις

es hängt ab	von	εξαρτάται από	Es hängt vom Wetter ab, ob wir morgen Ski fahren oder nicht.
achten	auf + Akk.	προσέχω	Achten Sie bitte auf die Stufen!
anfangen	mit	ξεκινώ (με)	Wir fangen jetzt mit dem Essen an.
sich ärgern	über + Akk.	τσατίζομαι με	Ich ärgere mich immer über die laute Musik meines Nachbarn.
aufhören	mit	σταματώ	Hör jetzt bitte mit dem Lärm auf!
aufpassen	auf + Akk.	προσέχω	Könnten Sie bitte einen Moment auf mein Gepäck aufpassen?
sich aufregen	über + Akk.	εκνευρίζομαι με	Sie hat sich sehr über diese schlechten Nachrichten aufgeregt.
sich bedanken	bei für	ευχαριστώ (κάποιον) για (κάτι)	Hast du dich schon bei Oma für das Geschenk bedankt?
beginnen	mit	ξεκινώ (με)	Wir beginnen jetzt mit dem Unterricht.
sich bemühen	um	κοπιάζω για	Er bemüht sich um einen Studienplatz in den USA.
berichten	über + Akk.	διηγούμαι, κάνω αναφορά	Um 17.00 Uhr berichten wir wieder über das Fußballspiel.
sich beschäftigen	mit	ασχολούμαι με	Er beschäftigt sich sehr viel mit seinen Kindern.
sich beschweren	bei über + Akk.	διαμαρτύρομαι σε (κάποιον) για (κάτι)	Ich habe mich beim Kellner über das kalte Essen beschwert.
bestehen	aus	αποτελούμαι από	Diese Geschichte besteht aus zwei Teilen.
sich bewerben	um	κάνω αίτηση πρόσληψης	Er hat sich um eine Stelle bei Siemens beworben.
sich beziehen	auf + Akk.	αναφέρομαι σε	Ich beziehe mich auf unser Telefongespräch vom 12.4.
jdn. bitten	um	ζητώ	Ich bitte dich um einen Rat.
jdm. danken	für	ευχαριστώ για	Ich danke Ihnen für die schönen Blumen.
denken	an + Akk. über + Akk.	σκέφτομαι έχω άποψη για	Ich denke immer nur an dich. Was denken Sie über die deutsche Außenpolitik?
diskutieren	mit über + Akk.	συζητώ με (κάποιον) για (κάτι)	Mit Hans diskutiere ich immer über Politik.
jdn. einladen	zu	προσκαλώ σε	Ich lade Sie zu meiner Geburtstagsparty am Samstag ein.

sich entscheiden	für	αποφασίζω, διαλέγω	Ich habe mich für diesen Pullover entschieden.
sich entschuldigen	bei	ζητώ συγνώμη από (κάποιον)	Sie hat sich bei ihrer Kollegin für den Irrtum entschuldigt.
	für	για (κάτι)	
sich erholen	von	ξεκουράζομαι, αναρρώνω από	Ich habe mich noch nicht von dieser Krankheit erholt.
sich erinnern	an + Akk.	θυμάμαι	Ich erinnere mich gern an meine Kindheit.
jdn. erinnern	an + Akk.	θυμίζω	Erinnern Sie mich bitte an meine Tasche. Sie liegt hier.
jdn. erkennen	an + Dat.	αναγνωρίζω από	Ich habe dich an der Stimme erkannt.
sich erkundigen	bei	ζητώ να μάθω από (κάποιον)	Sie hat sich beim Passanten nach dem Weg erkundigt.
	nach	(κάτι)	
erzählen	von	διηγούμαι για	Erzählen Sie mir ein bisschen von Ihrer Reise.
jdn. fragen	nach	ρωτώ για	Fragen Sie doch den Polizisten dort nach dem Weg.
sich freuen	auf + Akk.	περιμένω με χαρά	Ich freue mich auf meinen Urlaub nächste Woche.
	über + Akk.	χαίρομαι για	Wir haben uns sehr über euren Besuch gefreut.
gehören	zu	ανήκω σε	Dies gehört nicht zu meinen Aufgaben.
sich gewöhnen	an + Akk.	συνηθίζω	Langsam gewöhne ich mich an das feuchte Klima hier.
gratulieren	zu	συγχαίρω / δίνω ευχές για	Ich gratuliere dir herzlich zum Geburtstag.
jdn. halten	für	θεωρώ	Ich halte ihn für einen guten Menschen.
etwas halten	von	έχω (κάποια) γνώμη για	Ich halte nichts von diesem Vorschlag.
hoffen	auf + Akk.	ελπίζω σε	Wir hoffen auf besseres Wetter.
sich interessieren	für	ενδιαφέρομαι για	Ich interessiere mich sehr für Philosophie.
klagen	über + Akk.	παραπονιέμαι για	Er klagt oft über Kopfschmerzen. Er sollte mal zum Arzt gehen.
sich konzentrieren	auf + Akk.	συγκεντρώνομαι σε	Ich kann mich heute nicht auf meine Arbeit konzentrieren.
sich kümmern	um	φροντίζω	Sie kümmert sich immer sehr um ihre Gäste.

lachen	über + Akk.	γελώ με	Warum lachst du über diesen dummen Witz?
leiden	an + Dat.	πάσχω από	Er leidet an Bluthochdruck.
	unter + Dat.	υποφέρω από	Ich leide sehr unter dem Lärm der Baustelle nebenan.
nachdenken	über + Akk.	συλλογίζομαι	Ich werde über Ihren Vorschlag nachdenken.
protestieren	gegen	διαμαρτύρομαι για	Die Angestellten protestieren gegen die Entlassungen.
riechen	nach	έχει μυρωδιά από	Hier riecht es nach Essen.
schmecken	nach	έχει γεύση από	Die Suppe schmeckt nach nichts.
schreiben	an + Akk.	γράφω σε	Ich schreibe gerade einen Brief an meine Freundin.
	über + Akk.	γράφω για	Er schreibt einen Artikel über das Konzert gestern Abend.
sich schützen	vor + Dat.	προστατεύομαι από	Mit dieser Creme schütze ich mich vor Sonnenbrand.
	gegen	προστατεύομαι από	Wie kann man sich gegen Malaria schützen?
sorgen	für	φροντίζω για	Er sorgt für seine alte Mutter.
sprechen	mit	μιλώ με (κάποιον)	Ich muss noch einmal mit dir über
	über + Akk.	για (κάτι)	deine Pläne sprechen.
sterben	an + Dat.	πεθαίνω από	Er ist an Krebs gestorben.
streiken	für	απεργώ για	Die Arbeiter streiken für höhere Löhne.
streiten	mit	τσακώνομαι με	Er streitet ständig mit seinem kleinen Bruder.
sich streiten	um	τσακώνομαι για	Die Kinder streiten sich um die Spielsachen.
	über + Akk.	τσακώνομαι για	Wir streiten uns immer über Politik.
teilnehmen	an + Dat.	συμμετέχω σε	Wie viele Leute haben an dem Kurs teilgenommen?
träumen	von	ονειρεύομαι	Ich habe in der letzten Nacht von wilden Tieren geträumt.
jdn. überreden	zu	πείθω	Mein Freund hat mich zu diesem Ausflug überredet.
jdn. überzeugen	von	πείθω για	Du musst den Personalchef von deinen Fähigkeiten überzeugen.
sich unterhalten	mit	συζητώ με (κάποιον)	Sie hat sich mit mir nur über Mode
	über + Akk.	για (κάτι)	unterhalten.
sich verabreden	mit	κανονίζω / δίνω ραντεβού με	Wann hast du dich mit Andrea verabredet?

sich verlassen	auf + Akk.	βασίζομαι σε	Kannst du dich auf deine Freundin verlassen?
sich verlieben	in + Akk.	ερωτεύομαι	Ich habe mich in ihn verliebt.
etwas verstehen	von	έχω ιδέα από	Ich verstehe nichts von Autos.
sich vorbereiten	auf + Akk.	προετοιμάζομαι για	Ich muss mich noch auf die Konferenz morgen vorbereiten.
warten	auf + Akk.	περιμένω	Wir warten seit Tagen auf einen Brief von ihr.
sich wenden	an + Akk.	απευθύνομαι σε	Wenden Sie sich doch bitte an die Dame an der Rezeption.
sich wundern	über + Akk.	απορώ, εκπλήσσομαι	Ich wundere mich immer wieder über den technischen Fortschritt.
zweifeln	an + Dat.	αμφισβητώ	Die Polizei zweifelt an seiner Aussage.

Στη λίστα συμπεριλαμβάνονται μόνο οι πιο χαρακτηριστικές ερμηνείες των ρημάτων αυτών.

Μερικά ρήματα μπορούν να χρησιμοποιηθούν με ή χωρίς πρόθεση:

■ Was machst du denn gerade?
● Ich schreibe meinen Eltern einen Brief.

ή

● Ich schreibe einen Brief an meine Eltern.

▶ Ασκήσεις 1–14

1 Αντιστοιχίστε.

1	
2	
3	
4	
5	
6	

1. Ich freue mich
2. Otto ärgert sich
3. Mein Großvater leidet
4. Ich danke Ihnen
5. Meine Freundin bittet mich
6. Er interessiert sich nicht

a   über seinen Chef.
b   für die Blumen.
c   für Sport.
d   auf die Ferien.
e   unter der Hitze.
f   um einen Rat.

2 Γράψτε προτάσεις.

1. habe – gestern – Brief – ich – meine – an – geschrieben – Eltern – einen
2. einem – Anna – hat – Skikurs – teilgenommen – an
3. sie – Kinder – für – sehr – sorgt – gut – ihre
4. ich – leider – nichts – von – verstehe – Physik
5. ist – er – seinen – finanziell – Eltern – abhängig – noch – von
6. aufgeregt – Arbeit – er – über – sehr – sich – hat – seine

3 Συμπληρώστε την πρόθεση και όπου χρειάζεται το άρθρο.

1. Wann fangen wir endlich _____ Essen an?
2. Wir warten noch _____ Onkel Max.
3. Was, du hast auch Onkel Max _____ Geburtstagsessen eingeladen?
4. Ja, er hat mich heute früh angerufen und mir gratuliert. Du wolltest doch sowieso noch mit ihm _____ unsere Reise nach Indien sprechen, oder?
5. Anna, was hältst du übrigens _____ meinem neuen Geschirr? Es ist ein Geschenk von meinen Eltern.
6. Tja, es ist wirklich sehr modern. Ich muss mich erst _____ vielen Farben gewöhnen.

4 Συμπληρώστε τις προθέσεις.

daran	nach	wovon
an	an	darauf
dazu	mit	für	aus

1. Wir könnten doch den Polizisten dort _____ dem Weg zur Kathedrale fragen.

2. Kannst du ihn nicht _____ überreden, ins Theater mitzukommen?

3. Wenn Sie noch Fragen haben, wenden Sie sich bitte _____ meinen Assistenten.

4. Wann können wir _____ der Besprechung beginnen?

5. Leider habe ich die Prüfung nicht bestanden. Ich habe mich nicht gründlich genug _____ vorbereitet.

6. Mein Großvater ist _____ Krebs gestorben.

7. Er ist zwar sehr streng, aber trotzdem halte ich ihn _____ einen guten Chef.

8. _____ hast du letzte Nacht geträumt?

9. Würden Sie mich bitte _____ erinnern, dass ich nachher diese Tasche mitnehme?

10. Die Prüfung besteht _____ zwei Teilen: Grammatik und schriftlicher Ausdruck.

5 Υπογραμμίστε τη σωστή πρόθεση.

1. Er bewirbt sich auf/für/um eine Stelle bei Siemens.

2. Mit diesem Schreiben beziehe ich mich auf/nach/über Ihren Brief vom 12.5.

3. Wir müssen uns alle zusammen für/mit/um eine Lösung dieses Problems bemühen.

4. Die Arbeiter protestieren mit/gegen/für die schlechten Arbeitsbedingungen.

5. Wie kann man sich am besten vor/bei/gegen einer Erkältung schützen?

6. Da kommt er ja endlich! Ich erkenne ihn von/an/bei seiner Stimme.

7. Hör endlich mit/über/von diesem Lärm auf! Ich muss arbeiten.

8. Hast du dich wenigstens mit/an/bei Onkel Fritz um/für/über deine Verspätung entschuldigt?

6 Απαντήστε.

1. Womit beschäftigen Sie sich im Urlaub am liebsten?
   Mit Sport und Lesen.

2. Worüber würden Sie gern ein Buch schreiben?

3. Mit wem würden Sie sich nie zum Essen verabreden?

4. Woran zweifeln Sie nie/oft?

5. Wovon sind Sie abhängig?

6. Worüber/Über wen regen Sie sich oft auf?

7. Worüber denken Sie zur Zeit viel nach?

8. Mit wem haben Sie in ihrem Leben am meisten gestritten?

7 Συμπληρώστε τις προθέσεις.

1. sich freuen __über__ / __auf__
   Schön, dass du da warst! Ich habe
   mich sehr __über__ deinen Besuch
   gefreut.
   Mein Gott, diese Arbeit! Ich freue
   mich so __auf__ meinen Urlaub!

2. sich bedanken _____ / _____
   Hast du dich _____ Oma _____
   die Schokolade bedankt?

3. leiden _____ / _____
   Sie leidet _____ starken
   Depressionen.
   Die Reise nach Brasilien war
   wunderschön, aber wir haben sehr
   _____ der Hitze gelitten.

4. sich streiten _____ / _____
   Warum müsst ihr euch denn bei
   jeder Gelegenheit _____ Politik
   streiten?
   Sie sind furchtbar. Sie streiten sich
   ständig _____ Geld.

5. sich unterhalten _____ / _____
   Entschuldigen Sie bitte, dass ich
   mich verspätet habe. Ich habe mich
   noch _____ Frau Schiller _____
   etwas sehr Wichtiges unterhalten
   und dabei ganz vergessen, auf die
   Uhr zu schauen.

6. denken _____ / _____
   Was denken Sie _____ meinen
   Aufsatz? Ist er besser als der letzte?
   Du hörst mir ja gar nicht zu! Denkst
   du nur noch _____ deinen neuen
   Freund?

8 Συμπληρώστε τις ερωτήσεις και
απαντήστε.

1. __Über wen__ / __Worüber__ lacht ihr? –
   …
   (2 τρόποι)

2. _____ welchen deiner Freunde
   kannst du dich wirklich verlassen? –
   …

3. _____ riecht es hier so? – …

4. _____ / _____ streitet ihr
   euch schon wieder? – …
   (2 τρόποι)

5. _____ kann ich mich mit diesem
   Problem wenden? – …

6. _____ hast du dich heute Abend
   verabredet? – …

7. _____ achten Sie am meisten,
   wenn Sie eine Reise buchen? – …

8. _____ diskutiert ihr denn? – …

9. _____ hängt es ab, ob du
   mitkommst oder nicht? – …

10. _____ möchten Sie mir denn
    danken? – …

11. _____ haben Sie sich denn jetzt
    entschieden? – …

12. _____ hältst du nichts? – …

9 Συμπληρώστε τις προθέσεις ή τις αντωνυμίες.

1. ■ Maria hat mir versprochen, dass sie sich _um_ meinen Hund kümmert, wenn ich im Krankenhaus bin. Glaubst du, ich kann mich _darauf_ / _auf sie_ verlassen? (2 δυνατότητες)

● Na klar, _____ Maria kann man sich immer verlassen. Sie gehört _____ den Menschen, die ihr Versprechen immer halten.

2. ■ Was denkst du _____ unseren neuen Chef?

● Ich finde ihn sehr nett und kooperativ. Wir haben gestern lange _____ ihm _____ unsere Arbeitsbedingungen diskutiert, und wir konnten ihn _____ überzeugen, dass man in Zukunft einiges in dieser Firma ändern muss.

3. ■ _____ lachst du?

● Ich habe gerade _____ den Film gestern Abend im Fernsehen gedacht. Ich weiß nicht mehr, wie er hieß.

■ Meinst du den, wo sich die Großmutter _____ ihren viel jüngeren griechischen Nachbarn verliebt hat und dann _____ einem Griechischkurs teilnimmt?

● Ja genau, den meine ich.

4. ■ _____ warten Sie?

● _____ einen Anruf vom Chef.

■ _____ brauchen Sie nicht zu warten. Der ist jetzt in einer Besprechung.

5. ■ Du schaust jetzt schon seit mindestens zehn Minuten aus dem Fenster. _____ träumst du denn?

● Ach, ich denke _____ unseren Urlaub diesen Sommer.

■ Wohin fahrt ihr denn?

● Wir haben uns immer noch nicht entschieden. Ich versuche immer noch, Max _____ zu überreden, dass wir in die Karibik fliegen, denn ich leide sehr _____ dem langen Winter hier in Deutschland.

6. ■ Denk _____ , dass du dich noch _____ Oma _____ das Geburtstagsgeschenk bedanken musst.

● _____ brauch' ich mich nicht extra zu bedanken. Sie hat doch gesehen, wie sehr ich mich _____ gefreut habe.

■ Trotzdem hofft sie sicher wenigstens _____ eine Karte von dir.

● Na gut, wenn sie sich _____ freut, dann schreib' ich ihr eben eine.

10 Συμπληρώστε τις προτάσεις.

> Sehr geehrter Herr Dr. Forster,
>
> im Juli/August habe ich _____ einem Sprachkurs an Ihrer Schule teilgenommen. Mit dem Unterricht und der Lehrerin (ich kann mich leider nicht mehr _____ ihren Familiennamen erinnern) war ich sehr zufrieden, wir haben viel bei ihr gelernt. _____ habe ich mich schon persönlich _____ ihr bedankt.
>
> Aber leider muss ich mich wegen einer anderen Sache _____ Ihnen beschweren. Ich hatte Ihre Sekretärin _____ gebeten, mir ein Zimmer in einer deutschen Familie zu besorgen, damit ich möglichst viel Deutsch sprechen kann. Nur hat sich leider niemand in dieser Familie _____ mich gekümmert oder sich _____ mich interessiert. Sie haben so getan, als ob ich gar nicht da wäre und fast nie _____ mir gesprochen. An einem Abend habe ich extra gekocht und sie _____ Essen eingeladen, aber auch dabei hatte ich das Gefühl, dass sie sich nicht wirklich _____ mir unterhalten wollten. Nach drei Wochen hatte ich mich _____ dieses Verhalten gewöhnt und mich nicht mehr _____ gewundert. Ich habe lange _____ nachgedacht, ob ich Ihnen _____ erzählen soll, aber im Interesse zukünftiger Kursteilnehmer würde ich Ihnen empfehlen, diese Familie nicht mehr zu vermitteln.
>
> Ansonsten denke ich noch oft und sehr gern _____ diese zwei Monate in Bremen und werde wahrscheinlich im nächsten Sommer wiederkommen.
>
> Mit freundlichen Grüßen
>
> _Véronique Dupont_

11 Συμπληρώστε τις προτάσεις.

1. ■ _____ ärgerst du dich?
   ● Ich ärgere mich _____ , dass …
2. ■ _____ freut er sich denn so?
   ● Er freut sich _____ , dass …
3. ■ _____ wollten wir noch sprechen?
   ● Wir wollten noch _____ sprechen, wie …
4. ■ _____ hat sie sich denn beim Chef beschwert?
   ● Sie hat sich _____ beschwert, dass …
5. ■ _____ hast du dich nun entschieden? Kommst du mit oder nicht?
   ● Ich habe mich _____ entschieden … (Infinitiv!)
6. ■ _____ habt ihr euch denn gestern Abend so lange unterhalten?
   ● Wir haben uns _____ unterhalten, dass du immer …

12 Διατυπώστε ερωτήσεις.

1. ▪ *Worauf freust du dich denn so?*
   (sich freuen)
   ● Auf das nächste Wochenende.

2. ▪ … (schreiben)
   ● An meine Freundin.

3. ▪ … (diskutieren)
   ● Über Sport.

4. ▪ … (sich gewöhnen)
   ● An diese schreckliche Hitze.

5. ▪ … (nachdenken)
   ● Über meine Prüfung morgen.

6. ▪ … (sich entschuldigen)
   ● Für meine Verspätung.

7. ▪ … (denken)
   ● An meinen Mann.

8. ▪ … (träumen)
   ● Von einem Tiger, der mich
   fressen wollte.

9. ▪ … (sich verlassen)
   ● Auf meine Eltern.

10. ▪ … (warten)
    ● Auf bessere Zeiten.

13 Συμπληρώστε τις προθέσεις, το *da-* και τις καταλήξεις.

1. Ich kann mich nicht _____ erinnern, dass sie sich auch nur ein einziges Mal _____ zu viel Arbeit beschwert hätte.

2. Hast du dich _____ dein___ neu___ Chef _____ erkundigt, _____ welch___ Fortbildungskurs du teilnehmen kannst?

3. Bitte stör mich jetzt nicht! Ich muss mich _____ mein___ Arbeit konzentrieren.

4. Kann ich mich _____ verlassen, dass Sie sich _____ unser___ neu___ Gäste kümmern?

5. Kannst du mich bitte im Reisebüro _____ erinnern, dass ich mich auch _____ den Preisen für einen Flug nach Rom erkundige?

6. Haben Sie sich im Urlaub gut _____ Stress der letzten Wochen erholt?

7. Sprich doch mal _____ dein___ Vater _____ dein___ Probleme. Vielleicht kann er dir helfen.

8. Pass gut _____ d___ Kleinen auf, wenn du mit ihnen über diese gefährliche Straße gehst. Die Autos fahren hier sehr schnell.

9. Ich wundere mich schon lange nicht mehr_____ , dass sie sich alle paar Monate _____ ein___ ander___ Mann verliebt.

10. Erzählen Sie mir doch ein bisschen _____ Ihr___ letzt___ Cluburlaub.

14 Συμπληρώστε το σταυρόλεξο με κεφαλαία γράμματα (ä = AE, ß = SS). Η λύση είναι το όνομα ενός γνωστού Γερμανού συγγραφέα.

1. Ich hätte mich sehr gefreut, wenn du mich besucht ▨▨▨ .
2. Vielen Dank für Ihr Angebot, aber Sie ▨▨▨ mir wirklich nicht zu helfen. Ich kann das schon allein.
3. Ich ▨▨▨ leider nicht kommen. Ich hatte keine Zeit.
4. Ich kann jetzt nicht telefonieren. Ich wasche ▨▨▨ gerade die Haare.
5. Wir warten hier ▨▨▨ Sie.
6. Warum ▨▨▨ du nicht auf Angelas Party?
7. ▨▨▨ wir eine kurze Pause? Ich brauche einen Kaffee.
8. ▨▨▨ mich jetzt bitte in Ruhe!
9. Los, fangen wir ▨▨▨ !
10. Haben Sie sich schon ▨▨▨ den Hotelpreisen erkundigt?

2.1 Το ουσιαστικό · Nomen

Κλίση · Deklination

Γένος

Κάθε ουσιαστικό έχει ένα ορισμένο γένος, το οποίο φαίνεται από το άρθρο *der, die, das*.

Στα γερμανικά υπάρχουν τρία γένη:

maskulin (αρσενικό)	*der Mann, der Löffel*
feminin (θηλυκό)	*die Frau, die Gabel*
neutrum (ουδέτερο)	*das Kind, das Messer*

Φαίνεται λογικό το ουσιαστικό *der Mann* (= ο άντρας) να είναι γένους αρσενικού, *die Frau* (= η γυναίκα) γένους θηλυκού και *das Kind* (= το παιδί) γένους ουδέτερου. Αυτά τα ουσιαστικά ακολουθούν το φυσικό τους γένος.

Γιατί όμως το ουσιαστικό *der Löffel* (= το κουτάλι) να έχει γένος αρσενικό, *die Gabel* (= το πιρούνι) θηλυκό και *das Messer* (= το μαχαίρι) ουδέτερο; Αυτά τα ουσιαστικά ακολουθούν το γραμματικό γένος, που διαφέρει από γλώσσα σε γλώσσα. Υπάρχουν όμως μερικοί κανόνες, που μας βοηθούν ν' αναγνωρίσουμε το γένος ενός ουσιαστικού.

Αυτοί βέβαια οι κανόνες δεν ισχύουν πάντα και για όλα τα ουσιαστικά. Γι' αυτό το καλύτερο είναι να μαθαίνετε πάντα το ουσιαστικό μαζί με το άρθρο του.

Μερικοί κανόνες

maskulin

- πρόσωπα και ζώα αρσενικού γένους *der Vater, der Affe …*
- ημέρες, μήνες, *der Montag, der Mai,*
εποχές, διαστήματα της ημέρας *der Winter, der Morgen …*
εξαίρεση: *die Nacht*
- καιρός, σημεία του ορίζοντα *der Regen, der Osten …*
- αλκοολούχα ποτά *der Wein, der Schnaps …*
εξαίρεση: *das Bier*
- αντρικά επαγγέλματα *der Arzt, der Praktikant, der Maler, der Lehrer …*

feminin	• πρόσωπα και ζώα θηλυκού γένους	*die Tante, die Mutter, die Hündin …* εξαίρεση: *das Mädchen*
	• πολλά φυτά	*die Rose, die Tulpe …*
	• γυναικεία επαγγέλματα	+ *in*: *die Ärztin, die Lehrerin, die Malerin, die Praktikantin …*
	• ουσιαστικά που προέρχονται από ένα ρήμα και τελειώνουν σε -*t* ή -*e*	*fahren* → *die Fahrt, reisen* → *die Reise …*
neutrum	• ουσιαστικοποιημένα απαρέμφατα και επίθετα	*essen* → *das Essen, gut* → *das Gute …*

	maskulin	feminin	neutrum
πάντα	-ismus *Realismus*	-ung *Rechnung*	-chen *Mädchen*
	-ling *Liebling*	-heit *Freiheit*	-lein *Tischlein*
	-or *Motor*	-keit *Höflichkeit*	
		-schaft *Freundschaft*	
		-ion *Nation*	
		-ei *Bäckerei*	
		-ur *Kultur*	
στις περισσότερες περιπτώσεις	-er *Koffer*	-e *Lampe*	-um *Zentrum*
			-ment *Instrument*

97

Σύνθετες λέξεις

Το γένος των σύνθετων ουσιαστικών καθορίζεται από το άρθρο του τελευταίου συνθετικού.

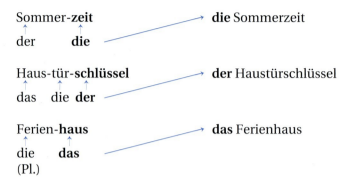

Sommer-**zeit**   → **die** Sommerzeit
der   **die**

Haus-tür-**schlüssel**   → **der** Haustürschlüssel
das   die **der**

Ferien-**haus**   → **das** Ferienhaus
die   **das**
(Pl.)

▶Ασκήσεις 1–7

Πληθυντικός αριθμός

Υπάρχουν πέντε τρόποι για το σχηματισμό του πληθυντικού. Οι παρακάτω κανόνες δεν ισχύουν βέβαια πάντα, αλλά εφαρμόζονται στις περισσότερες περιπτώσεις.

Singular	Plural		
• -r Koffer	-e Koffer	–	αρσενικά και ουδέτερα που λήγουν σε -*er*, -*en*, -*el*, -*chen*, -*lein*
-r Apfel	-e Äpfel	¨	
• -r Tisch	-e Tische	-e	πολλά αρσενικά
-e Maus	-e Mäuse	¨e	
• -s Kind	-e Kinder	-er	μονοσύλλαβα ουδέτερα
-r Mann	-e Männer	¨er	μερικά αρσενικά και ουδέτερα
• -e Lampe	-e Lampen	-n	πολλά θηλυκά
-e Uhr	-e Uhren	-en	
-r Student	-e Studenten	-en	δεύτερη κλίση (n-Deklination)
• -s Auto	-e Autos	-s	ουσιαστικά που λήγουν σε -*a*, -*i*, -*o* και πολλές λέξεις ξένης προέλευσης

Τα a, o, u παίρνουν τις περισσότερες φορές στον πληθυντικό αριθμό Umlaut (¨), μετατρέπονται δηλαδή σε: ä, ö, ü.

Ιδιαιτερότητες

die Lehrerin – die Lehrerin**nen**
die Schülerin – die Schülerin**nen**

das Gymnasi**um** – die Gymnasi**en**
das Muse**um** – die Muse**en**

das Them**a** – die Them**en**
die Firm**a** – die Firm**en**

▶ Ασκήσεις 8–12

Πτώση

Τα ουσιαστικά εμφανίζονται σε διάφορες πτώσεις. Η πτώση εξαρτάται κάθε φορά από τη λειτουργία του ουσιαστικού μέσα στην πρόταση. Η λειτουργία αυτή μπορεί να καθορίζεται από το ρήμα (Ich *mache* die Hausaufgabe.), από την πρόθεση (Er steht *vor* dem Haus.) ή από ένα άλλο ουσιαστικό (Das ist *die Tasche* meiner Mutter.).

Διακρίνουμε τέσσερις πτώσεις:

Nominativ (Ονομαστική)	*Der Mann* arbeitet viel.
Akkusativ (Αιτιατική)	Ich esse gern *ein Schnitzel*.
Dativ (Δοτική)	Ich gebe *meiner Freundin* das Buch morgen zurück.
Genitiv (Γενική)	Ich weiß nicht mehr den Namen *des Autors*.

Ας δούμε τώρα πώς κλίνονται τα ουσιαστικά:

	maskulin I	maskulin II n-Deklination	feminin	neutrum
Singular				
Nominativ	der Anfang	der Junge	die Mutter	das Fahrrad
Akkusativ	den Anfang	den Jungen	die Mutter	das Fahrrad
Dativ	dem Anfang	dem Jungen	der Mutter	dem Fahrrad
Genitiv	des Anfangs	des Jungen	der Mutter	des Fahrrads
Plural				
Nominativ	die Anfänge	die Jungen	die Mütter	die Fahrräder
Akkusativ	die Anfänge	die Jungen	die Mütter	die Fahrräder
Dativ	den Anfängen	den Jungen	den Müttern	den Fahrrädern
Genitiv	der Anfänge	der Jungen	der Mütter	der Fahrräder

Ιδιαιτερότητες	• μονοσύλλαβα ουσιαστικά και ουσιαστικά που λήγουν σε -s, -ss, -ß, -x, -z, -tz παίρνουν συνήθως στη γενική την κατάληξη -es	*des Mannes, des Gesetzes ...*
	• στα κύρια ονόματα προστίθεται στη γενική η κατάληξη -s	*Goethes Erzählungen, Peters Freundin*
	στην καθομιλουμένη λέμε επίσης:	*die Freundin von Peter*
	όταν το κύριο όνομα λήγει σε -s, -ß, -x, -z, -tz μπαίνει στη γενική μόνο μια απόστροφος κι όχι κατάληξη	*Thomas' Buch*
	στην καθομιλουμένη λέμε επίσης:	*das Buch von Thomas*
	• στη δοτική πληθυντικού προστίθεται η κατάληξη -(e)n	*den Lehrern, den Kindern ...*
	Εξαιρέσεις: ουσιαστικά με πληθυντικό αριθμό σε -s ή σε -n	*den Autos ...* *den Mädchen ...*
n-Deklination	Αυτή η κλίση περιλαμβάνει:	
	• πρόσωπα και ζώα αρσενικού γένους που λήγουν σε -e	*Junge, Kollege, Franzose, Affe ...*
	• τα αρσενικά ουσιαστικά που προέρχονται από τα λατινικά ή τα ελληνικά και λήγουν σε: -and, -ant, -ent, -ist, -oge, -at	*Doktorand, Demonstrant, Präsident, Polizist, Biologe, Demokrat ...*
Ιδιαιτερότητες	μερικά από αυτά τα ουσιαστικά παίρνουν στη γενική ένα -s επιπλέον	*der Gedanke – des Gedankens der Buchstabe – des Buchstabens der Name – des Namens der Friede – des Friedens*

Εθνικότητες	Τύπος 1 – maskulin I	Τύπος 2 – maskulin II (n-Deklination)
Nominativ	der Italiener	der Franzose
Akkusativ	den Italiener	den Franzose**n**
Dativ	dem Italiener	dem Franzose**n**
Genitiv	des Italiener**s**	des Franzose**n**

όμοια κλίνονται:	Belgier	Brite
	Engländer	Bulgare
	Holländer	Däne
	Norweger	Finne
	Österreicher	Grieche
	Schweizer	Ire
	Spanier	Pole
		Portugiese
		Rumäne
		Russe
		Schotte
		Schwede
		Slowake
		Tscheche
		Türke
		Ungar
	Afrikaner	Asiate
	Amerikaner	
	Australier	
	Europäer	

Εξαίρεση:
Der/die Deutsche κλίνεται όπως τα επίθετα.
▶ *Επίθετα* σελίδες 118–121

Για το χαρακτηρισμό της εθνικότητας των γυναικών χρησιμοποιείται πάντα η κατάληξη *-in* (πληθυντικός *-innen*) *Italienerin, Italienerinnen, Griechin, Griechinnen*

Εξαίρεση: die Deutsche, die Deutschen

▶ Ασκήσεις 13–17

1 der ή die: Βάλτε τα ουσιαστικά στη σωστή στήλη.

Nachmittag	Elefant
Cognac	Lehrerin
Freund	Bauer
Frau	Schrift
Chefin	Februar
Busfahrer	Frühling
Schülerin	Rose
Morgen	Freitag
Asiatin	Wein
Norden	Mutter
Münchnerin	Schnee

der	die
Elefant	...
...	

2 Συμπληρώστε τα άρθρα.

die	Stunde	____	Dokument
____	Koffer	____	Direktor
____	Bäckerei	____	Mädchen
____	Einsamkeit	____	Dose
____	Terror	____	Bücherei
____	Reaktor	____	Mehrheit
____	Zentrum	____	Fremdling
____	Kommunismus	____	Achtung
____	Schwierigkeit	____	Gesellschaft
____	Argument	____	Tischlein
____	Situation	____	Figur
____	Religion	____	Monument

3 Σχηματίστε σύνθετα ουσιαστικά και γράψτε τα με το άρθρο τους.

Kaffee	Bett	_die Gartenbank_
Telefon	Liebe	_____
Einbahn	Tasse	_____
Regen	Bank	_____
Brief	Buch	_____
Kinder	Werkstatt	_____
Auto	Straße	_____
Jugend	Tasche	_____
Garten	Schirm	_____

4 Συνεχίστε την αλυσίδα των λέξεων.

der	die	das
Baum	Frau	Kind
Mann	U	D
N	...	...
...		

Ehering	Name	~~Baum~~
~~Mann~~	Dorf	Rad
Regen	Tor	Garten
~~Frau~~	Liter	~~Kind~~
Fest	Ruhe	Nest
Uhr	Theater	Traube
Nordpol		Ringlein
Eigenschaft		Einsamkeit

5 Σε κάθε ομάδα υπάρχει ένα ουσιαστικό με διαφορετικό άρθρο. Ποιο είναι;

1. Lösung / Rose / ~~Sozialismus~~ / Logik
2. Regen / Natur / Italiener / Motor
3. Neuling / Katholizismus / Montag / Bier
4. Schönheit / Rauchen / Engagement / Studium
5. Klugheit / Abend / Oma / Astrologin
6. Stöckchen / Beste / Element / Wissenschaft

6 Φανταστικές λέξεις: Τι άρθρο έχουν;

1. _der_ Schokoladenlehrer
2. _____ Eieröffnungsmaschine
3. _____ Autowaschhund
4. _____ Brillenessen
5. _____ Winterfebruar
6. _____ Phantasieschnaps
7. _____ Herbstmalerin
8. _____ Weihnachtstulpe

7 Σχηματίστε δέκα φανταστικές σύνθετες λέξεις.

8 Σ' ένα λεξικό βρίσκετε δίπλα στο ουσιαστικό πληροφορίες για το άρθρο και την κατάληξη ονομαστικής πληθυντικού αριθμού. Γράψτε την ολοκληρωμένη μορφή του ουσιαστικού στην ονομαστική πληθυντικού μαζί με το άρθρο.

1. Haus, das, ¨er — _die Häuser_
2. Ergebnis, das, -se
3. Studentin, die, -nen
4. Ausdruck, der, ¨e
5. Lehrer, der, -
6. Firma, die, -en
7. Schloss, das, ¨er
8. Anfang, der, ¨e
9. Tür, die, -en
10. Gymnasium, das, -en
11. Situation, die, -en
12. Ast, der, ¨e

9 Σημειώστε τους τύπους του πληθυντικού.

	–	-e	¨e	-n	-en	-er	-s	-nen	

1. die Position, *-en*
2. die Maus, _____
3. der Freund, _____
4. die Veränderung, _____
5. der Berg, _____
6. das Foto, _____
7. die Direktorin, _____

8. der Priester, _____
9. der Baum, _____
10. der Rahmen, _____
11. das Sofa, _____
12. der Physiker, _____
13. die Blume, _____
14. das Mädchen, _____

10 Συμπληρώστε τις καταλήξεις του πληθυντικού και Umlaut (¨) όπου χρειάζεται.

1. Kommt ihr mit euren Kind_____ zur Party am Samstag?
2. Ich komme gleich. Ich kaufe nur noch schnell zwei Flasche_____ Wein.
3. Wie viele Student_____ und Studentin_____ sind in Ihrem Kurs?
4. Sind hier noch zwei Platz_____ frei?
5. Er hat große Angst vor Prüfung_____ .
6. Sie fliegt nicht gern in kleinen Flugzeug_____ .
7. Ich lebe gern in kleinen Dorf_____ .
8. Wie viele Auto_____ haben Sie denn?
9. Wir helfen gern den alten Mensch_____ .
10. Unser Chef hat drei Sekretärin_____ .

11 Απαντήστε.

1. Was gibt es in einem Wald?
   Bäume, Äste, …
   _____
   _____

2. Was haben Sie in Ihrer Schreibtischschublade?
   Papiere, …
   _____
   _____

3. Welche Früchte wachsen in Ihrem Land?
   _____
   _____

4. Von welchen Kleidungsstücken haben Sie mehr als eins in Ihrem Kleiderschrank?
   _____
   _____
   _____

12 Συμπληρώστε τις καταλήξεις του πληθυντικού και Umlaut (¨) όπου χρειάζεται.

Meine Dame___ und Herr___ !
Sehr verehrte Kundin___ und Kund___ !
Wir haben heute wieder ganz tolle Sonderangebot___ für Sie.

Für die Dame___ :
    Rock___
    Bluse___
    Jacke___
    Schuh___   für nur 24,– EUR

Für die Herr___ :
    Krawatte___
    Seidenhemd___
    Ledergürtel___
    Pullover___   für nur 14,– EUR

Und für unsere Klein___ :
    kurze Hose___
    T-Shirt___
    Badeanzug___
    Sommerhut___   für nur 9,– EUR

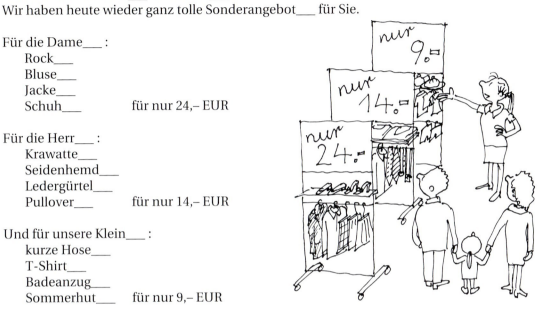

13 Dativ Plural: Συμπληρώστε τις καταλήξεις.

1. Die Lehrerin hilft den Student_____ viel.
2. Du kannst den Ball nicht mitnehmen. Er gehört den Mädchen_____ dort.
3. Heute Abend koche ich mit meinen spanischen Freund_____ eine Paella.
4. Diese Uhr habe ich von meinen Eltern_____ zum Geburtstag bekommen.
5. Der Direktor dankte in seiner Rede allen Arbeiter_____ .
6. Morgen gehe ich mit meinen Kinder_____ ins Schwimmbad.

14 Genitiv Singular / Plural: Συμπληρώστε τις καταλήξεις.

1. Wir kommen am Ende der Woche_____ .
2. Die Aussprache meiner Student_____ (fem. Pl.) ist sehr gut.
3. Ich besuche dich Anfang des Monat_____ .
4. Die Angestellten der Post_____ verdienen wenig.
5. Die Nasen der Affe_____ sehen sehr lustig aus.
6. Die Liebe seiner Mutter_____ hat ihm bei dieser schweren Krankheit viel geholfen.

15 Βρείτε το σωστό συνδυασμό και συμπληρώστε τις καταλήξεις σε Genitiv.

Maria	Büro ist im 2. Stock.
Dr. Müller	bester Pianist heißt …
Deutschland	Symphonien habe ich alle auf CD.
Thomas	Freundin ist sehr hübsch.
Mozart	Mann arbeitet bei Siemens.
Frankreich	Geburtshaus steht in Salzburg.
Beethoven	Hauptstadt ist Paris.
Angela	Motorrad war teuer.

Beethovens Symphonien habe ich alle auf CD.

…

16 Αρσενικά ουσιαστικά: Συμπληρώστε τις καταλήξεις.

1. Im Tierpark haben wir einen kleinen Affe_____ gesehen.

2. Hast du schon den neuen Film_____ mit Tom Cruise gesehen?

3. Die Kolleg_____ in meiner neuen Firma sind sehr hilfsbereit.

4. Haben deine Student_____ auch Probleme mit der Adjektivdeklination?

5. Gestern Abend habe ich meiner Freundin einen langen Brief_____ geschrieben.

6. Schau, da auf dem Baum sitzen zwei wunderschöne Vögel_____ !

7. Euer Fußballclub hat einen sehr guten Präsident_____ .

8. Die Demonstrant_____ hörten nicht auf die Befehle der Polizist_____ .

9. Ich kann mich nicht an den Name_____ meines Kollege_____ erinnern.

10. Wie viele Koffer_____ nimmst du mit?

11. Ich nehme keinen Koffer_____ mit, sondern nur zwei Rucksäck_____ .

12. Die nächsten Monat_____ habe ich viel zu tun.

17 Πώς ονομάζονται οι κάτοικοι των παρακάτω χωρών και ηπείρων; Συμπληρώστε και την κατάληξη πληθυντικού.

	Mann	Frau
England	*Engländer, -*	*Engländerin, -nen*
Griechenland		
Europa		
Türkei		
Österreich		
Irland		
Spanien		
Russland		
Rumänien		
Norwegen		
Dänemark		
Schottland		
Asien		
Holland		
Portugal		
Amerika		
Polen		
Finnland		
Frankreich		
Schweiz		
Italien		

2.2 Το ουσιαστικό · Nomen
Άρθρα · Artikelwörter

Χρήση

Τα άρθρα βρίσκονται μόνα τους ή μαζί με ένα επίθετο / μια μετοχή μπροστά από ουσιαστικά:

das Auto	ein Auto	*άρθρο + ουσιαστικό*
das rote Auto	ein rotes Auto	*άρθρο + επίθετο + ουσιαστικό*
das gestohlene Auto	ein gestohlenes Auto	*άρθρο + Partizip II + ουσιαστικό*

Σ' ένα κείμενο τα ουσιαστικά εισάγονται συνήθως με το **αόριστο άρθρο**:

Hast du schon gehört? Daniel hat sich ein *neues Auto gekauft.*

Το **οριστικό άρθρο** αναφέρεται σε κάτι, το οποίο είναι ήδη γνωστό στον ομιλητή και τον ακροατή. Χρησιμοποιείται επίσης όταν πρόκειται γενικά για γνωστά πράγματα ή έννοιες:

Das neue Auto von Daniel ist wirklich super!
Die Kunst des 19. Jahrhunderts finde ich sehr interessant.

Η **κατάληξη του επίθετου** εξαρτάται από το είδος του άρθρου που προηγείται:

οριστικό άρθρο	*αόριστο άρθρο*	*χωρίς άρθρο*
das rote Auto	**ein** rotes Auto	rote Autos

Γι' αυτό πρέπει να ξέρουμε σε ποια κατηγορία κλίσης ανήκει το κάθε άρθρο.

Κλίση κατά το οριστικό άρθρο

	maskulin	feminin	neutrum	Plural
Nominativ	**der**	**die**	**das**	**die**
	dieser	diese	dieses	diese
	jeder	jede	jedes	alle
	mancher	manche	manches	manche
Akkusativ	**den**	**die**	**das**	**die**
	diesen	diese	dieses	diese
	jeden	jede	jedes	alle
	manchen	manche	manches	manche
Dativ	**dem**	**der**	**dem**	**den**
	diesem	dieser	diesem	diesen
	jedem	jeder	jedem	allen
	manchem	mancher	manchem	manchen
Genitiv	**des**	**der**	**des**	**der**
	dieses	dieser	dieses	dieser
	jedes	jeder	jedes	aller
	manches	mancher	manches	mancher

Memobox 1

	m.	f.	n.	Plural
Nom.	-r	-e	-s	-e
Akk.	-n			
Dat.	-m	-r	-m	-n
Gen.	-s		-s	-r

Κλίση κατά το αόριστο άρθρο

	maskulin	feminin	neutrum	Plural
Nominativ	**ein**	**eine**	**ein**	**–**
	kein	keine	kein	keine
	mein*	meine	mein	meine
	irgendein	irgendeine	irgendein	irgendwelche
Akkusativ	**einen**	**eine**	**ein**	**–**
	keinen	keine	kein	keine
	meinen*	meine	mein	meine
	irgendeinen	irgendeine	irgendein	irgendwelche
Dativ	**einem**	**einer**	**einem**	**–**
	keinem	keiner	keinem	keinen
	meinem*	meiner	meinem	meinen
	irgendeinem	irgendeiner	irgendeinem	irgendwelchen
Genitiv	**eines**	**einer**	**eines**	**–**
	keines	keiner	keines	keiner
	meines*	meiner	meines	meiner
	irgendeines	irgendeiner	irgendeines	irgendwelcher

* *Όμοια κλίνονται:* dein, sein, ihr/Ihr, unser, euer.

Memobox 2

	m.	f.	n.	Plural
Nom.	–	-e	–	-e
Akk.	-n	-e	–	-e
Dat.	-m	-r	-m	-n
Gen.	-s	-r	-s	-r

Κτητικές αντωνυμίες • Possessivartikel

<u>Meine</u> Frau ist krank. = <u>Η</u> γυναίκα <u>μου</u> είναι άρρωστη.

Στα ελληνικά εκφράζουμε την ιδιοκτησία χρησιμοποιώντας μετά από το ουσιαστικό την κτητική αντωνυμία (μου, σου κλπ.), η οποία δείχνει σε ποιον ανήκει το ουσιαστικό, δηλαδή τον κτήτορα. Μπροστά από το ουσιαστικό υπάρχει πάντα το άρθρο, που καθορίζει το γένος, τον αριθμό και την πτώση του ουσιαστικού.

Στα γερμανικά χρησιμοποιείται μόνο η κτητική αντωνυμία, που συνδυάζει και τις δύο λειτουργίες. Δείχνει δηλαδή τον κτήτορα, αλλά και δηλώνει - όπως το αόριστο άρθρο - το γένος, τον αριθμό και την πτώση του ουσιαστικού που ακολουθεί, του κτήματος. Γι' αυτό και ονομάζεται Possessivartikel, κτητικό άρθρο. Η επιλογή της γίνεται με βάση τον κτήτορα. Κλίνεται δε όπως το αόριστο άρθρο.

▶ *Κλίση κατά το αόριστο άρθρο σελίδα 110*

Ας δούμε τώρα την αντιστοιχία προσωπικών και κτητικών αντωνυμιών:

		maskulin	**feminin**	**neutrum**	**Plural**
Nominativ	ich	mein	meine	mein	meine
	du	dein	deine	dein	deine
	er	sein	seine	sein	seine
	sie	ihr	ihre	ihr	ihre
	es	sein	seine	sein	seine
	wir	unser	unsere	unser	unsere
	ihr	euer	eure	euer	eure
	sie	ihr	ihre	ihr	ihre
	Sie	Ihr	Ihre	Ihr	Ihre

▶ Ασκήσεις 1–2

Ουσιαστικά χωρίς άρθρο

Χρήση

Ουσιαστικά χωρίς άρθρο εμφανίζονται στις παρακάτω περιπτώσεις:

πληθυντικός αριθμός του αόριστου άρθρου
Haben sie ein Kind? – Haben Sie Kinder?

κύρια ονόματα
Das ist Peter.

πόλεις, χώρες, ήπειροι
Ich lebe in London/England/Europa.

χρονικοί προσδιορισμοί χωρίς πρόθεση
Ich komme nächste Woche.

επαγγέλματα
Er ist Arzt.

εθνικότητες
Sie ist Griechin.

μετά από εκφράσεις που δηλώνουν μέτρο, ποσότητα, βάρος
Bring bitte zwei Kilo Kartoffeln mit!

αόριστες ποσότητες
Brauchst du noch Geld?

υλικά, υφάσματα
Die Bluse ist aus Baumwolle.

ορισμένες εκφράσεις
Ende gut, alles gut.

Παρατήρηση:
Όταν συναντάμε τα παραπάνω ουσιαστικά στον ενικό αριθμό με επίθετο ή επιθετικό προσδιορισμό, τότε παίρνουν απαραίτητα το αόριστο ή οριστικό άρθρο:

Er ist ⌒ Arzt.	Er ist ein guter Arzt.
Er hat früher in ⌒ Berlin gelebt.	Er hat früher im geteilten Berlin gelebt.

▶Ασκήσεις 3–7

1 Συμπληρώστε.
Τι ανήκει στην Lisa; Τι ανήκει στον Martin; Και τι ανήκει στους γονείς τους;

-s Sofa	-s Taschenmesser	~~-e Haarbürste~~	-s Auto
	-r Computer	-s Halstuch	-e Handtasche
~~Stühle (Pl.)~~	-r Regenschirm		-r Fernseher
	Katzen (Pl.)	-s Poster	~~-r Fußball~~
-s Haus	-s Geschirr	-s Kartenspiel	-r Teppich

Das ist *ihre Haarbürste.*   Das ist *sein Fußball.*   Das ist …
Das sind …   Das sind …   Das sind *ihre Stühle.*
…

2 Συμπληρώστε την κτητική αντωνυμία στο σωστό τύπο.

1. Diese Kinder! Immer lassen sie _____ Spielsachen in der Küche liegen!

2. Antonio hat schon wieder _____ Schlüssel (Sing.) verloren.

3. Nein, Kinder, jetzt könnt ihr noch nicht spielen gehen. Ihr müsst zuerst _____ Zimmer aufräumen.

4. _____ Lehrer gibt uns immer zu viele Hausaufgaben.

5. Sag mal, wo ist denn _____ Lehrerin?

6. Oma sucht _____ Brille. Habt ihr sie gesehen?

7. Ich kann leider nicht mitkommen. _____ Fahrrad ist kaputt.

8. Hans ist immer noch krank. _____ Halsschmerzen sind noch nicht besser.

9. Wie war denn _____ Reise? – Sehr schön, wir haben viel gesehen, und _____ Reiseleiterin war ganz toll.

10. Hast du _____ Tasche gesehen? – Nein. Aber vielleicht hast du sie ja zu Hause vergessen.

3 Συμπληρώστε τις καταλήξεις.

1. Dies _e_ Farbe (Nom.) gefällt mir gar nicht.

2. Musst du denn wirklich jed___ Abend (Akk.) arbeiten?

3. Können Sie mir bitte noch ein___ Glas (Akk.) Mineralwasser bringen?

4. Verstehst du Bairisch? Ich verstehe manch___ Leute (Akk.) in Bayern sehr schlecht.

5. Wie findest du mein___ neuen Schuhe (Akk.)?

6. In dies___ Stadt (Dat.) war ich schon in all___ Museen (Dat.).

7. Ich brauche etwas zum Schreiben. Gib mir mal bitte irgendein___ Stift (Akk.).

8. Dies___ Art (Nom.) von Filmen gefällt mir nicht.

9. Unser___ Großmutter (Nom.) bäckt d___ besten Apfelstrudel (Akk.).

10. Wir stehen jed___ Morgen (Akk.) um 6.30 Uhr auf.

11. In dies___ Lehrbuch (Dat.) sind manch___ Übungen (Nom.) ganz gut.

12. Kinder, nehmt eur___ Badesachen (Akk.) mit. Wir gehen noch ins Schwimmbad.

13. Ich habe Ihr___ Frage (Akk.) nicht ganz verstanden.

14. Ich habe leider kein___ Geschwister (Akk.).

15. Ich finde Ihr___ Haus (Akk.) wunderschön!

16. Sie geht jed___ Tag (Akk.) zum Schwimmen.

4 Ποια ουσιαστικά ταιριάζουν; Συμπληρώστε τα σε Dativ.

Mensch	Terrorist	Großmutter	
Mädchen	Dieb	Feind	
Lehrerin	Freund	Präsident	
Zahnarzt	Löwe	Polizist	
Kommunist	Idiot	· Meteorologe	

1. Wir würden immer *unserer Großmutter / allen Mädchen* helfen.
   Aber wir würden nie … helfen.

2. Ich unterhalte mich gern mit ….
   Aber ich habe mich noch nie mit … unterhalten.

3. Meine Freundin wäre gern mit … auf einer einsamen Insel.
   Aber sie würde nie mit … in einem Hotelzimmer übernachten.

4. Mein Sohn würde gern mit … in die Disco gehen.
   Aber er würde nie mit … am Abend ausgehen.

5 Οριστικό άρθρο, αόριστο άρθρο ή χωρίς άρθρο; Συμπληρώστε.

1. Heute ist _____ 23. April.

2. Kannst du mir bitte _____ Liter _____ Milch aus _____ Supermarkt mitbringen?

3. Dieses Hemd ist aus _____ Seide.

4. Haben Sie _____ Hunger? – Nein, ich habe gerade _____ Spaghetti gegessen.

5. Möchten Sie noch _____ Fleisch?

6. Gib bitte _____ Brigitte _____ Buch.

7. Meine Mutter ist _____ Schauspielerin.

8. Kennen Sie _____ Alfred Brendel? Er ist _____ berühmter deutscher Pianist.

9. Sie ist _____ Amerikanerin.

10. Könntest du bitte einkaufen gehen? Wir brauchen noch _____ Butter, _____ Äpfel, _____ Flasche Orangensaft und _____ Päckchen Reis.

6 Με ή χωρίς άρθρο; Συμπληρώστε.

1. ■ Hast du in _____ Deutschland
auch so gern _____ Brötchen
zum Frühstück gegessen?

● Ja, natürlich. Jeden Morgen
_____ Brötchen mit _____
Marmelade und danach _____
Scheibe Brot mit _____ Butter.
Dazu habe ich immer _____
Tasse Kaffee mit _____ Milch
und _____ Zucker getrunken.

■ Das ist ja _____ typisch
deutsches Frühstück!
Du bist ja fast _____ Deutsche
geworden.

● Nein, nein. Aber _____ deutsche
Frühstück schmeckt mir sehr
gut.

2. ■ Warum fahren Sie denn jedes
Jahr im Urlaub nach _____
Österreich?

● Meine Eltern sind _____
Deutsche, aber sie leben in
_____ kleinen Dorf in
Österreich, in der Nähe der
deutschen Grenze. Besonders
_____ Kinder fahren sehr gern
dorthin.

3. ■ Würden Sie lieber in _____
Dorf oder in _____ Stadt
wohnen?

● Ich weiß nicht. Als ich in _____
Madrid gelebt habe, hat mir
_____ Großstadtleben eigentlich
sehr gut gefallen.

4. ■ Haben Sie Hunger?

● Ja, denn ich habe heute Morgen
nur _____ Milch getrunken.

■ Dann mache ich Ihnen schnell
_____ Suppe warm.

● Danke, das wäre sehr nett.

5. ■ Sollen wir noch in _____
Restaurant gehen?

● Tut mir Leid, aber ich habe kein
Geld dabei.

■ Macht nichts, ich lade dich ein,
ich habe genug _____ Geld dabei.

● Das ist sehr nett von dir. Wir
müssen ja nicht in _____ teures
Restaurant gehen. Ich esse
sowieso am liebsten _____
Spaghetti.

7 Διαλέξτε το σωστό άρθρο και συμπληρώστε το στο σωστό τύπο.

	mancher	alle	dieser	ein	jeder	kein	der	

1. _____ Studenten in meiner Klasse sind immer pünktlich.

2. Wir sind Frühaufsteher. Wir stehen _____ Tag um 6.00 Uhr auf.

3. _____ Reise werde ich nie vergessen!

4. Kennen Sie _____ Mann dort?

5. Im Großen und Ganzen habe ich _____ Text verstanden, nur _____ Wörter nicht.

6. Hallo Klaus, wir machen am Samstag eine Party. Wir kaufen _____ Getränke, und _____ Gäste sollten bitte etwas zu essen mitbringen.

7. Darf ich Ihnen _____ Tasse Tee anbieten? – Nein danke, um _____ Uhrzeit trinke ich _____ Tee mehr, sonst kann ich nicht schlafen.

8. Mir haben fast _____ Arien in _____ Oper gefallen.

9. _____ Anfang ist schwer.

10. Vielen Dank, aber ich möchte jetzt nichts essen. Ich habe _____ Hunger.

11. Haben Sie wirklich _____ Bücher von Goethe gelesen?

12. _____ Pullover kannst du nicht mehr anziehen. Er ist doch ganz schmutzig.

13. Nein danke, ich mag _____ Wodka. Ich trinke fast nie Alkohol.

14. _____ Mann dort kenne ich.

2.3 Το ουσιαστικό · Nomen
Επίθετα · Adjektive

Στα γερμανικά τα επίθετα δεν παίρνουν πάντα κατάληξη όπως στα ελληνικά.
Δείτε και το παράδειγμα:

■ Das ist aber eine **tolle** Tasche!   *παίρνουν κατάληξη πριν από ένα ουσιαστικό (σαν επιθετικός προσδιορισμός)*

    Ist sie **neu**?   *δεν παίρνουν κατάληξη με τα ρήματα sein/werden (σαν κατηγορούμενο)*

● Ja, ich habe sie gestern gekauft.

Κλίση

Στη συνέχεια θα εξηγήσουμε μόνο την κλίση των επιθέτων που εμφανίζονται πριν από ουσιαστικό (eine *tolle* Tasche), επειδή μόνο σ' αυτή την περίπτωση υπάρχουν καταλήξεις.

Προσέξτε όμως: ένα επίθετο μπορεί να παίρνει κατάληξη και χωρίς ν' ακολουθεί ουσιαστικό, όταν προηγουμένως έχει αναφερθεί το ουσιαστικό και δεν επαναλαμβάνεται.

■ Gefällt dir die bunte Tasche?
● Ja, aber die schwarze finde ich noch schöner.

Το επίθετο πριν από το ουσιαστικό έχει δύο τύπους κλίσης:

Τύπος 1 *μετά από οριστικό άρθρο*

der neu**e** Film
die neu**e** Uhr
das neu**e** Haus

Τύπος 2 *μετά από αόριστο άρθρο*

ein neu**er** Film
eine neu**e** Uhr
ein neu**es** Haus

118

Επίθετα μετά από οριστικό άρθρο (τύπος 1)

Στην κατηγορία του οριστικού άρθρου ανήκουν τα παρακάτω:
der, dieser, jeder/alle, mancher.
▶σελίδα 109

	maskulin	feminin	neutrum	Plural
Nom.	der neue Film	die neue Uhr	das neue Haus	die neuen Filme
Akk.	den neuen Film	die neue Uhr	das neue Haus	die neuen Filme
Dat.	dem neuen Film	der neuen Uhr	dem neuen Haus	den neuen Filmen
Gen.	des neuen Films	der neuen Uhr	des neuen Hauses	der neuen Filme

Memobox 3

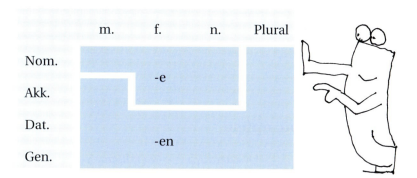

Επίθετα μετά από αόριστο άρθρο (τύπος 2)

Στην κατηγορία του αόριστου άρθρου ανήκουν τα παρακάτω:
ein, kein, irgendein, mein / dein / sein / ihr / unser / euer / Ihr.
▶σελίδα 110

	maskulin	feminin	neutrum	Plural
Nom.	ein neuer Film	eine neue Uhr	ein neues Haus	keine neuen Filme
Akk.	einen neuen Film	eine neue Uhr	ein neues Haus	keine neuen Filme
Dat.	einem neuen Film	einer neuen Uhr	einem neuen Haus	keinen neuen Filmen
Gen.	eines neuen Films	einer neuen Uhr	eines neuen Hauses	keiner neuen Filme

Memobox 4

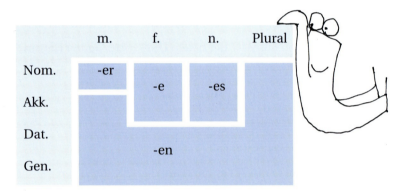

	m.	f.	n.	Plural
Nom.	-er	-e	-es	
Akk.				
Dat.		-en		
Gen.				

Επίθετα χωρίς άρθρο

Οι καταλήξεις των επιθέτων χωρίς άρθρο δε σας είναι άγνωστες, γιατί ταυτίζονται με το τελευταίο γράμμα του οριστικού άρθρου.
▶*Memobox 1* σελίδα 109

Παράδειγμα σε Akkusativ	den Wein	Ich trinke gern französisch**en** Rotwein.
	die Schokolade	Ich esse gern deutsch**e** Schokolade.
	das Obst	Ich esse gern frische**s** Obst.

Εξαίρεση	Η γενική ενικού του αρσενικού και του ουδέτερου έχει την κατάληξη *-en* (Ich liebe den Geruch frisch**en** Kaffees/Bieres.). Αυτοί οι τύποι όμως χρησιμοποιούνται πολύ σπάνια.

Όπως θα δείτε στα παρακάτω παραδείγματα, όταν το επίθετο συνοδεύεται από άρθρο, οι καταλήξεις τους συνήθως διαφέρουν:

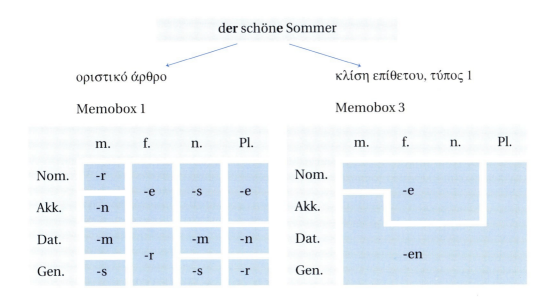

der schön**e** Sommer

οριστικό άρθρο   κλίση επιθέτου, τύπος 1

Memobox 1   Memobox 3

	m.	f.	n.	Pl.
Nom.	-r	-e	-s	-e
Akk.	-n	-e		-e
Dat.	-m	-r	-m	-n
Gen.	-s	-r	-s	-r

Memobox 3	m.	f.	n.	Pl.
Nom.		-e		
Akk.		-e		
Dat.		-en		
Gen.		-en		

kein schön**er** Sommer

αόριστο άρθρο   κλίση επιθέτου, τύπος 2

Memobox 2   Memobox 4

	m.	f.	n.	Pl.
Nom.	–	-e	–	-e
Akk.	-n	-e		-e
Dat.	-m	-r	-m	-n
Gen.	-s	-r	-s	-r

Memobox 4	m.	f.	n.	Pl.
Nom.	-er	-e	-es	
Akk.		-e	-es	
Dat.		-en		
Gen.		-en		

121

Ιδιαιτερότητες Προσέξτε τις ιδιαιτερότητες στην κλίση των παρακάτω
επιθέτων:

teuer	ein teures Haus	το -e- παραλείπεται σε όλα τα επίθετα που λήγουν σε *-er*
dunkel	ein dunkles Zimmer	το -e- παραλείπεται σε όλα τα επίθετα που λήγουν σε *-el*
hoch	ein hoher Turm	το -c- παραλείπεται
rosa	ein rosa Kleid	επίθετα που λήγουν σε *-a* δεν παίρνουν κατάληξη
	der Hamburg**er** Hafen	επίθετα που προέρχονται από ονόματα πόλεων πάντα με κατάληξη *-er*

Partizip I και II σαν επίθετα

Οι μετοχές χρησιμοποιούνται συχνά σαν επίθετα μπροστά από ουσιαστικά. Σ' αυτή
την περίπτωση κλίνονται όπως και τα επίθετα:

der blühende Apfelbaum	Infinitiv + *d* + κατάληξη επιθέτου
das geschlossene Fenster	Partizip II + κατάληξη επιθέτου

▶ Ασκήσεις 1–12

Τα παραθετικά των επιθέτων • Komparation

Σε συγκρίσεις τα επίθετα χρησιμοποιούνται στο Συγκριτικό (= Komparativ) και
στον Υπερθετικό βαθμό (= Superlativ).

Komparativ ■ Welches Sweatshirt findest du *schöner*, das blaue oder
das rote?

Superlativ ● Mir gefällt keins von beiden besonders. Schau mal,
dieses bunte, das ist *das schönste* von allen hier.
Mir gefällt es jedenfalls *am besten*.

Ας δούμε πώς σχηματίζονται τα παραθετικά.
Όταν το επίθετο εμφανίζεται μετά από το ουσιαστικό έχουμε:

	Komparativ: *-er*	Superlativ: *am -sten*
klein	Auto B ist klein**er** als Auto A.	Auto C ist **am** klein**sten**.
billig	Auto B ist billig**er** als Auto A.	Auto C ist **am** billig**sten**.
schnell	Auto B fährt schnell**er** als Auto C.	Auto A fährt **am** schnell**sten**.

Όταν το επίθετο εμφανίζεται μπροστά από το ουσιαστικό κλίνεται:

	Komparativ	Superlativ
	-er + κατάληξη επίθετου	*-st + κατάληξη επίθετου*
klein	Ich kaufe das klein**er**e Auto.	Ich kaufe das klein**ste** Auto.
billig	Ich kaufe das billig**er**e Auto.	Ich kaufe das billig**ste** Auto.
schnell	Ich kaufe das schnell**er**e Auto.	Ich kaufe das schnell**ste** Auto.

Ιδιαιτερότητες   Ιδιαιτερότητες στο σχηματισμό των παραθετικών εμφανίζουν τα παρακάτω επίθετα:

	Komparativ	Superlativ	
gut	besser	am besten	Οι λέξεις *mehr* και *weniger* δεν κλίνονται.
viel	mehr	am meisten	
gern	lieber	am liebsten	
dunkel	dunkler	am dunkelsten	επίθετα σε *-el, -er*: χάνεται το *-e-* στο Komparativ
teuer	teurer	am teuersten	
warm	wärmer	am wärmsten	στα περισσότερα μονοσύλλαβα επίθετα:
jung	jünger	am jüngsten	
klug	klüger	am klügsten	*a, o, u → ä, ö, ü*
wild	wilder	am wildesten	*-est-* μετά από *-d, -t, -s, -ss, -ß*
breit	breiter	am breitesten	*-sch, -x, -z*
hübsch	hübscher	am hübschesten	
nah	näher	am nächsten	
hoch	höher	am höchsten	

Η χρήση του *wie* και του *als*

όμοιο	Lisa ist **so** groß **wie** Georg.	*so … wie*
διαφορετικό	Aber Lisa ist größ**er als** Angela.	Komparativ + *als*

▶ Ασκήσεις 13–20

Επίθετα και μετοχές σαν ουσιαστικά

Μερικά επίθετα όπως και μερικές μετοχές μπορούν να χρησιμοποιηθούν σαν ουσιαστικά. Σ' αυτή την περίπτωση γράφονται με κεφαλαίο. Πάντα όμως κλίνονται σαν επίθετα:

■ Wie war denn deine letzte Reisegruppe? Waren wieder so viele Rentner dabei?

● Nein, diesmal nicht. Es waren sogar ein paar **Jugendliche** ① unter den **Reisenden** ②, und **das Schönste** ③ war, dass auch zwei alte **Bekannte** ④ von mir mitgefahren sind.

① + ③ + ④	ουσιαστικοποιημένο επίθετο
②	ουσιαστικοποιημένη μετοχή ενεστώτα (Partizip I)

		maskulin	feminin	Plural
τύπος 1				
	Nominativ	der Angestell**te**	die Angestell**te**	die Angestell**ten**
	Akkusativ	den Angestell**ten**	die Angestell**te**	die Angestell**ten**
	Dativ	dem Angestell**ten**	der Angestell**ten**	den Angestell**ten**
	Genitiv	des Angestell**ten**	der Angestell**ten**	der Angestell**ten**
τύπος 2				
	Nominativ	ein Angestell**ter**	eine Angestell**te**	Angestell**te**
	Akkusativ	einen Angestell**ten**	eine Angestell**te**	Angestell**te**
	Dativ	einem Angestell**ten**	einer Angestell**ten**	Angestell**ten**
	Genitiv	eines Angestell**ten**	einer Angestell**ten**	Angestell**ter**

το επίθετο σαν ουσιαστικό	der/die Arbeitslose, der/die Bekannte, der/die Blonde, der/die Deutsche, der/die Fremde, der/die Kranke, der/die Schuldige, der/die Tote, der/die Verwandte, das Gute, das Beste, der/die Schnellste …
Partizip I σαν ουσιαστικό	der/die Abwesende, der/die Anwesende, der/die Auszubildende, der/die Reisende, der/die Vorsitzende …
Partizip II σαν ουσιαστικό	der/die Angestellte, der Beamte/die Beamtin, der/die Betrunkene, der/die Gefangene, der/die Verheiratete, der/die Verletzte, der/die Verliebte, der/die Vorgesetzte …

▶ Ασκήσεις 21–23

1 Nominativ: Διατυπώστε ερωτήσεις.

1. das Kleid – rot – schwarz
    Welches Kleid gefällt Ihnen besser,
    das rote oder das schwarze?
2. die Hose – schwarz – blau
3. die Schuhe – braun – weiß
4. der Pullover – bunt – einfarbig
5. das Hemd – kariert – gestreift
6. der Mantel – dick – dünn
7. die Taschen – groß – klein
8. die Jacke – blau – grün

2 Nominativ (N) και Akkusativ (A): Συμπληρώστε τις καταλήξεις.

1. Die letzt___ Aufgabe (N) war
    schwierig.
2. Jeder neu___ Anfang (N) ist schwer.
3. Diese kaputt___ Jeans (A) kannst du
    doch nicht mehr anziehen!
4. Das blond___ Mädchen (A) dort
    finde ich sehr hübsch.
5. Wir haben den ganz___ Monat (A)
    Urlaub.
6. Zeigen Sie mir bitte alle deutsch___
    Lehrbücher (A), die Sie haben.
7. Geben Sie mir bitte den schwarz___
    Stift (A) dort.
8. Ich möchte bitte das halb___ Brot (A).
9. Fast alle jung___ Leute (N) in
    Deutschland sprechen Englisch.
10. Heute Abend sehe ich die neu___
    Freundin (A) von Franz zum ersten
    Mal.
11. Meine Großmutter hat mir schon
    manchen gut___ Rat (A) gegeben.
12. In Deutschland sind die Geschäfte
    jeden erst___ Samstag (A) im Monat
    länger geöffnet.

3 Nominativ: Συμπληρώστε τις καταλήξεις.

1. Das ist ein sehr langweilig___ Film.
2. Sie ist eine sehr intelligent___ Frau.
3. Ist das hier Ihr neu___ Fahrrad?
    Das ist ja super!
4. Er ist meine groß___ Liebe.
5. Ihre klein___ Tochter ist wirklich
    sehr musikalisch.
6. Das ist aber ein sehr gemütlich___
    Restaurant.
7. Das ist doch kein frisch___ Brot.
    Es ist viel zu hart.
8. Sie wird sicher eine gut___ Musikerin.

4 Akkusativ: Γράψτε τις απαντήσεις.

Was schenken Sie Ihrem Freund zum
Geburtstag?

1. das Buch – interessant
    Ich schenke ihm ein interessantes
    Buch.
2. die Uhr – neu
3. der Pullover – blau
4. das Wörterbuch – deutsch
5. der Hund – klein
6. die Torte – groß
7. das Hemd – bunt
8. die Krawatte – modern

5 Akkusativ: Γράψτε προτάσεις.

Was mögen Sie gern?
Was mögen Sie nicht gern?

klein	Männer
schnell	Autos
schlecht	Reisen
billig	Fernseher
schön	Motorräder
teuer lang	Jobs
langweilig	Restaurants
fremd gut	Filme
interessant	Kinder
nett	Länder
	Leute
	Tiere

Ich mag gern *fremde Länder.*

Ich mag keine *langweiligen Filme.*

…

6 Συμπληρώστε τις καταλήξεις.

Beatrice kritisiert immer die Kleidung
ihrer Freundin.

1. Warum trägst du eine grün___ Hose
    mit einer violett___ Bluse?

2. Warum trägst du im Sommer diese
    dick___ Strümpfe?

3. Warum kaufst du nie ein modern___
    Kleid?

4. Warum trägst du einen gelb___
    Mantel mit einem rot___ Hut?

5. Warum trägst du keinen schick___
    Minirock mit deinen schön___
    Beinen?

6. Warum gehst du nicht mit deiner
    gut___ Freundin Beatrice zum
    Einkaufen?

7 Συμπληρώστε τα επίθετα με τις καταλήξεις τους.

1. ■ Gibs es hier ein *französisches* Restaurant?
    ● Nein, nur ein _____ .

2. ■ Hörst du immer diese _____ Rockmusik?
    ● Nein, fast nie. Meistens höre ich _____ Musik.

3. ■ Kaufst du jede _____ CD von den Rolling Stones?
    ● Nein, ich kaufe nur die _____ .

4. ■ Warum ziehst du nicht deine _____ Schuhe an?
    ● Weil ich lieber meine _____ anziehen möchte.

5. ■ Nimm doch noch ein Stück von ihrem _____
    Kuchen!
    ● Nein danke, ich bin wirklich satt.

6. ■ Gibt es am Sonntag in Deutschland _____ Brot
    zu kaufen?
    ● Ja, in einigen Bäckereien.

französisch
deutsch
laut
klassisch
neu
gut
warm
neu
gut
frisch

8 Συμπληρώστε τις καταλήξεις.

Hübsch____ , jung____ , blond____
Frau sucht einen reich____ , schwarz-
haarig____ Akademiker aus gut____
Familie mit schnell____ Auto und
dick____ Bankkonto.

Chiffre XXX

Attraktiv____ , jugendlich____ Mann,
Anfang 50, sucht liebevoll____ ,
sportlich____ Frau (20 bis 30 Jahre
alt), die gut____ kocht und sehr
häuslich____ ist.

Chiffre XXX

Suche älter____ , aktiv____ und
interessiert____ Frauen und
Männer für gemeinsam____
Ausflüge, lang____
Spaziergänge und
gemütlich____ Abende.
Bitte melden Sie sich unter
Chiffre XXX

Älter____ Ehepaar mit drei
groß____ Hunden sucht für
ruhig____ , möbliert____ Zimmer
mit eigen____ Bad in schön____
Haus eine zuverlässig____
Mieterin.
Miete 275,– + Nebenkosten.

Chiffre XXX

Εάν στις ακόλουθες ασκήσεις 9 μέχρι 12 δεν μπορείτε να βρείτε όλες τις λύσεις,
μελετήστε πρώτα τα κεφάλαια: *τα παραθετικά των επιθέτων* και *επίθετα και
μετοχές σαν ουσιαστικά.*

▶ *Τα παραθετικά των επιθέτων* σελίδες 122–123
▶ *Επίθετα και μετοχές σαν ουσιαστικά* σελίδα 124

9 Συμπληρώστε τις καταλήξεις.

Rotkäppchen

Es war einmal ein jung___ Mädchen,
das mit seinen lieb___ Eltern in einem
klein___ Häuschen am Rande eines
groß___ Waldes lebte. Das Mädchen
5 hatte von seiner alt___ Großmutter ein
rot___ Käppchen bekommen, mit
welchem es so hübsch___ aussah,
dass die meist___ Leute es nur ‚das
Rotkäppchen' nannten.
10 Eines Morgens sagte die Mutter zu
Rotkäppchen:
„Deine lieb___ Großmutter ist krank___
und liegt ganz allein im Bett. Deshalb
sollst du sie besuchen und ihr einen
15 groß___ Kuchen und eine Flasche Wein
bringen. Aber geh gerade durch den
dunkl___ Wald, denn dort wohnt der
bös___ Wolf."
Rotkäppchen versprach der gut___
20 Mutter, brav___ zu sein, und machte
sich auf den lang___ Weg durch den
tief___ Wald.
Es war noch nicht lange unterwegs,
da kam schon der schwarz___ Wolf,
25 der vor Hunger ganz dünn___ war und
das klein___ Mädchen gierig ansah.
„Mein lieb___ Rotkäppchen, was machst
du denn so allein im dunkl___ Wald?"

Und das ängstlich___ Mädchen
30 antwortete:
„Ich muss meiner krank___ Großmutter
diesen groß___ Kuchen und eine Flasche
Wein bringen."
Da sagte der schlau___ Wolf:
35 „Deine Großmutter wird sich noch viel
mehr freuen, wenn du ihr noch einen
groß___ Strauß von diesen gelb___ und
rot___ Blumen mitbringst."
Das Mädchen folgte dem Rat und war
40 froh, dass der Wolf schnell verschwand.
Es pflückte einen schön___ Blumenstrauß und ging dann weiter. Der Wolf
aber hatte einen schrecklich___ Plan.
Er lief schnell zum Haus der Großmutter
45 und fraß sie mit Haut und Haaren. Dann
zog er sich ihr weiß___ Nachthemd an
und legte sich in das weich___ Bett der
Großmutter, um auf Rotkäppchen zu
warten.
50 Nach kurz___ Zeit kam die Klein___ und
betrat fröhlich___ das Haus. Im Schlafzimmer der Großmutter war es dunkel,
weil der Wolf die schwer___ Vorhänge
zugezogen hatte, und so konnte Rot-
55 käppchen nicht viel sehen. Deshalb
fragte es die Großmutter:

10 Συμπληρώστε τις καταλήξεις.

Zimmersuche in München

Jedes Jahr kommen viele fremd___ Besucher nach München. In den meist___ größer___ Hotels muss man schon mehrer___ Wochen im Voraus
5 ein Zimmer reservieren. Auch die zahl-reich___ klein___ Pensionen haben kaum noch ein frei___ Zimmer. Besonders während des berühmt___ Oktoberfests sind auch alle teur___
10 Hotels ausgebucht. Mancher aus-ländisch___ Gast findet ein schön___ Privatzimmer bei einer freundlich___ Familie, aber viele haben nicht solches Glück und können froh sein, wenn sie
15 außerhalb der Stadt in einem klein___ Dorf ein frei___ Zimmer in einem Gasthof finden. Auch die neu___ Studenten, die im erst___ Semester in München studieren,
20 müssen mit groß___ Schwierigkeiten rechnen, wenn sie ein Zimmer suchen. Zwar wurden in den letzt___ Jahren einige neu___ Studentenheime gebaut, doch reichen diese bei weitem nicht
25 aus, um den wachsend___ Bedarf an billigen Wohnmöglichkeiten für die immer größer werdend___ Zahl von Studenten zu decken. Meistens muss man auf ein frei___ Zimmer in einem
30 der beliebt___ Studentenheime vier Semester lang warten. In der Zwischen-zeit müssen sie vielleicht in einem der teur___ Appartements wohnen, die in den zahlreich___ Münchner Zeitungen
35 angeboten werden. Viele geldgierig___ Vermieter nutzen die schlecht___ Situation auf dem Wohnungsmarkt,

„Aber Großmutter, warum hast du so groß___ Augen?"
„Damit ich dich besser sehen kann!"
60 antwortete der listig___ Wolf.
„Großmutter, warum hast du so lang___ Ohren?" fragte das ängstlich___ Mädchen weiter.
„Damit ich dich besser hören kann",
65 sagte der schwarz___ Wolf.
„Aber Großmutter, warum hast du so einen groß___ Mund?"
„Damit ich dich besser fressen kann", sagte der Wolf, sprang aus dem Bett und
70 fraß auch das klein___ Mädchen mit einem einzig___ Biss. Dann wurde er müde und legte sich wieder in das gemütlich___ Bett der Großmutter und fiel in einen tief___ Schlaf.
75 Kurz___ Zeit später ging der alt___ Förster am Häuschen der Großmutter vorbei. Als er das laut___ Schnarchen des Wolfes hörte, war ihm klar, was passiert war. Er betrat schnell das
80 Zimmer, sah den bös___ Wolf und schoss ihn tot. Dann schnitt er mit seinem scharf___ Messer den dick___ Bauch des tot___ Wolfes auf und heraus kamen die nun glücklich___ Großmutter und das
85 Rotkäppchen. Als sie den Förster erkannten, waren sie sehr froh und dankten ihrem gut___ Retter sehr herzlich. Gleich setzten sie sich an den rund___ Tisch, tranken heiß___ Kaffee,
90 aßen den gut___ Kuchen und waren glücklich___ .

βασισμένο σ' ένα παραμύθι των αδερφών Grimm

um noch höher___ Preise für
ihre klein___ Wohnungen zu
40 verlangen.
Zum groß___ Glück gibt es jedoch
noch einige nett___ Vermieterinnen,
die schön___ und preiswert___ Zimmer
an Studenten vermieten. Einige der
45 Studenten haben noch viele Jahre
nach ihrem Studium freundschaftlich___
Kontakte zu ihren früher___ Vermietern.
Besonders ausländisch___ Studenten
finden hier eine willkommen___
50 Gelegenheit, Kontakt mit Deutsch___
zu bekommen und auch ein bisschen
von der bayerisch___ Lebensweise
kennen zu lernen.

11 Συμπληρώστε τις καταλήξεις.

Der Name der Stadt Rosenheim

Wie wir von einer alt___ Sage her wissen,
hat die oberbayerisch___ Stadt Rosenheim ihren Namen von den viel___
herrlich___ Rosen, die früher in dieser
5 schön___ Gegend gewachsen sein sollen.
Fragt man manche alt___ Rosenheimer, ob diese Sage nicht nur eine
frei erfunden___ Geschichte für
gutgläubig___ Touristen ist, verneinen
10 sie das entschieden. Und auf die
neugierig___ Frage, wie eine der
schönst___ und wohlriechendst___
Blumen denn an das steinig___ Ufer
des Inn gekommen ist, haben sie eine
15 einleuchtend___ Antwort bereit.
Die alt___ Römer brachten die Rosen
mit. Nahe der jetzig___ Stadt hatten sie
an der Kreuzung zweier wichtig___
römisch___ Handelsstraßen ein
20 befestigt___ Lager gebaut. Überreste
solcher römisch___ Lager findet man
auch heute noch an vielen ander___
Stellen in Deutschland.

Die Rosenheimer Bürger erzählen, dass
25 die lebensfroh___ Römer die duftend___
Blütenblätter der Rosen verwendeten, um
verschieden___ Getränke herzustellen.
Die Rosen sollen auch als wohl-
riechend___ Tischschmuck und sogar
30 zum Parfümieren der einfach___ Betten
gedient haben. Als die Römer nach lang-
jährig___ Herrschaft schließlich ver-
trieben wurden, erzählt die Sage weiter,
ließen sie viel___ wunderschön___
35 Rosenstöcke zurück. Diese wuchsen bald
zu einem „Rosenhain" heran. Aus dem
„Rosenhain" wurde später der Name
„Rosenheim". Das Wappen der Stadt, die
östlich von München in der Nähe des
40 idyllisch___ Chiemsees liegt, zeigt eine
gefüllt___ weiß___ Rose auf rot___ Grund.

die Sage, -n: alte Erzählung von Helden und Kriegen
der Inn: Fluss, der durch Rosenheim fließt
die Römer (Pl.): Einwohner des alten Rom
der Hain, -e: kleiner, heller Wald

12 Συμπληρῶστε τις καταλήξεις.

Der alte Clown

Der schwer___ Vorhang öffnet sich.
Lachend tanzt der Clown in die Arena.
Wie jeden Abend wird er auch diesmal
besonders die Zuschauer erfreuen, die
5 ein wenig traurig aussehen.
In der Mitte der Manege bleibt der
lächelnd___ Clown plötzlich stehen.
Er blickt in die zahllos___ Gesichter.
Seine dick___ rot___ Nase zuckt, und
10 die klein___ weiß___ Papierblume an
seinem schwarz___ Hut bewegt sich.
Endlos lange sieht er sich um.
Ungeduldig rutschen die Zuschauer
auf ihren hart___ Sitzen hin und her.
15 Schließlich geht der Clown mit groß___
Schritten auf ein blond___ Mädchen
zu, das einen grau___ Stoffhund fest
an sich drückt.
„Du siehst ein bisschen traurig aus!",
20 sagt der Clown.
„Ich bin auch ein bisschen traurig!"
antwortet das Mädchen. „Mein arm___
Hund ist nämlich krank."
„Das ist keine gut___ Nachricht.
25 Was fehlt ihm denn?"
„Er kann nicht lachen! Kannst du ihm
das nicht beibringen?"

Nachdenklich legt der Clown den Kopf
schief.
30 „Weißt du", sagt er schließlich, „mit dem
Lachen ist es eine schwierig___ Sache.
Mancher braucht viele mühevoll___
Jahre, um es zu lernen. Andere bemühen
sich ihr ganz___ Leben lang verzweifelt
35 und lernen es nie. Auch dein vier-
beinig___ Freund wird es vielleicht nie
lernen."
Mit groß___ enttäuscht___ Augen
schaut das Mädchen den Clown an.
40 „Aber sei nicht traurig!" fährt der Clown
fort und lacht dem Kind ermunternd zu.
„Auch wer nicht lachen kann, kann sich
freuen. Ist das nicht das Wichtigst___?"
Erleichtert drückt das klein___ Mädchen
45 den Stoffhund noch fester an sich.
Das Publikum applaudiert minutenlang.
Der alt___ Clown dreht sich um und geht.
Das war sein letzt___ Auftritt.

13 Komparativ και Superlativ: Σχηματίστε τα παραθετικά και γράψτε τα στη σωστή στήλη.

klein	leicht	schnell	früh	klug	dunkel
teuer	reich	gern	arm	hübsch	alt	viel
nett	hoch	gut	glücklich	laut	stark	schwierig

ομαλά

reicher / am reichsten

...

ανώμαλα

ärmer / am ärmsten

...

14 Komparativ: Διατυπώστε παρακλήσεις.

1. Frau Laut spricht sehr leise.
   Bitte sprechen Sie lauter!
2. Jemand ist immer so ungeduldig.
3. Ihr Sohn ist nicht höflich zur Nachbarin.
4. Anita geht so langsam.
5. Jemand fährt sehr schnell Auto.
6. Die Kinder helfen ihrer Mutter zu wenig.
7. Jemand geht immer zu spät ins Bett.
8. Ihr Sohn macht das Radio immer so laut.

15 Komparativ: Συμπληρώστε τις προτάσεις.

Herr Klein ist mit nichts zufrieden.

1. Er hat ein großes Haus, aber *er möchte ein noch größeres Haus.*
2. Er hat eine interessante Arbeit, aber ...
3. Er hat viel Geld, aber ...
4. Er hat eine gute Sekretärin, aber ...
5. Er hat wertvolle Möbel, aber ...
6. Er hat ein Kind, aber ...
7. Er hat einen schönen Garten, aber ...
8. Er hat viel Freizeit, aber ...

16 Komparativ: Συμπληρώστε τα επίθετα στο σωστό τύπο.

1. Dieses Hotel ist zu teuer. Gibt es hier kein *billigeres* ?
2. Diese Übungen sind so schwierig. Ich würde lieber _____ Übungen machen.
3. Nein danke, dieser Pullover ist zu dünn. Ich suche einen _____ .
4. Der Weg ist mir zu lang. Kennst du keinen _____ ?
5. Der Job ist mir zu langweilig. Ich suche mir einen _____ .
6. Das Restaurant war nicht gut. Nächstes Mal gehen wir aber in ein _____ .
7. Das Brot ist schon hart. Hast du kein _____ ?
8. Der Wein ist nicht gut. Nächstes Mal kaufen wir einen _____ .

17 Superlativ:
Συμπληρώστε τα επίθετα στο σωστό τύπο.

1. ■ Wer läuft schneller, Judith, Sarah oder Hanna?
   ● Hanna läuft _____ .   schnell
2. ■ Was ist denn los?
   ● Mein Gott, wir haben die _____ Sache vergessen.   wichtig
3. ■ Das sind die _____ Schuhe, die ich je gekauft habe. teuer
   ● Es sind aber auch die_____ , die du je hattest. elegant
4. ■ Was sind denn Ihre _____ Reisepläne?   neu
   ● Ich würde _____ nochmal nach Island fahren.   gern
5. ■ Wer ist die _____ Frau der Welt?   reich
   ● Ich glaube, die Königin von England.
6. ■ Wer ist denn der _____ Student im Kurs?   jung
   ● Jürgen.

18 Superlativ: Συμπληρώστε τα
επίθετα στο σωστό τύπο.

1. der _kürzeste_ Weg   kurz
2. die _____ Hotels   gut
3. ihre _____ Jeans   alt
4. die _____ Deutschen   viel
5. die _____ Aufgabe   schwierig
6. meine _____ Schwester   jung
7. der _____ Berg   hoch
8. der _____ Fluss   lang

19 Απαντήστε.

1. Was machen Sie am liebsten?
2. Was können Sie am besten?
3. Was mögen Sie am wenigsten?
4. Was essen Sie am meisten?
5. Welche Schauspielerin finden Sie
   am schönsten?
6. Welchen Film finden Sie am
   interessantesten?

20 Κάντε συγκρίσεις.

1. Empire State Building – Eiffelturm –
   hoch sein
   *Das Empire State Building ist höher
   als der Eiffelturm.*

2. Elefant – Giraffe – dick sein

3. Wohnungen in München –
   Wohnungen in Hamburg – teuer
   sein

4. der ICE in Deutschland – der TGV
   in Frankreich – schnell fahren

5. Eis in Italien – Eis in Deutschland –
   gut schmecken

6. Katze – Maus – groß sein

7. Paris – Rom – mir gut gefallen

8. Eva – Angela – schnell schwimmen

21 Επίθετα και μετοχές σαν ουσιαστικά: Συμπληρώστε τις προτάσεις.

1. Beim Oktoberfest in München gibt es immer viele _Betrunkene_ (betrunken).
2. Die Zahl der _____ (arbeitslos) in Deutschland steigt.
3. Während des Sommers kommen viele _____ (fremd) nach Bayern.
4. Das _____ (schlimm; Superlativ) ist, dass ich so vergesslich bin.
5. Alle _____ (angestellt) in Deutschland haben eine Krankenversicherung.
6. _____ (rothaarig) haben meistens eine helle Haut.
7. Seit er so schwer krank ist, lebt er wie ein _____ (gefangen) in seiner Wohnung.
8. Das _____ (schön; Superlativ) in Bayern sind die Berge.
9. Die _____ (deutsch) trinken mehr Kaffee als Tee.
10. Der Autor begrüßte alle _____ (anwesend) und begann mit seinem Vortrag.

22 Συμπληρώστε. ▶*Άρθρα* σελίδες 108–110, 145–147

verliebt	ein	_Verliebter_	–	_Verliebte_
arbeitslos	die	_____	alle	_____
neugierig	eine	_____	diese	_____
intellektuell	die	_____	alle	_____
verwandt	der	_____	zwei	_____
blind	die	_____	–	_____
anwesend	ein	_____	viele	_____
böse	eine	_____	manche	_____
bekannt	ein	_____	–	_____

23 Σχηματίστε ουσιαστικά και εξηγήστε τα.

krank	~~jugendlich~~	tot	betrunken	vorgesetzt
~~schwarz~~		schuldig	abwesend	gefangen
arbeitslos	geizig	blond	reisend	verliebt

Ein Schwarzer ist ein Mensch mit dunkler Hautfarbe.
Jugendliche sind ...
...

2.4 Το ουσιαστικό · Nomen
Αριθμοί · Zahlen

Απόλυτα αριθμητικά · Kardinalzahlen

0	null	21	einundzwanzig
1	eins	22	zweiundzwanzig
2	zwei		...
3	drei	30	**dreißig**
4	vier	40	vierzig
5	fünf	50	fünfzig
6	sechs	60	**sechzig**
7	sieben	70	**siebzig**
8	acht	80	achtzig
9	neun	90	neunzig
10	zehn	100	(ein)hundert
11	**elf**	101	(ein)hunderteins
12	**zwölf**	110	(ein)hundertzehn
13	dreizehn		...
14	vierzehn	1 000	(ein)tausend
15	fünfzehn	10 000	zehntausend
16	**sechzehn**	100 000	(ein)hunderttausend
17	**siebzehn**	1 000 000	eine Million, -en
18	achtzehn	1 000 000 000	eine Milliarde, -n
19	neunzehn		
20	**zwanzig**		

Ο αριθμός 1 κλίνεται σαν το αόριστο άρθρο *ein* / *eine*, όταν βρίσκεται μπροστά από ουσιαστικό:

Ich trinke pro Tag nur *eine* Tasse Kaffee.

![blue bar] **Τακτικά αριθμητικά • Ordinalzahlen**

1.	der, die, das	erste	20.	der, die, das	zwanzigste
2.		zweite	21.		einundzwanzigste
3.		dritte	...		
4.		vierte	99.		neunundneunzigste
5.		fünfte	100.		hundertste
6.		sechste	101.		hunderterste
7.		siebte	...		
8.		achte	1 000.		tausendste
9.		neunte	1 001.		tausenderste
10.		zehnte	...		
11.		elfte			
...					
19.		neunzehnte			

1. έως 19.: **-te**   20. έως ...: **-ste**

Τα τακτικά αριθμητικά κλίνονται σαν επίθετα:

Er kommt am *fünfzehnten* Mai.
Das ist mein *dritter* Versuch.

![blue bar] **Αριθμητικά - Επιρρηματικοί προσδιορισμοί**

Ich möchte nicht mehr Ski fahren.
Erstens kann ich es nicht gut und *zweitens* ist es teuer.

Weißt du, wer mich gerade angerufen hat?
Dreimal darfst du raten.

Ich brauche diesen Brief in *dreifacher* Kopie.

erstens	πρώτον	einmal	μια φορά	einfach	απλό
zweitens	δεύτερον	zweimal	δυο φορές	zweifach/doppelt	διπλό
drittens	τρίτον	dreimal	τρεις φορές	dreifach	τριπλό
viertens	τέταρτον	viermal	τέσσερις φορές	vierfach	τετραπλό
...		...		...	

Κλάσματα, μέτρα, σταθμά, χρήματα

γράφουμε	*λέμε*
0,5	null Komma fünf
1/2	ein halb
1/3	ein Drittel
1/4	ein Viertel
1 1/2	eineinhalb (επίσης: anderthalb)
2 1/2	zweieinhalb
1 mm	ein Millimeter
1 cm	ein Zentimeter
1 m	ein Meter
1,30 m	ein Meter dreißig
1 km	ein Kilometer
60 km/h	sechzig Stundenkilometer
1 m²	ein Quadratmeter
1 g	ein Gramm
1 kg	ein Kilo(gramm)
2 Pfd.	zwei Pfund = ein Kilo (1 Pfund = 500 Gramm)
1 l	ein Liter
1%	ein Prozent
1°	ein Grad (Celsius)
−5°	minus fünf Grad / fünf Grad unter Null
+2°	plus zwei Grad / zwei Grad über Null
3,50 EUR	drei Euro fünfzig
−,30 EUR	dreißig Cent
8,20 SF	acht Franken zwanzig
−,40 SF	vierzig Rappen (Ελβετία)

Χρονικοί προσδιορισμοί

Η ώρα

γράφουμε	λέμε (επίσημα) *	λέμε (ανεπίσημα)
8.05	acht Uhr fünf	fünf nach acht
8.15	acht Uhr fünfzehn	Viertel nach acht
8.20	acht Uhr zwanzig	zwanzig nach acht
8.30	acht Uhr dreißig	halb neun
8.40	acht Uhr vierzig	zwanzig vor neun
8.45	acht Uhr fünfundvierzig	Viertel vor neun
8.55	acht Uhr fünfundfünfzig	fünf vor neun
21.30	einundzwanzig Uhr dreißig	halb zehn
0.05	null Uhr fünf	fünf nach zwölf

die Sekunde, -n	sekundenlang
die Minute, -n	minutenlang
die Stunde, -n	stundenlang

* Ο επίσημος τρόπος χρησιμοποιείται στο ραδιόφωνο, την τηλεόραση, τους σταθμούς τρένων και τα αεροδρόμια.

Η ημερομηνία

γράφουμε	λέμε
1998	neunzehnhundertachtundneunzig
1. April	erster April – Heute ist der erste April.
1. 4.	erster Vierter – Heute ist der erste Vierte.
7. Mai 1975	Ich bin am siebten Mai neunzehnhundertfünfundsiebzig geboren.
7. 5. 1975	Ich bin am siebten Fünften neunzehnhundertfünfundsiebzig geboren.
Berlin, den 12. 6. 1980	Berlin, den zwölften Sechsten neunzehnhundertachtzig

Ημέρες, μήνες, εποχές

ημέρες της εβδομάδας	der/am Sonntag	sonntags
	der/am Montag	montags
	der/am Dienstag	dienstags
	der/am Mittwoch	mittwochs
	der/am Donnerstag	donnerstags
	der/am Freitag	freitags
	der/am Samstag	samstags
	der Wochentag, -e	werktags
	das/am Wochenende	–
	der Tag, -e	tagelang
	die Woche, -n	wochenlang

Am Sonntag fahren wir in die Berge. = am nächsten Sonntag
Sonntags schlafe ich immer länger. = jeden Sonntag

ημέρα χρονικοί περίοδοι της ημέρας	der/am Tag, -e	tagsüber
	der/am Morgen	morgens
	der/am Abend, -e	abends
	der/am Vormittag, -e	vormittags
	der/am Nachmittag, -e	nachmittags
	die/**in** der Nacht, ¨e	nachts
	der/am Mittag	mittags
	um Mitternacht	–

Προσοχή στην ορθογραφία: der/am Sonntagmorgen, sonntagmorgens

μήνες	der/im Januar	der/im Juli
	der/im Februar	der/im August
	der/im März	der/im September
	der/im April	der/im Oktober
	der/im Mai	der/im November
	der/im Juni	der/im Dezember

εποχές	der/im Frühling	der/im Herbst
	der/im Sommer	der/im Winter
	das Jahr, -e	jahrelang
	das Jahrzehnt, -e	jahrzehntelang
	das Jahrhundert, -e	jahrhundertelang

▶ Ασκήσεις 1–5

1 Γράψτε τα ποσά ολογράφως.

1. 39,90 EUR — *neununddreißig Euro neunzig*
2. 99,30 EUR — _____
3. 119,– SF — _____
4. 680,– EUR — _____
5. 3,15 EUR — _____
6. 4,10 SF — _____
7. 29,– EUR — _____
8. 5,20 EUR — _____
9. 4,80 SF — _____
10. 39,– EUR — _____

2 Γράψτε την ώρα (με τον επίσημο και ανεπίσημο τρόπο).

1. 23.10 Uhr — *Es ist dreiundzwanzig Uhr zehn. / Es ist zehn nach elf.*
2. 8.30 Uhr — _____
3. 15.45 Uhr — _____
4. 21.05 Uhr — _____
5. 6.40 Uhr — _____
6. 9.15 Uhr — _____
7. 11.20 Uhr — _____
8. 1.15 Uhr — _____
9. 7.55 Uhr — _____
10. 22.10 Uhr — _____

3 Γράψτε τις ημερομηνίες.

1. Wann ist Johann Wolfgang von Goethe geboren? 28.8.1749
   Am achtundzwanzigsten Achten siebzehnhundertneunundvierzig.
2. Wann ist Johann Sebastian Bach geboren? 21.3.1685
3. Wann ist Ludwig van Beethoven geboren? 17.12.1770
4. Wann ist Caspar David Friedrich geboren? 5.9.1774
5. Wann ist Otto Graf von Bismarck geboren? 1.4.1815
6. Wann ist Thomas Mann geboren? 6.6.1875
7. Wann ist Franz Marc geboren? 8.2.1880
8. Wann ist Bertolt Brecht geboren? 10.2.1898
9. Und Sie? Wann sind Sie geboren?
10. Wann sind Ihr Vater und Ihre Mutter geboren?

4 Γράψτε τις ημερομηνίες ολογράφως.

1. Wien, den 21. 3. 1988
2. Bis wann muss ich das Formular abgeben? – Bis spätestens 31. 12.
3. Wann fliegen Sie nach Sydney? – Am 30. 7.
4. Wann habt ihr geheiratet? – Am 22. 2. 1965.
5. Wann ist dieses Buch erschienen? – 1998.
6. Der Wievielte ist heute? – Der 4.
7. Wann werden Sie zurück sein? – Nicht vor dem 12.
8. Wie lange ist das Geschäft geschlossen? – Vom 1. 8. bis 24. 8.

5 Συμπληρώστε τις προτάσεις.

1. Geben Sie mir bitte
   _zwei Kilo_____ (2 kg) Kartoffeln
   und _____ (1 Pfd.)
   Karotten.

2. Mein Bett ist _____ (2 m)
   lang und _____ (1,20 m)
   breit.

3. _____ (jeden Montag)
   muss ich immer etwas länger im
   Büro bleiben.

4. Diese Schuhe sind von sehr
   guter Qualität. Sie sind sogar
   _____ (2 x) genäht.

5. Ich habe gestern_____
   (4 x) bei dir angerufen, aber du
   warst nie zu Hause.

6. Deutsches Bier hat durchschnittlich
   _____ (6 %) Alkohol.

7. Letzte Nacht war es sehr kalt.
   Es hatte _____ (–10°).

8. Kannst du mir bitte _____
   (3 l) Milch mitbringen, wenn du
   einkaufen gehst?

9. _____ (jeden Morgen)
   trinke ich lieber Kaffee,
   _____ (jeden Nach-
   mittag) lieber Tee.

10. Ich habe _____
    (viele Jahre) auf diese Gelegenheit
    gewartet.

11. Das ist schon mein _____
    (3.) Versuch, ihn telefonisch zu
    erreichen.

12. Ungefähr _____ (1/3)
    meiner Studenten spricht schon
    sehr gut Deutsch.

2.5 Το ουσιαστικό · Nomen

Αντωνυμίες · Pronomen

Με τις αντωνυμίες μπορούν ν' αντικατασταθούν όροι της πρότασης, ολόκληρες προτάσεις και κείμενα. Μπορούμε να επαναλάβουμε έτσι κάτι που έχουμε ήδη αναφέρει.

■ Ich habe mir eine neue Uhr gekauft.
● Zeig mal. **Die** ist aber sehr schön.   *αντί:* **Die neue Uhr** ist aber sehr schön.

■ Glaubst du, dass wir den nächsten
   Zug noch erreichen können?
● Ich weiß **es** nicht.   *αντί:* Ich weiß nicht, **ob wir den nächsten Zug noch erreichen können.**

■ *κάποιος διηγείται τα όσα έζησε*
   στις διακοπές
● **Das** ist ja wirklich interessant!   *αντί να επαναλάβουμε όλα όσα ήδη έχουν ειπωθεί*

Είδη αντωνυμιών

Προσωπικές αντωνυμίες ▶σελίδα 144

ich, du, er, sie, es …	Wo ist der Hausschlüssel? Hast *du* ihn?
+ *πρόθεση*	Ich komme gleich. Warte bitte *auf mich*.

Αντωνυμίες που κλίνονται σαν το οριστικό άρθρο ▶σελίδες 145–147

der, die, das, die	Das Kleid dort, *das* finde ich schön.
dieser, diese, dieses, diese	Welcher Hut gefällt dir? – *Dieser* da.
(jener, jene, jenes, jene)	*απαρχαιωμένος τύπος*
jeder, jede, jedes, alle	Das kann doch *jeder*! Das wissen doch schon *alle*.

mancher, manche, manches, manche	Hier muss ich dir noch *manches* erklären. *χρησιμοποιείται συνήθως στον πληθυντικό αριθμό:* *Manche* machen das noch falsch.
viele (*Plural*)	Es waren ziemlich *viele* da.
wenige (*Plural*)	Diesmal sind nur *wenige* gekommen.
beide (*Plural*)	Ja, es waren *beide* da.
einige (*Plural*)	*Einige* haben abgesagt.
einer, eine, eins, welche	Hast du ein Wörterbuch? – Ja, zu Hause habe ich *eins*.
keiner, keine, keins, keine	Nein, ich habe auch *keins*.
irgendeiner, irgendeine, irgendeins, irgendwelche	*Irgendeiner* wird sich schon melden.
meiner, meine, meins, meine*	Dieses Fahrrad da? Nein, das ist nicht *meins*.
welcher, welche, welches, –	Soll ich Milch kaufen? – Nein, wir haben noch *welche*.

* Στην κατηγορία αυτή ανήκουν επίσης: deiner, seiner, ihrer/Ihrer, uns(e)rer, eurer.

Αντωνυμίες με δική τους κλίση ▶σελίδα 148

man	*Man* soll sich nicht zu früh freuen.
jemand, niemand	Ist *jemand* da?
wer	Siehst du *wen*? – Ja, da ist *wer*.
viel, wenig	Ich habe heute nur *wenig* gegessen.
alles (*Singular*)	Ich habe leider fast *alles* vergessen.
etwas, nichts	Siehst du *etwas*? – Nein, *nichts*.

Ερωτηματικές αντωνυμίες ▶σελίδες 149–150

warum	wohin	was	was für ein
wann	über wen	wie	wie viel
woher	worüber	wer	wie viele
wo	wen	wem	welcher

Αυτοπαθείς αντωνυμίες ▶σελίδα 151

mich	uns
dich	euch
sich	

Αναφορικές αντωνυμίες ▶σελίδες 151–153

der, die, das, was, wo, wofür, für den …

Η λέξη *es* ▶σελίδες 154–155

Προσωπικές αντωνυμίες • Personalpronomen

Οι προσωπικές αντωνυμίες αντικαθιστούν ουσιαστικά. Έτσι μπορούμε να αποφύγουμε την επανάληψη των ουσιαστικών και να δώσουμε καλύτερη ροή στο κείμενο.

| Abends las | *die Großmutter* | *den Kindern* | immer Geschichten vor. |
| Abends las | *sie* | *ihnen* | immer Geschichten vor. |

	Singular					**Plural**		
Nominativ	ich	du	er	sie	es	wir	ihr	sie/Sie
Akkusativ	mich	dich	ihn	sie	es	uns	euch	sie/Sie
Dativ	mir	dir	ihm	ihr	ihm	uns	euch	ihnen/Ihnen
Genitiv	*χρησιμοποιείται σπάνια*							

Στα γερμανικά υπάρχουν στο γ΄ ενικό πρόσωπο τρεις προσωπικές αντωνυμίες. Αντιστοιχούν στα τρία γένη: αρσενικό (*er*), θηλυκό (*sie*) και ουδέτερο (*es*). Αντίθετα με τα ελληνικά, στο γ΄ πληθυντικό πρόσωπο υπάρχει μόνο μία προσωπική αντωνυμία, το *sie*, που χρησιμοποιείται και για τα τρία γένη.

▶Ασκήσεις 1–6

Σημείωση: Σχετικά με τη χρήση των προσωπικών αντωνυμιών *du, ihr, euch, Sie* και *Ihnen*
- Το *du* (ενικός), το *ihr* και το *euch* (πληθυντικός) χρησιμοποιούνται όταν απευθυνόμαστε σε παιδιά, φίλους και συγγενείς.
- Το *Sie* και το *Ihnen* (πληθυντικός ευγενείας) χρησιμοποιούνται όταν απευθυνόμαστε σ' έναν ή περισσότερους άγνωστους ενήλικες. Αυτές οι αντωνυμίες γράφονται πάντα με κεφαλαίο. Προσέξτε ότι ο πληθυντικός ευγενείας στα γερμανικά δε σχηματίζεται με το β΄ πληθυντικό, όπως στα ελληνικά, αλλά με το γ΄ πληθυντικό πρόσωπο.

Αντωνυμίες που κλίνονται σαν το οριστικό άρθρο

Υπενθύμιση – Memobox 1

οριστικά άρθρα

	m.	f.	n.	Pl.
Nom.	-r			
		-e	-s	-e
Akk.	-n			
Dat.	-m		-m	-n
		-r		
Gen.	-s		-s	-r

Αντωνυμίες	Παραδείγματα

der, die, das, die
- ■ Das Bild gefällt mir gut.
- ● Welches meinst du?

στην αρχή της πρότασης τονίζεται ιδιαίτερα
- ■ *Das* dort rechts in der Ecke.

- ■ Siehst du den Typ da?
- ● *Den* kenne ich nicht. Wer ist *das*?

- ■ Warum ist dein Mann nicht mitgekommen?
- ● Er ist doch krank.
- ■ Ach so, *das* habe ich nicht gewusst.

dieser, diese, dieses, diese
- ■ Dieses Buch hier finde ich langweilig. Hast du kein interessanteres für mich?
- ● Doch, schau mal, *dieses* hier könnte dir gefallen.

145

Διαβάστε προσεκτικά τα παραδείγματα και συγκρίνετε τη χρήση των διάφορων αντωνυμιών:

Wie findest du **die** Vase?	**Sie** ist sehr schön.	**Die** finde ich sehr schön.
άρθρο *ο ομιλητής δείχνει μόνο ένα βάζο*	*προσωπική αντωνυμία* *δεν τονίζεται*	*δεικτική αντωνυμία* *τονίζεται*

Wie findest du **diese** weiße Vase?	**Sie** ist sehr schön.	**Diese** finde ich sehr schön, aber die andere nicht.
δεικτική αντωνυμία *υπάρχουν μερικά βάζα για επιλογή*	*προσωπική αντωνυμία* *δεν τονίζεται*	*δεικτική αντωνυμία* *τονίζεται (ξεχωρίζει αυτό το βάζο από άλλα)*

Αντωνυμίες	Παραδείγματα
jeder, jede, jedes (Singular) **alle** (Plural)	▪ Ich arbeite zur Zeit *jedes* Wochenende. ● Das wissen schon *alle*.
mancher, manche, manches, manche	▪ Haben Sie alle Wörter verstanden? ● Nein, *manche* nicht.
viele, wenige (Plural)	▪ Heute waren wenige Studenten da, aber relativ *viele* im Vergleich zu anderen Tagen.
beide (Plural)	▪ Kommst du mit beiden Kindern oder lässt du deinen Sohn allein zu Hause? ● Nein, ich bringe *beide* mit.
einige (Plural)	▪ Kommen in Ihrer Klasse alle pünktlich zum Unterricht? ● Nein, *einige* kommen immer zu spät.

Αντωνυμίες	Παραδείγματα

einer, eine, eins,
welche

▪ Das ist aber ein schönes Taschenmesser!
● Ja, ich hätte auch gern so *eins*.

▪ Hast du Bücher von Goethe?
● Ja, natürlich habe ich *welche*. Soll ich
 dir *eins* leihen?

keiner, keine, keins,
keine

▪ Was, du hast wirklich kein Taschenmesser?
● Nein, ich darf mir *keins* kaufen.
▪ Gut, dann schenke ich dir *eins*.

irgendeiner, irgendeine,
irgendeins,
irgendwelche

▪ Hast du irgendein deutsches Buch, das du
 mir leihen könntest?
● Ja, klar. Was liest du gern?
▪ Gib mir *irgendeins*, das leicht zu verstehen ist.

meiner, meine, meins,
meine

▪ Gib her, das ist mein Ball.
● Nein, das ist nicht *deiner*, das ist *meiner*.

welcher, welche, welches,
(δεν έχει πληθυντικό)

▪ Soll ich Bier vom Einkaufen mitbringen?
● Nein, wir haben noch *welches*.*

---

* Η αντωνυμία *welch-* αντικαθιστά ουσιαστικά που δε μετριούνται. Στο παράδειγμά μας δε μετράμε
 την ίδια τη μπίρα, αλλά τα λίτρα, τα μπουκάλια ή τα ποτήρια κλπ., που την περιέχουν.

▶ Ασκήσεις 7–12

Αντωνυμίες με δική τους κλίση

Αντωνυμίες	Κλίση		Παραδείγματα
man	Nom.	man	*Man* macht im Urlaub nur, was *man* gerne tut.
	Akk.	einen	Diese laute Musik kann *einen* ziemlich stören. *(ποτέ στην αρχή της πρότασης!)*
	Dat.	einem	Im Urlaub macht man nur, was *einem* gefällt. *(ποτέ στην αρχή της πρότασης!)*
jemand, niemand	Nom.	jemand, niemand	Leider hat mir *niemand* geholfen.
	Akk.	jemand(en), niemand(en)	Ja, ich sehe *jemand* dort hinten.
	Dat.	jemand(em), niemand(em)	Ich leihe *niemand* mein neues Auto.

Οι τύποι σε *-en*/*-em* χρησιμοποιούνται σπανιότερα.

wer	Nom.	wer	Achtung, da kommt *wer*. [= κάποιος]
	Akk.	wen	Siehst du *wen*?
	Dat.	wem	Gib das (irgend)*wem*. Ich brauche es nicht mehr.
viel, wenig	Nom.	viel/vieles wenig	*Viel/Vieles* war mir neu. Ihm hat nur *wenig* in diesem Geschäft gefallen.
	Akk.	viel/vieles wenig	Ich habe *viel/vieles* nicht verstanden. Ich habe nur *wenig* verstanden.
	Dat.	vielem wenigem	Er war mit *vielem* nicht einverstanden. Er war nur mit *wenigem* einverstanden.
alles	Nom.	alles	*Alles*, was er sagte, war interessant.
	Akk.	alles	Ich habe *alles* gesehen.
	Dat.	allem	Ich bin mit *allem* einverstanden.
etwas, nichts	Nom.	■	Haben Sie heute schon *etwas* gegessen?
		●	Nein, noch *nichts*.

▶ Ασκήσεις 13–14

Ερωτηματικές αντωνυμίες •
Fragepronomen

ερωτηματική αντωνυμία		ερώτηση για ...
Warum kommst du so spät? ● Weil ich verschlafen habe.	γιατί	αιτία (αιτιολογική)
Wann bist du aufgewacht? ● Um 11.00 Uhr.	πότε	χρόνο (χρονική)
Woher kommen Sie? ● Aus Argentinien. **Wo** sind Sie geboren? ● In Buenos Aires. **Wohin** fahren Sie im Urlaub? ● Nach Brasilien.	από πού πού προς τα πού	τόπο (τοπική)
Wie geht es Ihnen? ● Danke, gut.	πώς	τρόπο (τροπική)
Wer sitzt da in deinem Auto? ● Das ist mein Bruder.	ποιος, ποια, ποιοι, ποιες	πρόσωπο (Nominativ)
Was hat dir am besten geschmeckt? ● Die Suppe.	τι	πράγμα (Nominativ)
Wen habt ihr gestern Abend getroffen? ● Meinen Kollegen.	ποιον, ποια, ποιους ποιες	πρόσωπο (Akkusativ)
Was habt ihr am Abend gemacht? ● Wir sind in die Disco gegangen.	τι	πράγμα (Akkusativ)
Wem hast du dein Fahrrad geliehen? ● Meiner Freundin.	σε ποιον	πρόσωπο (Dativ)

Ερώτηση προσδιορισμού

Με αυτόν τον τύπο ερώτησης ζητάμε τον προσδιορισμό του είδους ή της ποσότητας κάποιων πραγμάτων. Δείτε και τα παραδείγματα:

■ Guten Tag, ich hätte gern eine
   Flasche Wein.

● **Was für einen** möchten Sie?   τι είδος   γενική ερώτηση για το είδος

■ Einen französischen Rotwein.

● Da hätten wir zum Beispiel einen
   sehr guten Bordeaux oder Beaujolais.
   Welchen möchten Sie gern   ποιο από   επιλογή από μια
   probieren?   αυτά   καθορισμένη ποσότητα

■ **Wie viel** Geld hast du dabei?   πόσο (πόσα)   ουσιαστικό στον ενικό
● Ungefähr 100 Euro.

■ **Wie viele** Flaschen Wein hast du   πόσα   ουσιαστικό στον πληθυντικό
   gekauft?
● Drei.

Ερωτηματική αντωνυμία με πρόθεση

Όταν σχηματίζουμε ερώτηση με ρήμα που δέχεται εμπρόθετο αντικείμενο (π.χ. *sich ärgern über* + Akk.), τότε πρέπει να συμπεριλάβουμε και την πρόθεση στην ερώτηση. Υπάρχουν δύο διαφορετικοί τύποι ερωτηματικών αντωνυμιών με πρόθεση:

■ **Über wen** ärgerst du dich denn jetzt   ερώτηση για ένα πρόσωπο
   schon wieder?
● Über meinen Freund.
   Er hat nie Zeit für mich.

■ **Worüber** ärgerst du dich denn so?   αόριστη ερώτηση
● Über meine schlechte Note in der
   Prüfung.

▶ *Ρήματα με προθέσεις σελίδες 83–88*

ευθεία ερώτηση	πλάγια ερώτηση
• *με ερωτηματική αντωνυμία (W-Frage)* **Was** machen Sie heute Abend?	Darf ich Sie fragen, **was** Sie heute Abend machen?
• *χωρίς ερωτηματική αντωνυμία (Ja- / Nein-Frage)* Gehst du heute Abend mit ins Kino?	Sie möchte wissen, **ob** ich mit ins Kino gehe.

▶ Ασκήσεις 15–19

Αυτοπαθείς αντωνυμίες • Reflexivpronomen

Η αυτοπαθής αντωνυμία χρησιμοποιείται με τα μέσα ρήματα. Εμφανίζεται είτε σε Akkusativ είτε σε Dativ:

Ich habe **mich** im Urlaub gut erholt.	*sich erholen*	(αντωνυμία σε Akkusativ)
Ich wasche **mir** die Hände.	*sich waschen*	(αντωνυμία σε Dativ)

	Singular			**Plural**		
	ich	du	er, sie, es	wir	ihr	sie/Sie
Akkusativ	↓	↓	↓	↓	↓	↓
Dativ	mich	dich	sich	uns	euch	sich
	mir	dir	sich	uns	euch	sich

▶ *Μέσα ρήματα* σελίδες 52–54

Αναφορικές αντωνυμίες • Relativpronomen

Χρήση Με μια αναφορική πρόταση μπορούμε να περιγράψουμε με μεγαλύτερη ακρίβεια ένα πρόσωπο ή ένα πράγμα.
Η αναφορική πρόταση μπορεί να αναφέρεται σε ουσιαστικό, σε αντωνυμία ή σε ολόκληρη πρόταση.

Das ist mein Freund. Er spielt sehr gut Klavier.	*κύρια πρόταση + κύρια πρόταση*
Das ist mein Freund, **der** sehr gut Klavier spielt.	*κύρια πρόταση + δευτερεύουσα πρόταση*

λέξη στην οποία γίνεται αναφορά   αναφορική αντωνυμία

Das ist mein Freund. Ich habe ihn im Urlaub kennen gelernt.	*κύρια πρόταση + κύρια πρόταση*
Das ist mein Freund, **den** ich im Urlaub kennen gelernt habe.	*κύρια πρόταση + δευτερεύουσα πρόταση*

λέξη στην οποία γίνεται αναφορά   αναφορική αντωνυμία

Η λέξη στην οποία γίνεται αναφορά, καθορίζει το γένος (= αρσενικό, θηλυκό, ουδέτερο) και τον αριθμό (= ενικός, πληθυντικός) της αναφορικής αντωνυμίας.

Η πτώση της αναφορικής αντωνυμίας εξαρτάται από τη συντακτική θέση της στη δευτερεύουσα πρόταση. Ρωτάμε κάθε φορά: Είναι υποκείμενο (= Nominativ), είναι αντικείμενο (= Akkusativ ή Dativ) ή είναι ένας προσδιορισμός σε Genitiv;

151

Κλίση

	maskulin	feminin	neutrum	Plural
Nominativ	der	die	das	die
Akkusativ	den	die	das	die
Dativ	dem	der	dem	den**en**
Genitiv	des**sen**	der**en**	des**sen**	der**en**

Οι τύποι της αναφορικής αντωνυμίας είναι ίδιοι με εκείνους του οριστικού άρθρου *der / die / das*. Εξαιρούνται Genitiv και Dativ (Plural).

Η αναφορική αντωνυμία *der / die / das* αναφέρεται συνήθως σε ουσιαστικό. Υπάρχουν όμως και άλλες αναφορικές αντωνυμίες όπως το *wo* και το *was*. Ας δούμε τη χρήση όλων την αναφορικών αντωνυμιών:

Η αναφορική πρόταση αναφέρεται σε ένα ουσιαστικό

η αναφορική αντωνυμία έχει θέση υποκείμενου (Nominativ)
Das ist der Freund, **der** sehr gut Klavier spielt.

η αναφορική αντωνυμία έχει θέση αντικείμενου (Akkusativ)
Das ist der Freund, **den** ich im Urlaub kennen gelernt habe.

η αναφορική αντωνυμία έχει θέση αντικείμενου (Dativ)
Das ist der Freund, **dem** ich schon viel von dir erzählt habe.

η αναφορική αντωνυμία είναι προσδιορισμός σε Genitiv
Das ist der Freund, **dessen** Foto dir so gut gefallen hat.

όταν έχουμε ρήμα με πρόθεση στην αναφορική πρόταση
Der Pianist, **von dem** ich dir erzählt habe, heißt Antonio Vargas.

αναφερόμαστε σε κάποιο τόπο
Das ist das Haus, **in dem/wo** Mozart geboren ist.

αναφερόμαστε σε ονόματα χωρών και πόλεων
Das ist Salzburg, **wo** Mozart geboren ist.
Berlin, **wohin** wir im Sommer gefahren sind, ist eine tolle Stadt.
Grünau, **woher** mein Vater kommt, liegt bei Berlin.

αναφερόμαστε σε ουσιαστικοποιημένο επίθετο υπερθετικού βαθμού
Das ist das Beste, **was** du machen konntest.

Η αναφορική πρόταση αναφέρεται σε αντωνυμία

μετά από τις αντωνυμίες *das, etwas, nichts, alles, vieles …*
Er sagte mir alles, **was** er wusste.

όταν έχουμε ρήμα με πρόθεση στην αναφορική πρόταση και αναφερόμαστε σε πράγμα
Es gibt vieles, **wofür** ich mich interessiere.

μετά από τις αντωνυμίες *jemand, niemand, einer, keiner …*
Vor der Tür steht jemand, **der** dich sprechen will.

όταν έχουμε ρήμα με πρόθεση στην αναφορική πρόταση και αναφερόμαστε σε πρόσωπο
Es gibt hier niemand, **auf den** ich mich wirklich verlassen kann.

Η αναφορική πρόταση αναφέρεται σε ολόκληρη πρόταση

Endlich hat er mein Auto repariert, **was** ich mir seit langem gewünscht habe.

όταν έχουμε ρήμα με πρόθεση στην αναφορική πρόταση
Endlich hat er mein Auto repariert, **worauf** ich schon lange gewartet habe.

Η αναφορική πρόταση μπαίνει αμέσως μετά τη λέξη, στην οποία αναφέρεται, παρεμβάλλεται δηλαδή στην κύρια. Εάν η αναφορική πρόταση είναι πολύ μεγάλη ή ακολουθούν μετά μόνο μια δυο λέξεις της κύριας πρότασης, τότε είναι προτιμότερο να τελειώσουμε πρώτα την κύρια πρόταση και να ακολουθήσει η αναφορική.

Gestern habe ich endlich Gabis neuen Freund, von dem sie mir schon so viel erzählt hat, getroffen.
καλύτερα:
Gestern habe ich endlich Gabis neuen Freund getroffen, von dem sie mir schon so viel erzählt hat.

▶ Ασκήσεις 20–27

Η λέξη *es*

Η λέξη *es* μπορεί να έχει τρεις χρήσεις:

Αντωνυμία (το *es* είναι υποχρεωτικό)

■ Wo ist mein Wörterbuch?
● **Es** liegt doch dort auf dem Tisch.*

Σαν προσωπική αντωνυμία αντικαθιστά ουσιαστικά ουδέτερου γένους (σε Nominativ ή Akkusativ).

ή:
● Ich sehe **es** auch nicht.*

■ Wer ist der Mann?
● Ich weiß nicht, wer das ist.
ή:
● Ich weiß **es** nicht.*

Αντικαθιστά μια δευτερεύουσα πρόταση.

■ Mir gefällt **es** nicht, wenn du immer zu spät zum Essen kommst.

Το es μπορεί να προαναγγείλει μια δευτερεύουσα πρόταση, η οποία αποτελεί υποκείμενο ή αντικείμενο της κύριας πρότασης.

* Σ' αυτές τις προτάσεις μπορούμε να αντικαταστήσουμε το *es* και με το *das*. Το *das* βρίσκεται πάντα στην αρχή της πρότασης, ενώ το *es* σε πτώση Akkusativ δεν μπαίνει ποτέ στην αρχή της πρότασης.
Das liegt doch dort auf dem Tisch.
Das sehe ich auch nicht.
Das weiß ich nicht.

Τυπικό συμπλήρωμα μερικών ρημάτων (το *es* είναι υποχρεωτικό)

Υπάρχουν κάποια απρόσωπα ρήματα και εκφράσεις, που δεν έχουν υποκείμενο. Αυτό σημαίνει ότι δεν ενεργεί κανένας, δε γίνεται κανείς αιτία της πράξης, που εκφράζεται από το ρήμα. Σαν υποκείμενο τέτοιων απρόσωπων ρημάτων και εκφράσεων χρησιμοποιούμε το *es*.

Ας δούμε μερικά παραδείγματα:

Es regnet.	*καιρός*
Es klingelt.	*θόρυβοι*
Es ist spät. Es wird Abend. Es wird Winter.	*χρονικοί περίοδοι ημέρας και εποχές*
Es geht mir gut. Es ist mir kalt. Es gefällt mir. Es schmeckt mir. Es tut weh.	*προσωπική διάθεση*
Es gibt … Es ist notwendig … Es ist verboten … Es ist möglich … Es tut mir Leid …	*απρόσωπες εκφράσεις*
Ich habe es eilig.* Du machst es dir leicht.* Ich finde es hier schön.* Es handelt sich um …	*ιδιωματισμοί*

* Σε αυτές τις προτάσεις δεν μπορεί το *es* να βρίσκεται στην αρχή της πρότασης.

Στην αρχή της πρότασης (το *es* μπορεί να παραλειφθεί)

Ο βασικότερος κανόνας σύνταξης λέει ότι το ρήμα που κλίνεται μπαίνει στη δεύτερη θέση της πρότασης. Υπάρχουν όμως και προτάσεις, όπου όλοι οι όροι της πρότασης ακολουθούν το ρήμα. Στην περίπτωση αυτή τοποθετούμε στη θέση του πρώτου όρου της πρότασης τη λέξη *es*. Το *es* αυτό έχει μόνο συντακτική και όχι νοηματική σημασία κι έτσι μπορεί να παραλειφθεί αν στη θέση του βάλουμε κάποιον άλλο όρο της πρότασης.

Es warten schon die Gäste.
καλύτερα: Die Gäste warten schon.

Es wird hier eine neue Straße gebaut.
καλύτερα: Hier wird eine neue Straße gebaut.

▶ Ασκήσεις 28–29

1 Συμπληρώστε την προσωπική αντωνυμία σε Nominativ.

1. Wo ist Papa? – _Er_ ist im Wohnzimmer.
2. Wo sind die Kinder? – _____ spielen in ihrem Zimmer.
3. Was macht Oma? – _____ kocht.
4. Dieses Kleid ist mir zu teuer. _____ kostet 75,– Euro.
5. Kommst du morgen auch zur Party? – Nein, _____ kann leider nicht.
6. Und was macht ihr am Wochenende? – _____ wissen es noch nicht.
7. Wann kommt sie denn endlich? – _____ weißt doch, _____ kommt immer zu spät.
8. Kinder, _____ sollt doch nicht so laut sein. Opa will schlafen.

2 Η προσωπική αντωνυμία σε Akkusativ: Διατυπώστε ερωτήσεις και απαντήσεις.

-e Tasche		-s Geld
Schuhe (Pl.)	-r Mantel	
-r Kalender	-s Buch	
Schlüssel (Pl.)		-e Brille
-s Adressbuch		
Hunde (Pl.)	Antonia	

Wo ist denn meine Brille? Ich finde sie nicht.

...

3 Συμπληρώστε την προσωπική αντωνυμία σε Dativ.

1. Kannst du _____ bitte ein Glas aus der Küche mitbringen?
2. Wir haben schon verstanden. Mehr brauchst du _____ nicht zu erklären.
3. Wie geht es _____ ? Habt ihr immer noch so viel zu tun?
4. Du hast _____ wirklich viel geholfen. Ich weiß gar nicht, wie ich _____ dafür danken kann.
5. Frau Gärtner, ich kann _____ dabei leider nicht mehr helfen. Ich muss jetzt dringend weg.
6. Er ist immer so hilfsbereit. Deshalb helfe ich _____ auch immer.
7. Sie hat heute Geburtstag. Hast du _____ schon gratuliert?
8. Möchtest du wirklich nicht kommen? Überleg es _____ doch noch einmal.

4 Συμπληρώστε την προσωπική αντωνυμία σε Akkusativ.

1. ■ Ist Ingrid schon zu Hause?
   ● Ich weiß nicht, ich habe _____ noch nicht gesehen.
2. ■ Haben Sie schon mit Herrn Müller gesprochen?
   ● Nein, ich habe _____ noch nicht getroffen.
3. ■ Wissen Sie, dass sie ein neues Auto hat?
   ● Ja, ich habe _____ schon gesehen.
4. ■ Wie geht es deiner Mutter? Ist sie immer noch krank?
   ● Ich weiß nicht, ich habe _____ heute noch nicht angerufen.
5. ■ Wo ist mein Wörterbuch? Hast du _____ gesehen?
   ● Nein.
6. ■ Geben Sie mir doch mal bitte den Terminkalender.
   ● Wo ist er? Ich finde _____ nicht.

5 Συμπληρώστε την προσωπική αντωνυμία σε Nominativ (N), Akkusativ (A) ή Dativ (D).

Sehr geehrte Frau Bremer, sehr geehrter Herr Bremer,

wie geht es __Ihnen__ (D)? Wohin sind _____ (N) nach Ihrem Besuch bei _____ (D) noch gefahren? Hatten _____ (N) noch eine schöne Zeit in Portugal?

Ich habe mich sehr gefreut, _____ (A) nach so langer Zeit wieder zu sehen und ein paar Tage mit _____ (D) in unserem Haus am Meer zu verbringen. Es war eine sehr schöne Zeit, und ich denke noch oft daran.

_____ (D) geht es gut. _____ (N) bin nach dem Urlaub wieder nach Lissabon zurückgekehrt und habe leider zur Zeit viel Arbeit. Aber ich hoffe sehr, dass ich bald einmal Zeit habe, _____ (A) in Düsseldorf zu besuchen.

Herzliche Grüße   *Mariana*

---

6 Γράψτε την επιστολή της άσκησης 5 σε δύο φίλους.

Liebe Monika, lieber Heinrich,

wie geht es __euch__ (D)? Wohin seid ...

---

7 Γράψτε μικρούς διάλογους.

Im Kaufhaus. Irene und Christina brauchen noch ein paar Dinge für ihren Urlaub.

-r Sonnenhut   -e Sonnenbrille

-s T-Shirt   Sandalen (Pl.)

Badehandtücher (Pl.)

- r Minirock   -e Tasche

-r Badeanzug

■ Ich brauche noch einen Badeanzug. Wie findest du diesen hier?
● Den finde ich nicht so schön.
■ Und den hier?
● Der ist besser.
...

157

8 Γράψτε μικρούς διάλογους.

Im Möbelgeschäft. Herr und Frau Bertelsheim suchen Möbel für ihre neue Wohnung. Herr Bertelsheim hat immer etwas zu kritisieren.

klein	-s Bett -s Sofa
groß	-e Kommode
hässlich	-e Wanduhr
modern	-r Schrank
teuer breit	-r Teppich
altmodisch	Lampen (Pl.)
dunkel	-r Tisch

Wie findest du diesen Schrank?
Den da? Der ist viel zu groß.
…

9 Γράψτε μικρούς διάλογους.

-s Gasthaus	-r Bahnhof
-s Kino	-e Bäckerei
-e Bank	-r Kinderspielplatz
-r Strand	-s Hotel -e Kirche
	-r Arzt

Entschuldigen Sie bitte, gibt es hier in diesem Dorf ein Hotel?
Ja, hier gibt es eins.
ή:
Nein, hier gibt es keins.
…

10 Συμπληρώστε τις απαντήσεις.

1. Ist das Peters Kassette (f.)? – Ja, das ist *seine* .
2. Ist das Elisabeths Mantel (m.)? – Nein, das ist m_____ .
3. Ist das rote hier euer Auto (n.)? – Ja, das ist _____ .
4. Ist das Ihre CD (f.)? – Nein, das ist s_____ .
5. Ist das deine Brieftasche (f.)? – Ja, das ist _____ .
6. Ist das Theos Fahrrad (n.)? – Nein, das ist m_____ .
7. Ist das dein Bleistift (m.)? – Ja, das ist _____ .
8. Ist das Katharinas und Angelas Spielzeug (n.)? – Ja, das ist _____ .

11 Συμπληρώστε *ein-, welch-* ή *kein-* στο σωστό τύπο.

1. Ich brauche schnell einen Stift.
   Dort drüben liegt doch *einer* .
2. Möchtest du ein Eis?
   Nein danke, jetzt möchte ich _____ , ich habe vorhin erst _____ gegessen.
3. Was suchen Sie denn?
   Ein Glas. Ich hatte schon _____ , aber ich weiß nicht mehr, wo es ist.
   Kein Problem, dort hinten stehen noch _____ .
4. Das ist aber ein toller Pullover. So _____ hätte ich auch gern.
   Dann kauf dir doch auch _____ , es gibt noch _____ .
5. Wo sind denn die Zitronen?
   Ich habe _____ gekauft.
   Aber warum denn nicht?
   Es gab _____ mehr.

12 Συμπληρώστε τις καταλήξεις.

1. ■ Wohnst du schon lange hier in dies___ Stadt?
   ● Ja, seit mein___ Kindheit. Ich kenne hier jed___ Straße, jed___ Haus und natürlich all___ Leute, die in unser___ Haus leben. Einig___ von ihnen habe ich allerdings lange nicht mehr gesehen.

2. ■ Welcher Pullover gefällt Ihnen besser? Dies___ rote oder d___ blaue dort?
   ● Ich finde beid___ nicht schön. Schauen Sie doch mal, wie gefällt Ihnen dies___ hier?

3. ■ Magst du die Musik von Phil Collins?
   ● Manch___ Stücke finde ich ganz gut, aber nicht all___ .
   ■ Welche gefallen dir denn nicht?
   ● Dies___ langsamen finde ich schrecklich langweilig.

4. ■ Frau Rautmann ist doch wirklich super! Sie hilft all___ Studenten und ist immer so freundlich.
   ● Ja, das stimmt wirklich. Und dabei können einig___ von ihnen ganz schön nerven! Aber sie behält immer die Ruhe.

5. ■ Warum ziehst du denn immer dies___ hässliche Jacke an?
   ● Ich habe sonst kein___ .
   ■ Dann kauf dir doch mal ein___ neue. Gefällt sie denn dein___ Freundin?
   ● Ja, sie findet sie auch toll.

13 Συμπληρώστε *man, irgendeiner, einer, jemand, niemand, jeder, wer* στη σωστή πτώση.

1. Bitte stell das Telefon leise. Ich möchte jetzt schlafen und mit _____ sprechen.
2. Das ist nicht so schlimm. Das kann doch _____ mal passieren!
3. Könnte mir bitte _____ von euch kurz helfen? Ich muss diese Bücher hier in die Bibliothek bringen.
4. _____ nichts hat, dem kann _____ auch nichts nehmen. (Sprichwort)
5. _____ braucht nicht immer alles so zu machen wie die anderen.
6. Ach, da sind Sie ja, gerade hat _____ für Sie angerufen. Ich habe den Namen hier aufgeschrieben.
7. Tut uns Leid, aber heute hat _____ von uns Zeit, zur Firma Hellwig zu fahren. – Das gibt es doch nicht, _____ von Ihnen wird doch wohl eine halbe Stunde Zeit haben!
8. Die Reifen am Auto wechseln? Das ist doch kein Problem, das kann doch _____ ! Und _____ das nicht kann, muss eben dafür bezahlen.
9. Weiß _____ von Ihnen, wie spät es ist?
10. Dieser ewige Regen macht _____ ganz schön depressiv.

14 Συμπληρώστε *etwas, nichts, viel, wenig, alles* ή *viele, wenige*.

1. Ich kann leider keine großen Reisen machen. Ich verdiene nur _____ .
2. Du denkst immer, dass du _____ besser weißt.
3. Kannst du mir etwas über Goethe erzählen? Du weißt doch _____ über ihn.
4. Heute haben _____ Leute ein Auto.
5. Sie möchte wirklich Deutsch lernen, aber leider hat sie so _____ Zeit.
6. Ich weiß nicht, was er macht. Ich habe lange _____ von ihm gehört.
7. Was, mit nur so _____ Gepäck willst du vier Wochen in Urlaub fahren? Das reicht nie!
8. Ich habe Ihnen schon _____ gesagt, was ich weiß.
9. Ich habe in meiner Schulzeit schon Deutsch gelernt. Aber leider habe ich _____ vergessen und muss es jetzt noch einmal lernen.
10. Haben Sie _____ verstanden? – Nein, nicht sehr _____ .

15 Αντιστοιχίστε.

1	2	3	4	5	6	7

1. Wann kommst du zurück?
2. Wer hat das gesagt?
3. Mit wem hast du gerade telefoniert?
4. Woher kommen Sie?
5. Wie geht es Ihnen?
6. Was machen Sie am Samstag?
7. Warum lernst du so viel?

a   Mit meinem Freund.
b   Weil ich morgen eine Prüfung habe.
c   Ich fahre in die Berge.
d   Ungefähr in einer Stunde.
e   Mein Vater.
f   Aus Finnland.
g   Danke gut.

16 Συμπληρώστε τις ερωτηματικές αντωνυμίες.

1. _____ sind Sie heute früh aufgestanden? – Um sechs Uhr.
2. _____ hast du Frau Berger nicht gegrüßt? – Weil ich sie nicht gesehen habe.
3. _____ hast du morgen zum Abendessen eingeladen? – Julia.
4. _____ haben Sie Deutsch gelernt? – In der Schule.
5. _____ hat Ihnen der Film gefallen? – Sehr gut.
6. _____ Stadt hat Ihnen besser gefallen, Hamburg oder Berlin? – Berlin.
7. _____ hast du dein Auto geliehen? – Meinem Freund.
8. _____ hat denn gerade angerufen? – Mein Bruder.

17 Συμπληρώστε *welch-* ή *was für ein-* στο σωστό τύπο.

1. ■ _____ Fahrrad haben Sie sich denn gekauft?
   ● Ein Mountainbike.

2. ■ _____ Eis magst du lieber? Deutsches oder italienisches?
   ● Italienisches.

3. ■ _____ deutsche Oper gefällt dir am besten?
   ● Die Zauberflöte.

4. ■ _____ Computer soll ich mir denn kaufen?
   ● Da kann ich dir leider nicht helfen. Ich habe nicht viel Ahnung von Computern.

18 Διατυπώστε ερωτήσεις.

1. Ich fahre morgen nach XY.
   Wohin fahren Sie morgen?

2. Die Gäste kommen um XY Uhr.

3. Meine Freundin wohnt in XY.

4. Ich möchte lieber XY.

5. Ich denke immer noch oft an XY.

6. XY kommt uns am Wochenende besuchen.

7. Gestern habe ich XY getroffen.

8. Ich heiße XY.

9. Wir haben XY ein lustiges Buch geschenkt.

10. Mein Mann interessiert sich gar nicht für XY.

19 Διατυπώστε ερωτήσεις.

1. *Woher kommen Sie?* _____ – Aus Russland.
2. _____ – In Moskau.
3. _____ – Vor zwei Stunden.
4. _____ – Meinem Kind.
5. _____ – Auf den Bus.
6. _____ – Das ist die Brieftasche meines Vaters.
7. _____ – Der Polizist.
8. _____ – Im Hotel „Gloria".

20 Αντιστοιχίστε.

1. Ich mag gern Leute,
2. Sie interessiert sich für vieles,
3. Das ist meine Kollegin,
4. Wie heißt der Schriftsteller,
5. Sind das deine Freunde,
6. Ich fahre im Januar nach Andalusien,

a der den „Zauberberg" geschrieben hat?
b mit denen du immer Ski fahren gehst?
c die lustig sind.
d wo auch im Winter meistens die Sonne scheint.
e wofür ich mich auch interessiere.
f die mir sehr geholfen hat.

1	
2	
3	
4	
5	
6	

21 Γράψτε προτάσεις.

Elena sucht einen Mann, …

1. groß – ist – schlank – der – und
   … der groß und schlank ist.
2. tanzen – dem – sie – oft – gehen – mit – kann
3. sie – den – kann – bewundern
4. Charakter – gefällt – dessen – ihr
5. sie – Spaß – mit – machen – dem – kann – viel
6. gern – macht – der – Sport

22 Συμπληρώστε την αναφορική αντωνυμία.

1. Wer ist der Mann,
   _____ du gestern getroffen hast?
   _____ dort hinten steht?
   _____ du so lange Briefe schreibst?
2. Wer ist die Frau,
   _____ du gestern getroffen hast?
   _____ dort hinten steht?
   _____ du so lange Briefe schreibst?
3. Was sind das für Leute,
   _____ du gestern getroffen hast?
   _____ dort hinten stehen?
   _____ du so lange Briefe schreibst?

23 Εξηγήστε τις λέξεις.

1. Tennisschuhe (Schuhe, zum Tennisspielen anziehen)
   Das sind Schuhe, die man zum Tennisspielen anzieht.
2. Meerestier (Tier, im Meer leben)
3. Wochenzeitung (Zeitung, einmal pro Woche erscheinen)
4. Sprachschule (Schule, Sprachen lernen)
5. Spielkasino (Haus, Leute spielen Roulette)
6. Kinderbett
7. Student
8. Gästezimmer
9. Skischuhe
10. Heizofen

24 Ρήματα με προθέσεις στην αναφορική πρόταση: *auf das* ή *worauf* ;

> Όταν η αναφορική αντωνυμία αναφέρεται σε ουσιαστικό ή σε πρόσωπο (και στις αντωνυμίες *jemand, niemand, k/einer*) έχουμε: *von dem, auf den, für die …*
>
> *Das Paket, auf das* ich schon lange gewartet habe, ist heute endlich angekommen.
> Es gibt hier *niemand, auf den* ich mich wirklich verlassen kann.
>
> Όταν η αναφορική αντωνυμία αναφέρεται σε μια ολόκληρη πρόταση ή στις αντωνυμίες *vieles, alles, nichts, etwas, einiges …* έχουμε: *wovon, worauf, wofür, womit …*
>
> *Endlich hat sie uns besucht, worauf* wir schon lange gewartet haben.
> Ich muss immer *alles* machen, *worum* sie sich nicht kümmert.

Συμπληρώστε τις προτάσεις. Μερικές φορές είναι δυνατοί και οι δύο τρόποι.

1. Die Frau, _____ ich mich im Urlaub so verliebt habe, hat mich gestern angerufen. (sich verlieben in + Akk.)
2. Das ist etwas, _____ ich mich auch sehr interessiere. (sich interessieren für + Akk.)
3. Die Arbeiter haben eine Lohnerhöhung bekommen, _____ sie lange gekämpft haben. (kämpfen für + Akk.)
4. Leider hat mich niemand im Krankenhaus besucht, _____ ich mich sehr geärgert habe. (sich ärgern über + Akk.)
5. Letzte Woche ist meine kranke Nachbarin gestorben, _____ ich mich in den letzten Monaten viel gekümmert habe. (sich kümmern um + Akk.)
6. Zum Glück hat er die Hausschlüssel mitgenommen, _____ ich nicht gedacht habe. (denken an + Akk.)
7. Die neue Lektion, _____ wir heute im Unterricht begonnen haben, ist sehr interessant. (beginnen mit + Dat.)
8. Gibt es denn nichts, _____ du dich freust? (sich freuen über + Akk.)

25 Συμπληρώστε την αναφορική αντωνυμία σε Genitiv.

1. Eine Frau/Ein Kind/Ein Mann, …
   … *deren/* _____ Namen ich leider vergessen habe, hat gestern angerufen.
2. Ein Freund/Eine Freundin, …
   … _____ Fahrrad kaputt war, wollte sich meins leihen.
3. Eine Blume/ein Baum/ein Busch, …
   _____ Blätter plötzlich braun werden, ist krank.

26 Συμπληρώστε την αναφορική αντωνυμία και όπου χρειάζεται τη σωστή πρόθεση.

1. Ich möchte nur in Wohnungen wohnen,
   _____ einen großen Balkon haben.
   _____ Fußböden aus Holz sind.
   _____ ich Trompete spielen darf.
   _____ im Stadtzentrum liegen.

2. Ich mache einiges,
   _____ mein Chef besser nicht wissen sollte.
   _____ sich meine Eltern ärgern.
   _____ ich mich früher nie interessiert hätte.
   _____ schlecht für meine Gesundheit ist.

3. Rom ist eine Stadt,
   _____ mir sehr gefällt.
   _____ es viele alte Kirchen gibt.
   _____ ich gern mal wieder fahren würde.
   _____ man sehr gut leben kann.

4. Meine Tochter hat ihr Examen bestanden,
   _____ ich nie erwartet hätte.
   _____ ich mich sehr gefreut habe.
   _____ sie viel gelernt hat.
   _____ sie sehr glücklich gemacht hat.

5. Johannes ist jemand,
   _____ immer zu viel Geld ausgibt.
   _____ ich mich oft ärgere.
   _____ man nicht vertrauen kann.
   _____ mit den Frauen spielt.

27 Συμπληρώστε την αναφορική αντωνυμία.

1. Ich möchte in einer Stadt wohnen, _____ es viele gute Cafés gibt.
2. Das ist das Dümmste, _____ ich je gehört habe.
3. Kinder, _____ Eltern berufstätig sind, werden meist früher selbständig.
4. Das ist genau das, _____ ich auch sagen wollte.
5. Ich mag keine Leute, _____ nicht zuhören können.
6. Hier ist ein Foto von Torremolinos, _____ wir immer Urlaub machen.
7. Das ist alles, _____ ich Ihnen zu diesem Thema sagen kann.
8. Wie heißt der Autor, _____ neues Buch du so gut fandest?
9. Gestern hat mich mein Chef im Krankenhaus besucht, _____ ich nie erwartet habe.
10. Hast du Freunde, _____ du dich wirklich verlassen kannst?
11. Paris, _____ ich komme, ist für mich die schönste Stadt der Welt.
12. Ich kann nicht mit Frauen zusammen sein, _____ Parfüm mir nicht gefällt.

28 Συμπληρώστε το *es*, όπου χρειάζεται.

1. _Es_ ist mir klar, dass ich noch viel lernen muss.
2. Mir ist ___ klar, dass ich noch viel lernen muss.
3. In diesem Restaurant wird ___ sehr gut gekocht.
4. Komm, wir gehen nach Hause. ___ wird bald dunkel.
5. Wohin hast du mein Buch getan? – Schau doch, dort auf dem Stuhl liegt ___ .
6. Heute Abend wird ___ im Fernsehen ein interessanter Film gezeigt.
7. Wir brauchen noch Stühle. ___ kommen sicher viele Leute.
8. ___ ist wichtig, dass wir uns gesund ernähren.
9. Morgen regnet ___ sicher.
10. Hat er das Paket schon zur Post gebracht? – Ich weiß ___ nicht.
11. Hast du gestern Abend das Fußballspiel gesehen? – Nein, ich konnte ___ leider nicht sehen, weil unser Fernseher kaputt ist.
12. ___ tut mir Leid, dass ich Sie gestört habe.

29 Γράψτε προτάσεις με ή χωρίς *es*.

1. notwendig – ist / früh – wir – aufstehen – dass – morgen
   Es ist notwendig, dass wir morgen früh aufstehen.

2. mir – sagen – Sie / passiert – ist – wie

3. gehört – du – hast / geklingelt – hat – ob?

4. spät – ist – schon

5. dem Kranken – gut – wieder – geht – zum Glück

6. er – eilig – immer – hat – leider

7. Rauchen – verboten – ist – hier

8. mir – nicht – gefällt / so viel – wenn – fernsehen – du

Τα μόρια · Partikeln
Προθέσεις · Präpositionen

Οι προθέσεις μπορεί να βρίσκονται:

μπροστά από ένα ουσιαστικό	Ich fahre *nach Deutschland*.
μπροστά από μία αντωνυμία	Ich komme später *zu dir*.
μπροστά από ένα επίρρημα	Gehen Sie bitte *nach rechts*.

Μερικές προθέσεις μπορεί να βρίσκονται είτε πριν είτε μετά από ένα ουσιαστικό ή μία αντωνυμία (*entlang, gegenüber, nach*).

Συνοπτική παρουσίαση

Οι προθέσεις συντάσσονται πάντα με ορισμένες πτώσεις:

Προθέσεις με σταθερή πτώση

με Dativ	με Akkusativ	με Genitiv
aus	durch	während*
bei	für	wegen*
mit	gegen	(an)statt*
nach	ohne	trotz*
seit	um	
von		
zu		
ab	entlang	außerhalb
gegenüber	*(μετά από το ουσιαστικό)*	innerhalb

* στην καθομιλουμένη συνήθως με Dativ

Δίπτωτες προθέσεις (Wechselpräpositionen)

με Dativ ή Akkusativ		
an	in	unter
auf	neben	vor
hinter	über	zwischen

Οι προθέσεις αυτές εμφανίζονται με Dativ ή Akkusativ στις παρακάτω περιπτώσεις:

| Η πρόθεση έχει **τοπική σημασία**: | Το ρήμα εκφράζει στάση | wo? → | Dativ |
| | | Sie arbeitet in *der* Fabrik. | |

| | Το ρήμα εκφράζει μετακίνηση από ένα μέρος σε άλλο | wohin? → | Akkusativ |
| | | Sie geht in *den* Supermarkt. | |

| Η πρόθεση έχει **χρονική σημασία**: | | wann? → | Dativ |
| | | Sie kommt in *einer* Woche. | |

Σύντομοι τύποι

Μερικές προθέσεις συναιρούνται με το οριστικό άρθρο, όταν αυτό δεν τονίζεται:

an	+	dem	→	am	Das Rathaus liegt *am* Marktplatz.
an	+	das	→	ans	Wir fahren *ans* Meer.
bei	+	dem	→	beim	Ich habe mich *beim* Skifahren verletzt.
in	+	das	→	ins	Ich gehe jetzt *ins* Kino.
in	+	dem	→	im	*Im* letzten Sommer war es hier sehr heiß.
von	+	dem	→	vom	Ich habe das *vom* Chef gehört.
zu	+	der	→	zur	Ich gehe jetzt *zur* Schule.
zu	+	dem	→	zum	Ich gehe jetzt *zum* Supermarkt.

όμως: Ich gehe jetzt *in das* Kino, das du mir empfohlen hast.

Εδώ εννοείται ένας συγκεκριμένος κινηματογράφος. Το άρθρο τονίζεται και δε συναιρείται με την πρόθεση.

167

Προθέσεις με τοπική σημασία

Οι προθέσεις έχουν τοπική σημασία όταν ρωτάμε:

Woher komme ich?	→ καταγωγή, προέλευση
Wo bin ich?	→ τοποθεσία
Wohin gehe ich?	→ κατεύθυνση, προορισμός

	woher? (από πού;)		**wo?** (πού;)	**wohin?** (προς τα πού;)
①	aus	↔	in + *Dat.*	nach
②	aus	↔	in + *Dat.*	in + *Akk.*
③	von		auf + *Dat.*	auf + *Akk.*
④	von		an + *Dat.*	an + *Akk.*
⑤	von		an + *Dat.*	zu
⑥	aus		in	zu
⑦	von		bei	zu

καταγωγή	**τοποθεσία**	**κατεύθυνση**
aus, von	an, auf, in, bei	an, auf, in, nach, zu

Οι προθέσεις *aus* και *von* μεταφράζονται στα ελληνικά *από*.
Δε χρησιμοποιούνται όμως στις ίδιες περιπτώσεις:

- Χρησιμοποιούμε την πρόθεση *aus* με ουσιαστικά, τα οποία μπορούμε να συναντήσουμε και με *in*:
  Ich nehme das Buch *aus dem* Regal.
  Ich lege das Buch *ins* Regal.

- Χρησιμοποιούμε την πρόθεση *von* με ουσιαστικά, τα οποία δε συναντάμε με *in*:
  Ich komme gerade *vom* Strand.
  Ich gehe *an den / zum* Strand.

Στον παρακάτω συνοπτικό πίνακα βλέπετε μερικούς απλούς κανόνες:

an	ακουμπώντας σ' ένα πράγμα, δίπλα σε
nach	μόνο με ονομασίες πόλεων, χωρών, ηπείρων
zu	κατεύθυνση, προορισμός

Προθέσεις που δείχνουν στάση ή κατεύθυνση

	Wo sind Sie?	**Wohin** gehen / fahren Sie?
①	**in** + *Dat.*	**nach**
πόλη	Ich wohne *in* Rom.	Ich fahre *nach* Rom.
χώρα (χωρίς άρθρο)	Ich wohne *in* Italien.	Ich fahre *nach* Italien.
②	**in** + *Dat.*	**in** + *Akk.*
κλειστοί χώροι	Ich bin gerade *im* Büro.	Ich gehe jetzt *ins* Büro.
περιοχή,	Ich wohne *im* Schwarzwald.	Ich fahre *in den* Schwarz-
οροσειρά		wald.
χώρα (με άρθρο)	Ich wohne *in der* Schweiz.	Ich fahre *in die* Schweiz.
δρόμος	Ich wohne *in der* Maistraße.	Ich gehe *in die* Maistraße.
③	**auf** + *Dat.*	**auf** + *Akk.*
μέρος	Die Suppe steht *auf* dem Tisch.	Ich stelle die Suppe *auf den* Tisch.
βουνό	Ich war heute *auf* der Zugspitze.	Ich gehe morgen *auf die* Zugspitze.
σύμπλεγμα νησιών	Wir waren *auf* den Malediven.	Wir fahren *auf die* Malediven.
νησί	Wir waren *auf* Kreta.	Wir fahren *auf/nach* Kreta.
④	**an** + *Dat.*	**an** + *Akk.*
θάλασσα,	Ich mache Urlaub *am* Mittelmeer.	Ich fahre *ans* Mittelmeer.
ποταμός, λίμνη		
παραλία, όχθη	Ich war heute lange *am* Strand.	Ich gehe *an den/zum* Strand.
⑤	**an** + *Dat.*	**zu**
ονομασία πλατείας	Ich bin gerade *am* Marktplatz.	Ich gehe jetzt *zum* Marktplatz.
μέρος	Ich bin *an der* Haltestelle.	Ich gehe *zur* Haltestelle.
⑥	**in** + *Dat.*	**zu**
κατάστημα	Ich bin gerade *in der* Apotheke.	Ich gehe jetzt *zur* Apotheke.
τράπεζα,	Ich bin gerade *in / auf der* Post.	Ich gehe *zur / auf die* Post.
ταχυδρομείο		
⑦	**bei**	**zu**
πρόσωπο	Ich war gerade *beim* Chef.	Ich gehe jetzt *zum* Chef.
Εξαίρεση	Ich bin gerade *zu* Hause.	Ich gehe jetzt *nach* Hause.

169

Δίπτωτες προθέσεις με τοπική σημασία

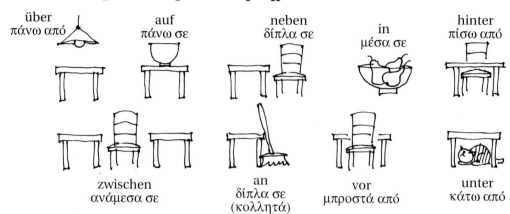

über
πάνω από

auf
πάνω σε

neben
δίπλα σε

in
μέσα σε

hinter
πίσω από

zwischen
ανάμεσα σε

an
δίπλα σε
(κολλητά)

vor
μπροστά από

unter
κάτω από

setzen / sitzen – stellen / stehen – legen / liegen – hängen / hängen

Σε συνδυασμό με τις δίπτωτες τοπικές προθέσεις χρησιμοποιείται συχνά μια ομάδα ρημάτων, τα οποία μοιάζουν μεταξύ τους, αλλά συντάσσονται με διαφορετική πτώση.

κίνηση, αλλαγή τόπου

wohin + Akkusativ

(sich) setzen, setzte, hat gesetzt
Ich setze mich *auf das* Sofa.

(sich) stellen, stellte, hat gestellt
Ich stelle das Glas *auf den* Tisch.

(sich) legen, legte, hat gelegt
Ich lege mich jetzt *ins* Bett.

hängen, hängte, hat gehängt
Ich hänge die Lampe *über den* Esstisch.

ομαλά ρήματα

αποτέλεσμα μιας πράξης, ακινησία

wo + Dativ

sitzen, saß, ist / hat gesessen
Ich sitze *auf dem* Sofa.

stehen, stand, ist / hat gestanden
Das Glas steht *auf dem* Tisch.

liegen, lag, ist / hat gelegen
Ich liege schon *im* Bett.

hängen, hing, ist / hat gehangen
Die Lampe hängt *über dem* Esstisch.

ανώμαλα ρήματα

Συνοπτική παρουσίαση

Στους παρακάτω πίνακες θα βρείτε τις πιο σημαντικές προθέσεις με τοπική σημασία, χωρισμένες κατά πτώσεις. Θα δείτε ότι στα γερμανικά υπάρχουν πολύ περισσότερες προθέσεις απ᾽ ότι στα ελληνικά. Γι᾽ αυτό το λόγο είναι και ιδιαίτερα δύσκολη η απόδοση των προθέσεων στη γλώσσα μας. Αντί για μετάφραση θα βρείτε στις περισσότερες περιπτώσεις μια εξήγηση για τη χρήση και παραδείγματα:

με Dativ

ab	σημείο αναχώρησης	Ich fliege *ab* Frankfurt mit Lufthansa.
aus	κίνηση προς τα έξω καταγωγή, προέλευση	Sie geht *aus dem* Haus. Sie kommt *aus* Deutschland.
bei	κοντινή τοποθεσία πρόσωπο εργασιακός χώρος	Wiesbaden liegt *bei* Frankfurt. Ich wohne noch *bei meinen* Eltern. Ich arbeite *bei* Siemens.
gegenüber	απέναντι πρόσωπο (η πρόθεση ακολουθεί το ουσιαστικό)	*Gegenüber der* Post gibt es ein Café. *Der* Post *gegenüber* gibt es ein Café. *Mir gegenüber* saß ein netter Mann.
nach	ονομασίες πόλεων, χωριών και χωρών χωρίς άρθρο προσδιορισμοί που δείχνουν την κατεύθυνση	Ich fahre morgen *nach* Hamburg. Ich fahre *nach* Holland / Spanien.* Gehen Sie *nach* unten / links / Osten.
von	σημείο αναχώρησης υποκατάστατο της γενικής (κτητικής)	Ich komme gerade *vom* Büro / *von meiner* Freundin / *von* unten. Das ist die Kassette *von meinem* Bruder.
zu	προορισμός	Ich fahre jetzt *zu meinem* Freund / *zum* Bahnhof.

* Για ονόματα χωρών με άρθρο: Ich fahre *in die* Schweiz / *in die* Türkei ...

με Akkusativ

bis	τελικός προορισμός χωρίς άρθρο	*Bis* Frankfurt am Main sind es mindestens noch 200 km.
bis zu + *Dat.*	τελικός προορισμός	*Bis zum* Strand sind es 5 Minuten.
bis an	με άρθρο	Geh nicht *bis an den* Rand des Abhangs!

durch	κίνηση μέσα από	Die Katze springt *durch das* Fenster.
entlang (μετά από το ουσιαστικό)	κατά μήκος	Gehen Sie immer *diese* Straße *entlang*.
gegen	πρόσκρουση	Das Auto fuhr *gegen den* Baum.
um (herum)	κίνηση γύρω από κεντρικό σημείο	Die Kinder sitzen *um den* Weihnachtsbaum. Ich gehe *um das* Haus (herum).

με Dativ ή Akkusativ

an	ακουμπώντας κάπου	wo	Das Bild hängt *an der* Wand.
		wohin	Ich hänge das Bild *an die* Wand.
	άκρη, δίπλα σε	wo	Köln liegt *am* Rhein.
		wohin	Wir fahren *ans* Meer.
	τοποθεσία, θέση	wo	Der Tisch steht *an der* Wand.
		wohin	Ich stelle den Tisch *an die* Wand.
auf	πάνω σε	wo	Die Tasse steht *auf dem* Tisch.
		wohin	Ich stelle die Tasse *auf den* Tisch.
	ταχυδρομείο, τράπεζα	wo	Er ist *auf der* Post.
		wohin	Ich gehe jetzt *auf die* Bank.
hinter	πίσω από	wo	Das Kind versteckt sich *hinter der* Mutter.
		wohin	Er stellt den Koffer *hinter die* Tür.
in	στο εσωτερικό	wo	Ich liege *im* Bett.
		wohin	Ich lege mich jetzt *ins* Bett.
	οριοθέτηση χώρου	wo	Die Kinder spielen *im* Garten.
		wohin	Ich gehe jetzt *in den* Garten.
	ήπειρος	wo	Wir waren schon *in* Europa.
		wohin	– (βλέπε *nach*)
	χώρες, τοποθεσίες	wo	Wir waren schon *in* Italien / *in* Rom.
		wohin	– (βλέπε *nach*)
	περιοχή, οροσειρά	wo	Wir waren schon *im* Schwarzwald / *im* Gebirge.
		wohin	Wir fahren *in den* Schwarzwald / *ins* Gebirge.

neben	πολύ κοντά, δίπλα	wo	Der Schrank steht *neben der* Tür.
		wohin	Wir stellen den Schrank *neben die* Tür.
über	πάνω από (χωρίς επαφή)	wo	Die Lampe hängt *über dem* Tisch.
		wohin	Wir hängen die Lampe *über den* Tisch.
	λοξά / διασχίζουμε κάτι	wo	–
		wohin	Wir gehen schnell *über die* Straße.
	μέρος που βρίσκεται στο δρόμο μας	wo	–
		wohin	Wir fahren *über* Frankfurt nach München.
unter	κάτω από	wo	Die Katze liegt *unter der* Bank.
		wohin	Die Katze legt sich *unter die* Bank.
	μέσα σε ομάδα, ανάμεσα σε άλλους	wo	*Unter den* Zuhörern wird eine Reise verlost.
		wohin	Sie verteilen Flugblätter *unter die* Passanten.
vor	μπροστά από	wo	*Vor dem* Haus steht ein alter Baum.
		wohin	Wir stellen das Auto *vor die* Garage.
zwischen	περίπου στη μέση, ανάμεσα	wo	Ich sitze *zwischen den* beiden Kindern.
		wohin	Ich setze mich *zwischen die* beiden Kinder.

με Genitiv

| **außerhalb** | στο εξωτερικό, εκτός | Ich wohne lieber *außerhalb* der Stadt. |
| **innerhalb** | στο εσωτερικό, εντός | Diese Fahrkarte ist nur *innerhalb* der Stadt gültig. |

173

Υπενθύμιση:

wohin + Akkusativ	**wo** + Dativ
κατεύθυνση, κίνηση προς ένα στόχο	στάση ή κίνηση μόνο μέσα σ' ένα μέρος

▶ Ασκήσεις 1–17

Προθέσεις με χρονική σημασία

Προθέσεις με χρονική σημασία έχουμε, όταν ρωτάμε *πότε*:

Wann passiert etwas? → η απάντηση δηλώνει χρονική στιγμή ή διάρκεια

Προθέσεις με σταθερή πτώση	με Dativ	με Akkusativ	με Genitiv
	ab	bis	während*
	aus	für	innerhalb
	bei	gegen	außerhalb
	nach	um	
	seit		
	von (… bis/an)		
	zu		

* στον προφορικό λόγο συνήθως με Dativ

Δίπτωτες προθέσεις	με Dativ	με Akkusativ
	an	über
	in	
	vor	
	zwischen	

Υπενθύμιση:
Οι προθέσεις αυτές μπορεί να εμφανιστούν με Dativ ή Akkusativ στις παρακάτω περιπτώσεις:

Η πρόθεση έχει **τοπική σημασία:**	Το ρήμα εκφράζει στάση	wo? →	Dativ
		Sie arbeitet in *der* Fabrik.	
	Το ρήμα εκφράζει μετακίνηση από ένα μέρος σε άλλο	wohin? →	Akkusativ
		Sie geht in *den* Supermarkt.	
Η πρόθεση έχει **χρονική σημασία:**		wann? →	Dativ
		Sie kommt in *einer* Woche.	
		Εξαίρεση: über	

Ας δούμε τώρα τη σημασία των χρονικών προθέσεων. Παρουσιάζονται σε δύο μεγάλες ομάδες, τις προθέσεις που δηλώνουν μια ορισμένη χρονική στιγμή και εκείνες που δηλώνουν διάρκεια:

Χρονική στιγμή

an + *Dat.*	ημέρα	Hoffentlich schneit es *am* Sonntag!
	ημερομηνία	J.W. von Goethe ist *am* 28.8.1749 geboren.
	χρονική περίοδος	Ich gehe *am* Nachmittag ins Schwimmbad.
	ημέρας	*Εξαίρεση: in der* Nacht
	γιορτή	Wir kommen *an* Weihnachten.
	αποδίδεται στα ελληνικά με άρθρο	*την Κυριακή*
aus + *Dat.*	χρονολόγηση	Dieses Bild ist *aus dem* 18. Jahrhundert.
	αποδίδεται με άρθρο στη γενική	*του ... αιώνα*
gegen + *Akk.*	περίπου, περίπου στις	Wir kommen *gegen* Mittag zurück.
		Wir kommen *gegen* 13.00 Uhr zurück.

in + *Dat.**	εβδομάδα μήνας εποχή αιώνας μελλοντική στιγμή	Ich mache das *in der* nächsten Woche. Er besucht mich *im* Mai. Wir fahren *im* Winter nach Teneriffa. Mozart ist *im* 18. Jahrhundert geboren. Ich bin *in* fünf Minuten zurück.
	αποδίδεται: με άρθρο σε	*την άλλη εβδομάδα* *σε πέντε λεπτά*
nach + *Dat.*	μετά από	Kommst du *nach dem* Unterricht zu mir?
um + *Akk.*	στις + ώρα γύρω στο	Der Zug kommt *um* 15.34 Uhr an. J.W. von Goethe ist so *um* 1750 geboren.
vor + *Dat.*	πριν από	Gehen wir *vor dem* Abendessen noch spazieren?

* Οι χρονολογίες ή δίνονται χωρίς πρόθεση ή εισάγονται με το *im Jahre* (απαρχαιωμένος τύπος):
J.W. von Goethe ist 1749 geboren. – J.W. von Goethe ist im Jahre 1749 geboren.

Χρονική διάρκεια

ab + *Dat.*	από ... κι εμπρός	*Ab* heute habe ich Urlaub.
von ... an + *Dat.*	από ... κι εμπρός	*Von* heute *an* habe ich Urlaub.
seit + *Dat.*	εδώ και, από	Meine Mutter ist *seit* Montag zu Besuch.
von + *Dat.* ... **bis**	από ... έως / μέχρι	Ich habe *vom* 15. *bis* 29.5. Urlaub.
zwischen + *Dat.*	ανάμεσα σε ... και σε	*Zwischen dem* 2. und 5. April ist das Büro geschlossen.
in + *Dat.*	χρονική διάρκεια (όχι ακριβής) αποδίδεται με άρθρο	*In den* letzten Jahren war ich oft krank. *τα τελευταία χρόνια*
bis + *Dat.*	μέχρι	Ich habe noch *bis* Sonntag Urlaub.

innerhalb + *Gen.*	μέσα σε	Diese Arbeit muss *innerhalb eines* Monats fertig sein.*
innerhalb **von** + *Dat.*	μέσα σε	Diese Arbeit muss *innerhalb von einem* Monat fertig sein.*
außerhalb + *Gen.*	πριν και μετά από	*Außerhalb der* Bürozeiten können Sie eine Nachricht auf dem Anrufbeantworter hinterlassen.
bei + *Dat.*	κατά τη διάρκεια	*Beim* Essen erzählte sie mir von ihrer Reise. (χρησιμοποιείται συχνά με ουσιαστικοποιημένο ρήμα)
während + *Gen./Dat.*	κατά τη διάρκεια	*Während des* Essens erzählte sie mir von ihrer Reise. *
zu	εκφράζει διάρκεια	*Zu dieser* Zeit war ich in Urlaub. [= *εκείνη την εποχή*]
über + *Akk.*	εκφράζει διάρκεια αποδίδεται με άρθρο	Wir fahren *übers* Wochenende weg. [= *(για) το σαββατοκύριακο*]
–/... lang *(μετά από ουσιαστικό)*	εκφράζει διάρκεια στο παρόν ή παρελθόν	Wir waren im Juli drei Wochen in Rom. Wir waren im Juli drei Wochen *lang* in Rom.** [= *(για) τρεις εβδομάδες*]
–/für ...	για	Ich bleibe zwei Jahre in Deutschland. Ich bleibe *für* zwei Jahre in Deutschland.**

* Με Genitiv συναντάται συνήθως στο γραπτό λόγο, ενώ με Dativ στον προφορικό λόγο.
** Μπορούμε να γράψουμε αυτήν την πρόταση με, αλλά και χωρίς πρόθεση.

▶ Ασκήσεις 18–25

Προθέσεις με τροπική σημασία

Προθέσεις με τροπική σημασία έχουμε, όταν ρωτάμε πώς:

Wie mache ich das?	→ η απάντηση δηλώνει τρόπο
Wie ist das?	→ η απάντηση δηλώνει ιδιότητα, χαρακτηριστικό

Προθέσεις με σταθερή πτώση	με Dativ	με Akkusativ
	aus mit nach zu	ohne

Δίπτωτες προθέσεις	με Dativ	με Akkusativ
	in	auf

Ας δούμε τώρα τη σημασία των τροπικών προθέσεων:

auf + *Akk.*	Dieser Film ist *auf* Deutsch. Er macht alles *auf* seine Art.
aus + *Dat.* (φτιαγμένος) από	Dieser Pullover ist *aus* Baumwolle.
in + *Dat.*	Ich habe jetzt leider keine Zeit. Ich bin *in* Eile. [= Βιάζομαι.] Ich habe das nur *im* Spaß gesagt.
mit + *Dat.* με	Ich fahre *mit dem* Zug nach Dresden. Sie trinkt Tee immer *mit* Milch.
nach + *Dat.* (μετά από το ουσιαστικό)	Meiner Meinung *nach* wird es heute noch regnen. [= κατά τη γνώμη μου] Bitte der Reihe *nach* anstellen.
ohne + *Akk.* χωρίς	Er macht nichts *ohne* seine Frau.
zu + *Dat.*	Ich gehe gern noch ein bisschen *zu* Fuß. *Zum* Glück ist sie nicht verletzt. [= ευτυχώς]

▶ Άσκηση 26

Προθέσεις με αιτιολογική σημασία

Προθέσεις με αιτιολογική σημασία έχουμε, όταν ρωτάμε *γιατί*:

Warum ist das so?   → η απάντηση δηλώνει αιτία, λόγο

Προθέσεις με σταθερή πτώση	**με Dativ**	**με Genitiv / Dativ**
	aus bei	wegen
Δίπτωτες προθέσεις	**με Dativ**	
	vor	

Ας δούμε τώρα τη σημασία και χρήση των αιτιολογικών προθέσεων:

aus + *Dat.*	κίνητρο για μια πράξη	Ich helfe ihr *aus* Mitleid / *aus* Freundschaft. Er ist sehr krank. *Aus diesem* Grund müsst ihr ihm helfen.
bei + *Dat.*		*Bei diesem* schlechten Wetter gehe ich nicht spazieren. [= *μ' αυτόν τον καιρό*]
vor + *Dat.*	από	Sie zittert *vor* Angst / *vor* Kälte. Das Kind weint *vor* Schmerzen.
wegen + *Gen. / Dat.*	εξαιτίας	*Wegen des* schlechten Wetters hat das Fußballspiel nicht stattgefunden. *Wegen dir* sind wir zu spät gekommen!

Οι εμπρόθετοι προσδιορισμοί με αιτιολογική σημασία, μπορούν και ν' αντικατασταθούν από δευτερεύουσα πρόταση με *weil* (= *διότι, επειδή*).

Ich helfe ihr *aus* Mitleid.	→	Ich helfe ihr, *weil* ich Mitleid mit ihr habe.
Sie zittert *vor* Angst.	→	Sie zittert, *weil* sie Angst hat.

▶ Άσκηση 27

179

1 *in, an, auf, zu* (= wohin?) – *aus, von* (= woher?): Συμπληρώστε τις προθέσεις και το άρθρο. Σε μερικές προτάσεις υπάρχουν δύο λύσεις.

Sie geht / fährt …   Sie kommt gerade …

1. _zur/in die_ Bäckerei (f.).   _aus der_ _____ Bäckerei.
2. _____ Büro (n.).   _____ Büro.
3. _____ Kirchplatz (m.).   _____ Kirchplatz.
4. _____ Fichtelgebirge (n.).   _____ Fichtelgebirge.
5. _____ Bank (f.).   _____ Bank.
6. _____ Supermarkt (m.) zum Einkaufen.   _____ Supermarkt.
7. _____ See (m.) zum Schwimmen.   _____ See.
8. _____ Kanarischen Inseln (Pl.).   _____ Kanarischen Inseln.
9. _____ Blumenstraße (f.).   _____ Blumenstraße.
10. _____ Oper (f.).   _____ Oper.

2 Γράψτε τις προτάσεις της άσκησης 1 σε Präteritum.

Wo war sie?

1. *Sie war in der Bäckerei.*

…

3 Dativ (wo? = πού;) ή Akkusativ (wohin? = προς τα πού;):
Συμπληρώστε *in, an, auf* και το άρθρο.

1. ■ Kommst du mit mir heute _____ Stadion (n.) zum Fußballspiel?
   ● Tut mir Leid, aber ich habe keine Zeit. Ich fahre mit meiner Familie _____
     See (m.) zum Baden.
2. ■ Wo haben Sie denn diesen tollen Hut gekauft?
   ● _____ Kaufhaus (n.) _____ Marktplatz (m.).
3. ■ Ich muss noch Geld wechseln. Wo kann ich das machen?
   ● _____ Bank (f.).
4. ■ Wir möchten im Sommer _____ Seychellen (Pl.) fliegen. Wissen Sie, wie
     teuer ein Flug dorthin ist?
   ● Nein, leider nicht. Aber gehen Sie doch _____ Reisebüro (n.) nebenan und
     fragen Sie dort.
5. ■ Kinder, warum geht ihr denn bei diesem schönen Wetter nicht _____ Park
     (m.), sondern sitzt den ganzen Tag hier _____ Zimmer (n.)?
   ● Wir waren heute Vormittag schon _____ Park (m.), und jetzt wollen wir hier
     _____ Wohnung (f.) bleiben und fernsehen.

4 *in* (+ Akk.) ή *nach*: Συμπληρώστε τις προθέσεις και τα άρθρα.

Sie fährt …

1. _____ Schweiz.
2. _____ London.
3. _____ Türkei.
4. _____ Kalifornien.
5. _____ Asien.
6. _____ Alpen.
7. _____ Holland.
8. _____ USA.

5 *von* ή *aus* (woher? = από πού;): Συμπληρώστε τις προθέσεις και τα άρθρα.

1. ▦ Hallo Ingrid, was machst denn du hier?
   ● Ich komme gerade _____ Büro und bin auf dem Weg nach Hause.
2. ▦ Woher wissen Sie das?
   ● _____ Herrn Steffen.
3. ▦ Woher kommst du jetzt?
   ● _____ Arzt.
4. ▦ Wann kommt denn Ihre Frau _____ Krankenhaus?
   ● Nächste Woche.

6 Συμπληρώστε τα ουσιαστικά και τις προθέσεις *in, auf* ή *zu*. Σε μερικές προτάσεις υπάρχουν δύο λύσεις.

Υπενθύμιση:

in ή *zu* σε κτίρια / καταστήματα / ταχυδρομείο / τράπεζα:

zu τονίζεται ο προορισμός, μένουμε εκεί μόνο για λίγο
Ich gehe jetzt *zur* Bäckerei / Post.

in μένουμε κάπου για μεγαλύτερο διάστημα
Ich gehe heute *ins* Theater.

Προσοχή:

auf μόνο για το ταχυδρομείο και την τράπεζα:
Ich gehe *auf die* Post / Bank.
Ich bin *auf der* Post / Bank.

Για τις πλατείες πάντα *zu*:
Ich gehe *zum* Marktplatz.

Κανόνας για τις περισσότερες περιπτώσεις:

Για κτίρια χρησιμοποιούμε πάντα την πρόθεση *zu*, εκτός αν παραμείνουμε εκεί για μεγαλύτερο χρονικό διάστημα.

▦ Reisebüro (n.)   Apotheke (f.) ▦
▦ Flughafen (m.)   Kino (n.) ▦
▦ Metzgerei (f.)   Restaurant (n.) ▦
▦ Buchhandlung (f.)   Bank (f.) ▦

1. Er möchte Fleisch kaufen.
   Er geht _____ .
2. Sie möchte sich einen Film ansehen.
   Sie geht _____ .
3. Wir müssen Tabletten kaufen.
   Wir gehen _____ .
4. Sie wollen eine Reise buchen.
   Sie gehen _____ .
5. Ich muss nach Berlin fliegen.
   Ich fahre _____ .
6. Sie wollen mit Freunden essen gehen.
   Sie gehen _____ .
7. Er will ein Buch kaufen.
   Er geht _____ .
8. Sie will Geld wechseln.
   Sie geht _____ .

7 Γράψτε τις προτάσεις της άσκησης 6 σε Präteritum.

1. *Er war …*
…

8 *bei* (wo?) ή *zu* (wohin?): Συμπληρώστε τις προθέσεις και τα άρθρα.

1. ■ Was haben Sie denn am Wochenende gemacht?
   ● Am Wochenende war ich _____ meiner Freundin in Dresden.
2. ■ Wohin gehst du?
   ● _____ Nachbarin.
3. ■ Wo waren Sie denn? Ich habe Sie überall gesucht!
   ● Ich war nur kurz _____ meinem Kollegen im Nebenzimmer.
4. ■ Du wolltest doch heute noch _____ Frisör gehen.
   ● Eigentlich schon, aber ich habe leider keinen Termin mehr bekommen.

9 Συμπληρώστε τις προθέσεις και τα άρθρα.

1. Nächste Woche möchte ich _____ meiner Oma _____ Schweiz fahren. Meine Großeltern haben früher _____ Süddeutschland gewohnt, aber seit ein paar Jahren wohnen sie nun _____ Schweiz. Dort haben sie sich ein Haus _____ einem kleinen See _____ Bergen gekauft.

2. In München war ich _____ Olympiaturm, _____ Olympiastadion, _____ Deutschen Museum, _____ Englischen Garten, _____ Isar (f.), _____ meiner Tante, _____ Leopoldstraße _____ Schwabing, _____ Marienplatz und _____ Biergarten _____ Kleinhesseloher See.

10 Dativ ή Akkusativ: Γράψτε προτάσεις με τα άρθρα στη σωστή πτώση.

1. tragen – bitte – der Keller – in – das Bier – Sie
   Tragen Sie bitte das Bier in den Keller.
2. der Mantel – die Garderobe – hängen – an – er
3. der Schrank – stehen – in – die Weingläser
4. auf – der Atlas – die Kommode – liegen
5. hängen – über – du – warum – die Lampe – der Fernseher?
6. die Zeitung – er – unter – legen – das Sofa – immer
7. dein Fahrrad – vor – stehen – die Haustür
8. räumen – die Spülmaschine – das Geschirr – er – nie – in

11 Γράψτε μικρούς διάλογους. Χρησιμοποιήστε τις παρακάτω προθέσεις και τα ρήματα *liegen/legen, stellen/stehen, hängen*.

in	an	unter	~~auf~~
zwischen	in	neben	an

1. Sweatshirt (n.) – Bett (n.)
   - *Mama, wo ist denn mein Sweatshirt?*
   - *Ich habe es auf dein Bett gelegt.*
   - *Es liegt aber nicht mehr auf dem Bett!*
   - *Dann weiß ich auch nicht, wo es ist.*
2. Jacke (f.) – Garderobe (f.)
3. Fußball (m.) – Keller (m.)

4. Schere (f.) – Schublade (f.)
5. Poster (n.) – Wand (f)
6. Schuhe (Pl.) – Bett (n.)
7. Tasche (f.) – Regal (n.) und Schrank (m.)
8. Taschenlampe (f.) – Lexikon (n.)

12 Διατυπώστε ερωτήσεις και απαντήσεις.

Das ist Dominiks unordentliches Zimmer. Wo liegen/stehen/hängen seine Sachen?

Wo liegt die Armbanduhr? – Sie liegt unter dem Tisch neben dem Bett.
Wo ...

13 Διατυπώστε ερωτήσεις και απαντήσεις όπως στην άσκηση 12.

Wohin hat Dominik seine Sachen gelegt / gestellt / gehängt?

Wohin hat er die Armbanduhr gelegt? – Er hat sie unter den Tisch neben seinem Bett gelegt. ...

14 Συμπληρώστε τις προθέσεις και τα άρθρα. Μετά σχεδιάστε την εικόνα.

1. _____ dies___ Bild sieht man im Vordergrund einen See.
2. _____ See ist ein kleines Boot.
3. _____ Boot sitzen ein Mann und ein Kind.
4. _____ See herum geht eine Familie mit einem Hund spazieren.
5. _____ See liegt ein Dorf.
6. _____ Mitte des Dorfes gibt es eine Kirche. Links _____ Kirche steht das Rathaus. _____ Rathaus ist ein Restaurant.
7. _____ des Dorfes gibt es einen Fußballplatz.
8. _____ See _____ gibt es eine kleine Straße.
9. _____ dies___ Straße gab es einen Unfall: ein Fahrradfahrer ist _____ einen Baum gefahren.
10. Rechts _____ Dorf ist ein kleiner Berg. _____ Berg steht eine alte Burg.

15 Γράψτε προτάσεις. Πού πέρασαν τις διακοπές τους ο κύριος και η κυρία Berger;

1. Hotel – Kreta
   In einem Hotel auf Kreta.
2. Pension (f.) – Berlin
3. Freunden – Japan
4. Schiff – Mittelmeer (n.)
5. Stadt – Rhein (m.)
6. Insel – Indischer Ozean (m.)
7. Bungalow (m.) – Südküste (f.) von Spanien
8. Haus – Alpen (Pl.)

16 Συμπληρώστε τις προθέσεις και όπου χρειάζεται τα άρθρα.

1. Heute Abend bleibe ich _____ Hause.
2. Gestern habe ich _____ Bank meinen Lehrer getroffen.
3. Wir wohnen _____ einem kleinen Haus _____ Stadtrand von Schwerin.
4. Heute Morgen lag sogar Schnee _____ Bergen. Und das im Mai!
5. Frankfurt liegt _____ Main (m.).
6. Andreas ist schon _____ Hause gegangen.
7. Die meisten Deutschen fahren im Urlaub _____ südliche Länder.
8. Die alte Frau ging _____ Park und setzte sich _____ eine Bank.
9. _____ dieser Firma möchte ich nicht mehr arbeiten.
10. Warum könnt ihr nicht länger _____ uns bleiben?
11. Wohin fahren Sie am liebsten in Urlaub? _____ Meer oder _____ Berge?
12. Wenn wir noch nicht _____ Hause sein sollten, dann gehen Sie einfach _____ Haus herum und setzen sich _____ Terrasse.

17 Συμπληρώστε τις προθέσεις και τα άρθρα.

> in (8 φορές) aus zwischen
> nach (3 φορές) zu an (3 φορές)
> um neben entlang
> gegenüber hinter über

Liebe Großeltern,

wie geht es euch? Seid ihr gesund? Wann kommt ihr mich endlich mal besuchen? Seit einer Woche bin ich nun _____ wunderschönen Stadt Freiburg _____ Breisgau*. _____ meinem Studentenheim habe ich schon ein paar nette Leute kennen gelernt. _____ Zimmer _____ mir wohnt zum Beispiel eine Studentin _____ Schweden, mit der ich viel Zeit verbringe, und _____ Zimmer _____ wohnt eine deutsche Studentin, die mich schon einmal _____ ihren Eltern eingeladen hat. Hier _____ Freiburg gibt es auch viele gemütliche Kneipen und kleine Bistros, Kinos, Theater etc. Es wird mir nie langweilig.

Aber auch die Gegend _____ Stadt herum ist sehr, sehr schön. Freiburg liegt _____ westlichen Rand des Schwarzwaldes _____ Südwesten von Deutschland. Wenn man den Rhein _____ _____ Süden fährt, kommt man nach ca. 80 km _____ Schweizer Grenze. Gleich _____ der Grenze liegt die Stadt Basel. Das ist eine sehr interessante Stadt.

Wenn man von Freiburg aus _____ Westen _____ Rhein fährt (der Rhein ist die Grenze _____ Deutschland und Frankreich), kommt man _____ Colmar**.

Nächste Woche habe ich meine Sprachprüfung _____ Universität. Deshalb muss ich jetzt viel lernen und jeden Tag _____ Mediothek gehen, um noch mehr zu üben.

Ich schreibe euch bald wieder und grüße euch ganz herzlich

Elke

---

* περιοχή γύρω από το Freiburg
** πόλη στην ανατολική Γαλλία

18 *in, –, vor* (= χρονική στιγμή), *seit* (= διάρκεια):
Συμπληρώστε τις προθέσεις και τα άρθρα.

1. ■ Wo ist denn Ihr Sohn? Ich habe ihn schon lange nicht mehr gesehen.
   ● Er lebt _____ einem Jahr in Brasilien.
2. ■ Wo ist denn Anja?
   ● Sie ist _____ einer halben Stunde weggegangen.
   ■ Und wann kommt sie wieder zurück?
   ● Ich weiß es nicht genau, aber spätestens _____ einer Stunde.
3. ■ _____ wann arbeiten Sie in Leipzig?
   ● Schon _____ zwei Jahren.
4. ■ Wann sind Sie geboren?
   ● _____ 1968.
5. ■ Warte zu Hause. Ich hole dich _____ zehn Minuten ab.
   ● Das ist sehr nett von dir.
6. ■ Wann haben Sie geheiratet?
   ● _____ 1988. Also schon _____ vielen Jahren.
7. ■ Wie lange lernen Sie schon Deutsch?
   ● _____ einem halben Jahr. Ich habe _____ September mit dem Sprachkurs begonnen.
8. ■ Wie lange müssen wir denn noch laufen? Wir sind nun schon _____ einer Stunde unterwegs!
   ● Nicht mehr lange. Wir sind spätestens _____ einer halben Stunde da.

19 *an* ή *in*: Συμπληρώστε τις προθέσεις και τα άρθρα.

Wir kommen …

1. _____ zehn Tagen.
2. _____ Ostern.
3. _____ Sommer.
4. _____ April.
5. _____ Nachmittag.
6. _____ Nacht.
7. _____ 31.3.
8. _____ Sonntagabend.

20 *in* ή *nach*: Συμπληρώστε τις προθέσεις και τα άρθρα.

1. Es war eine große Operation. Aber _____ einigen Tagen ist er schon aufgestanden.
2. Ich gehe schnell zur Apotheke. _____ spätestens zehn Minuten bin ich wieder da.
3. _____ zwei Monaten habe ich mein Examen.
4. _____ dem Examen mache ich erst einmal Urlaub.
5. Unser neuer Angestellter hat schon _____ einem Monat die Firma wieder verlassen.
6. Gehen wir _____ dem Konzert noch ein Glas Wein trinken?

21 *um* ή *gegen*: Συμπληρώστε τις προθέσεις και τα άρθρα.

1. Der Zug ist _____ 23.44 Uhr angekommen.
2. Ich besuche dich morgen _____ Abend. Ist dir das recht?
3. Pablo Picasso hat das Bild „Guernica" so _____ (= ungefähr) 1935 gemalt.
4. Der Direktor kommt so _____ (= ungefähr) 13.00 Uhr zurück.
5. Wir fahren mit dem Auto und werden so _____ Mittag bei euch sein.
6. Die Konferenz beginnt _____ 16.00 Uhr.

23 Υπογραμμίστε τη σωστή απάντηση.

1. Wie lange wohnen Sie schon in Lübeck?
   Vor – Seit – Während einem Jahr.
2. Wann kommen Sie vom Urlaub zurück?
   In – Nach – Bis drei Wochen.
3. Wann ist das Geschäft geschlossen?
   Zwischen – Während – Ab Weihnachten und Neujahr.
4. Wann hast du dir denn in den Finger geschnitten?
   Am – Um – Beim Kochen.
5. Wann ist denn Ihre Sekretärin in Urlaub?
   Von nächster Woche an. – Aus nächster Woche. – Nach nächster Woche.
6. Wie lange waren Sie denn in Berlin?
   Seit zwei Wochen. – Gegen zwei Wochen. – Zwei Wochen lang.

22 Συμπληρώστε τις προτάσεις.

1. ■ Gehen wir heute Abend ins Kino oder nicht?
   ● Ja, natürlich, ich habe die Eintrittskarten schon reserviert. Wann treffen wir uns?
2. ■ So _____ halb acht. Ist dir das recht?
   ● Wann beginnt denn der Film?
3. ■ _____ 20.30 Uhr. Ich dachte, dass wir uns ein bisschen früher treffen und _____ dem Film noch etwas trinken gehen könnten.
   ● Das können wir machen. Oder wir gehen _____ dem Film in das neue Bistro, das ich dir schon _____ langem zeigen will.
4. ■ Machen wir doch beides! Ich hole dich _____ einer Stunde mit dem Auto ab.
   ● Das ist aber nett von dir. Also, ich warte _____ 19.00 Uhr unten vor dem Haus auf dich. Dann brauchst du nicht extra einen Parkplatz zu suchen.
5. ■ Gut, ich bin dann _____ 19.00 Uhr und 19.15 Uhr bei dir. _____ später!

24 Συμπληρώστε τις προτάσεις.

Hans möchte mit Petra ausgehen.
Aber Petra scheint nie Zeit zu haben.

1. ■ Also, Petra, wie wäre es _____ Freitag? Hast du da Zeit?
   ● Das ist ein bisschen schwierig. _____ Nachmittag möchte ich meine Tante besuchen, die schon _____ einer Woche im Krankenhaus liegt. Ja, und _____ Abend gehe ich zum Sport, und _____ dem Sport bin ich sicher zu müde. _____ Wochenende fahre ich dann zu meinen Eltern.

2. ■ Schade. Wie sieht es denn bei dir _____ der nächsten Woche aus?
   ● _____ Montag _____ Mittwoch muss ich für meine Firma nach Düsseldorf. _____ Donnerstag bin ich dann wieder hier. Wir könnten uns doch gleich _____ Donnerstagabend treffen?

3. ■ Das ist leider der einzige Abend _____ der nächsten Woche, an dem ich keine Zeit habe. Vielleicht _____ Freitag?
   ● Ja, aber da kann ich nur _____ 22.00 Uhr, weil ich _____ 22.30 Uhr ins Kino gehen und „Casablanca" sehen möchte. Darauf freue ich mich schon _____ langem! Geh doch einfach mit!

4. ■ Ja, gern, also dann _____ Freitag! Ich hole dich so _____ 20.00 Uhr zu Hause ab.
   ● Vielen Dank!

25 Συμπληρώστε τις προτάσεις.

1. _____ meinem letzten Besuch hattest du dieses neue Sofa aber noch nicht.

2. Thomas arbeitet wirklich sehr diszipliniert. Er hat _____ von vier Jahren sein Studium beendet.

3. Dieser Kurs dauert _____ Januar _____ März.

4. Sie ist schon _____ einer Woche angekommen und bleibt noch _____ nächsten Sonntag.

5. Wir bleiben _____ drei Monate in den USA.

6. Ich habe _____ 1985 das Abitur gemacht.

7. Frau Biller hat _____ einer Stunde angerufen.

8. Es ist unhöflich, _____ des Essens Zeitung zu lesen.

9. Kannst du mir dieses Buch _____ Montag leihen?

10. Wir fahren _____ die Feiertage ans Meer.

11. _____ 1. März arbeite ich bei der Firma Jäger.

12. Er hat gleich _____ dem Abitur seinen Führerschein gemacht.

26 Τροπική σημασία: Συμπληρώστε τις προθέσεις και τα άρθρα.

1. Am Freitag fahre ich nur mit meinem Mann, _____ die Kinder, übers Wochenende nach Wien. Endlich sind wir mal wieder nur zu zweit!
2. Diese Bluse ist _____ indischer Seide.
3. Meinen Informationen _____ beginnt die Veranstaltung erst um 19.00 Uhr.
4. Wenn Sie nach Köln kommen, müssen Sie mich _____ jeden Fall besuchen!
5. Seit ein paar Jahren kann ich leider nur noch _____ Brille lesen.
6. Wir haben dieses Problem _____ allen Einzelheiten besprochen.
7. Meiner Meinung _____ gibt es an dieser Stelle einen Fehler in der Übersetzung.
8. Sie haben die Aufgaben leider nur _____ Teil richtig gelöst.
9. Wir heizen unsere Wohnung _____ Gas.
10. _____ Fremdsprachen-kenntnisse findest du heutzutage keinen guten Job als Sekretärin.
11. Könnten Sie mir bitte diesen Text _____ Englisch übersetzen?
12. Wir hätten gern ein Zimmer _____ Blick aufs Meer.
13. _____ Gegensatz zu mir hat er sehr schnell Ski fahren gelernt.
14. _____ Glück habe ich endlich eine Wohnung gefunden.

27 Αιτιολογική σημασία: Συμπληρώστε τις προθέσεις και τα άρθρα.

1. _____ einer technischen Störung in der U-Bahn sind wir leider viel zu spät gekommen.
2. _____ Angst vor einer Strafe hat er nicht die Wahrheit gesagt.
3. _____ dieser Kälte muss man ja krank werden!
4. Es tut uns Leid, aber _____ eines Fehlers in unserem Telefonsystem können wir heute keine Gespräche vermitteln.
5. Am Tag ihrer Hochzeit strahlte die Braut _____ Glück.
6. Ich mache das nur _____ Liebe zu dir.
7. _____ des starken Nebels sind gestern Abend viele Flüge ausgefallen.
8. _____ dieser Hitze müssen Sie viel trinken.
9. Er weinte _____ Glück, als sein erstes Kind geboren war.
10. _____ einer starken Grippe konnte sie leider nicht kommen.

3.2 Τα μόρια • Partikeln

Επιρρήματα • Adverbien

Τα επιρρήματα έχουν τις ακόλουθες ιδιότητες:

- Δεν κλίνονται, είναι δηλαδή αμετάβλητα (θα συναντήσετε κάποιες εξαιρέσεις στη Mittelstufe).
- Αναφέρονται σε ρήματα (Ich komme *morgen.*) ή επίθετα (Das war eine *sehr* schöne Party.).
- Τα επιρρήματα έχουν συνήθως τη θέση προσδιορισμών στην πρόταση. Βρίσκονται δηλαδή στη μέση της πρότασης.

▸ *te-ka-mo-lo* σελίδες 207–208

Ανάλογα με τη σημασία τους τα επιρρήματα χωρίζονται σε τέσσερις κατηγορίες όπως οι προθέσεις και οι σύνδεσμοι:

▸ *Προθέσεις* σελίδες 166–179
▸ *Σύνδεσμοι* σελίδες 220–228

- επιρρήματα με τοπική σημασία (lokale Adverbien)
- επιρρήματα με χρονική σημασία (temporale Adverbien)
- επιρρήματα με τροπική σημασία (modale Adverbien)
- επιρρήματα με αιτιολογική, εναντιωματική ή συμπερασματική σημασία (kausale, konzessive, konsekutive Adverbien)

Επιρρήματα με τοπική σημασία

wohin? (το επίρρημα φανερώνει κατεύθυνση)

abwärts – aufwärts	προς τα κάτω - προς τα πάνω Von dort führt der Weg *abwärts* ins Tal.
vorwärts – rückwärts	(προς τα) εμπρός - προς τα πίσω, με την όπισθεν Passen Sie auf, wenn Sie *rückwärts* fahren!
her – hin	(προς τα) εδώ - (προς τα) εκεί Gib das Buch *her*, Toni! Dieses Restaurant ist ganz toll. Geh mal *hin*!

(hier)her – dorthin*	προς τα εδώ - προς τα εκεί Komm bitte *hierher*! Geh bitte *dorthin*!
heraus – hinaus → raus**	(προς τα) έξω Kinder, kommt/geht doch *raus*. Das Wetter ist so schön!
herein – hinein → rein**	(προς τα) μέσα Kinder, kommt/geht bitte *rein*. Das Essen ist fertig.
herauf – hinauf → rauf**	(προς τα) πάνω Kinder, kommt/geht bitte *rauf*. Ihr müsst ins Bett.
herunter – hinunter → runter**	(προς τα) κάτω Kinder, kommt/geht bitte von der Mauer *runter*!
herüber – hinüber → rüber**	απέναντι, προς τα πέρα Kinder, geht mal bitte zur Nachbarin *rüber* und bittet sie um etwas Zucker. Wir haben keinen mehr.
nach links/rechts	προς τα αριστερά - προς τα δεξιά Gehen Sie bitte *nach links/rechts*.
nach oben/unten	προς τα πάνω - προς τα κάτω Gehen Sie bitte *nach oben/unten*.
nach vorn/hinten	προς τα εμπρός - προς τα πίσω Gehen Sie bitte *nach vorn/hinten*.
nach draußen/drinnen	προς τα έξω - προς τα μέσα Gehen Sie bitte *nach draußen/drinnen*.
irgendwohin – nirgendwohin	κάπου - πουθενά Ich fahre am Wochenende *irgendwohin* in die Natur. Ich weiß aber noch nicht genau wohin.
überallhin	παντού Mit dir fahre ich *überallhin*.
fort – weg	μακριά Geh bitte nicht *fort / weg* von mir.

---

* *(hier)her* + kommen / *(dort)hin* + gehen, fahren …
** Στο γραπτό λόγο χρησιμοποιούμε συνήθως τους τύπους *heraus / hinaus* …
   Εδώ ισχύει ο κανόνας του *hierher/dorthin*, είναι δηλαδή σημαντική η θέση του ομιλητή σε σχέση με τον ακροατή. Στον προφορικό λόγο χρησιμοποιούμε κυρίως το σύντομο τύπο *raus* …, που αντικαθιστά και τους δύο τύπους *heraus* και *hinaus*.

3   Τα μόρια

wo? (το επίρρημα φανερώνει τόπο)

links – rechts	αριστερά - δεξιά Wo ist denn meine Brille? – Dort *links* auf dem Tisch.
oben – unten	πάνω - κάτω Ich bin *oben*. Komm doch auch rauf!
vorn – hinten	μπροστά - πίσω Bitte im Bus nur *vorn* einsteigen!
draußen – drinnen	έξω - μέσα Kommt doch rein. Es ist schon so kalt *draußen*.
irgendwo – nirgendwo (= nirgends)	κάπου - πουθενά Wo ist denn meine Brille? Sie muss *irgendwo* hier sein. – Ich habe sie leider *nirgends* gesehen.
hier – da / dort	εδώ - εκεί Das Haus *da / dort / hier* meine ich. Das gefällt mir.
drüben	απέναντι Mir gefällt das Haus dort *drüben*.
mitten	στη μέση Musst du immer *mitten* auf dem Sofa sitzen?
überall	παντού Gestern hat es *überall* in Deutschland geregnet.

woher? (το επίρρημα φανερώνει προέλευση)

von links – rechts	από αριστερά - από δεξιά Wir kommen *von links / rechts*.
von oben – unten	από πάνω - από κάτω Wir kommen *von oben / unten*.
von vorn – hinten	από μπροστά - από πίσω Wir kommen *von vorn / hinten*.
von draußen – drinnen	από έξω - από μέσα Wir kommen *von draußen / drinnen*.

von irgendwoher – nirgendwoher	από κάπου - από πουθενά Woher kommt er? – Ich weiß es nicht, *von irgendwoher* aus Europa.
von überallher	από παντού Zu der Hochzeit des Prinzen kamen die Gäste *von überallher* angereist.

Υπενθύμιση:

Woher kommen Sie?		**Wo sind Sie?**		**Wohin gehen Sie?**	
Ich komme	von oben	Ich bin	oben	Ich gehe	nach oben
	von drinnen		drinnen		nach drinnen
	von links		links		nach links
	von …		…		nach …
	von überallher		überall		überallhin
	von n/irgendwoher		n/irgendwo		n/irgendwohin

Επιρρήματα με χρονική σημασία

Τα επιρρήματα με χρονική σημασία μπορεί να αναφέρονται στο παρελθόν, στο παρόν ή στο μέλλον:

wann? (χρονική στιγμή)	παρελθόν	παρόν	μέλλον
	(vor)gestern	heute	(über)morgen
	vorhin	jetzt, nun	bald
	vorher	gerade	nachher
	früher	sofort, gleich	hinterher
	(ein)mal	bisher	(ein)mal
	neulich		später
	damals		

παρελθόν

(vor)gestern	(προ)χθές Wir sind *vorgestern* abgereist und *gestern* Abend angekommen.
vorhin	πριν από λίγο Nein danke, ich habe jetzt keinen Hunger. Ich habe *vorhin* erst etwas gegessen.
vorher	πριν απ'αυτό Ich komme nach der Arbeit zu dir. Aber *vorher* muss ich noch kurz nach Hause.
früher	παλιά „*Früher* war alles besser", sagt meine Großmutter.
(ein)mal	κάποτε Dies war *(ein)mal* ein gutes Restaurant. Heute ist es leider nicht mehr so gut.
neulich	πρόσφατα, τις προάλλες Hast du Maria mal wieder gesehen? – Ja, wir haben uns *neulich* getroffen.
damals	τότε Vor 15 Jahren war ich schon einmal an diesem See. *Damals* gab es hier noch keine so großen Hotels.

παρόν

heute	σήμερα Was machst du *heute* Abend?
jetzt – nun	τώρα Das war der letzte Bus. Was machen wir *nun*?
gerade	αυτή τη στιγμή Was machst du *gerade*? – Ich esse.
sofort – gleich	αμέσως Warten Sie bitte. Ich komme *gleich*.
bisher	ως τώρα *Bisher* hatte ich keine Probleme mit dem Chef.

μέλλον

(über)morgen	(μεθ)αύριο Heute habe ich leider keine Zeit, aber *morgen* oder *übermorgen* kann ich Ihnen gern helfen.
bald	σύντομα Hoffentlich ist dieser Regen *bald* vorbei!
nachher	αργότερα Ich möchte jetzt zum Mittagessen gehen. Kann ich den Brief auch *nachher* schreiben?
hinterher	μετά *Hinterher* wissen wir immer alles besser.
(ein)mal	μια φορά Kommst du mich *(ein)mal* in München besuchen?
später	αργότερα Karl hat angerufen. Er kommt heute Abend ein bisschen *später*.

Κάποια επιρρήματα δηλώνουν τη συχνότητα ή τη σειρά, με την οποία γίνεται κάτι:

συχνότητα

100%								0%
jedesmal immer	fast immer	meistens	oft häufig	öfters	manchmal ab und zu	selten	fast nie	niemals nie

immer	πάντα Sie ist *immer* fröhlich.
jedesmal	κάθε φορά Wenn ich in Paris bin, gehe ich *jedesmal* ins Centre Pompidou.
meistens*	τις περισσότερες φορές Am Morgen trinke ich *meistens* Kaffee.

oft – häufig	συχνά Ihr streitet euch aber *oft*!
öfters	αρκετά συχνά, αρκετές φορές Das ist ein gutes Geschäft. Wir haben schon *öfters* hier eingekauft.
manchmal – ab und zu	καμιά φορά, μερικές φορές, πού και πού Besuchst du deine Eltern oft? – Nein, nur *ab und zu* am Sonntag.
selten	σπάνια Ich war *selten* so glücklich wie an diesem Tag!
nie – niemals	ποτέ Ich war noch *nie* in China.

* Προσοχή:
meistens (= τις περισσότερες φορές) Am Morgen trinke ich *meistens* Kaffee.
am meisten υπερθετικός βαθμός του *viel* (= πιο πολύ απ' όλους) Peter verdient von uns allen *am meisten*.

σειρά

zuerst	πρώτα, στην αρχή Am Sonntag haben wir *zuerst* geduscht.
dann	μετά *Dann* haben wir gemütlich gefrühstückt.
danach	έπειτα *Danach* haben wir eine Wanderung um den See gemacht.
schließlich	τελικά *Schließlich* waren wir zu müde zum Kochen und sind essen gegangen.
zuletzt	στο τέλος *Zuletzt* haben wir noch einen Espresso in einer kleinen Bar getrunken und sind ins Bett gegangen.

▶ *Άλλα χρονικά επιρρήματα (montags, abends …)* σελίδα 139

Επιρρήματα με τροπική σημασία

anders	διαφορετικά Ich hätte *anders* reagiert.
beinahe – fast	παραλίγο Mein Gott, *beinahe* wäre mir die Schüssel runtergefallen!
besonders	ιδιαίτερα Dieses Hotel hat uns *besonders* gut gefallen.
bestimmt	σίγουρα Er wollte dir *bestimmt* nicht wehtun!
etwas	λίγο Ich habe mittags *etwas* geschlafen.
ebenso wie – genauso wie	το ίδιο, εξίσου Sie kocht *genauso* gut *wie* ihre Mutter.
gar nicht – überhaupt nicht	καθόλου Ich weiß *überhaupt nicht,* wie ich das alles schaffen soll.
gern	ευχαρίστως Vielen Dank für die Einladung. Wir kommen sehr *gern*.
höchstens	το πολύ Leider können wir *höchstens* drei Tage hier bleiben.
irgendwie	κάπως Vielleicht werde ich krank. Ich fühle mich heute *irgendwie* nicht wohl.
kaum	σχεδόν καθόλου, ούτε καν Letzte Nacht habe ich *kaum* geschlafen, weil ich so starke Zahnschmerzen hatte.
leider	δυστυχώς Er weiß es *leider* auch nicht.
mindestens	τουλάχιστο(ν), το λιγότερο Jetzt geht es mir gut. Ich habe letzte Nacht *mindestens* zehn Stunden geschlafen.

sehr	πολύ Das Essen war wirklich *sehr* gut!
so	έτσι Schau her und mach es *so* wie ich.
umsonst	άδικα, μάταια Wir sind *umsonst* zum Bahnhof gefahren. Sie ist nicht gekommen.
wenigstens	τουλάχιστο(ν) Du könntest *wenigstens* beim Geschirrspülen helfen, wenn du schon sonst nichts machst.
ziemlich	αρκετά Es ist *ziemlich* kalt geworden.

Επιρρήματα με αιτιολογική, εναντιωματική και συμπερασματική σημασία

Επιρρήματα με αιτιολογική σημασία

deshalb – deswegen – daher – darum	γι' αυτό (το λόγο) In zehn Minuten fährt der Zug. *Deshalb* sollten wir uns beeilen!
nämlich *(μπαίνει μετά από το ρήμα)*	διότι, επειδή, καθότι Ich muss das heute noch fertig machen, ab morgen bin ich *nämlich* in Urlaub.

Επιρρήματα με εναντιωματική σημασία

trotzdem – dennoch	παρ' όλα αυτά Ich habe es verboten. Er hat es *trotzdem* getan.

Επιρρήματα με συμπερασματική σημασία

also	λοιπόν, επομένως Sein Auto steht vor der Tür. Er ist *also* zu Hause.

▶ Ασκήσεις 1–7

1 (hier)her, dorthin, her, hin, rauf, runter, raus, rein, rüber :
Συμπληρώστε τα επιρρήματα.

1. ▣ Was machen Sie denn da oben?
   ● Von hier hat man einen wunderschönen Ausblick. Ich möchte ein paar Fotos machen. Kommen Sie doch auch _____ ! Es lohnt sich wirklich.

2. ▣ Kommen Sie nur _____ . Die Tür ist offen.
   ● Danke.
   ▣ Setzen Sie sich doch bitte _____ . Ich komme auch gleich.

3. ▣ Kommt doch mal _____ auf die Terrasse, ich muss euch etwas zeigen.
   ● Was ist denn los?

4. ▣ Du, wir sind gerade im „Tivoli", komm doch auch _____ .
   ● Nein danke, ich habe heute keine Lust mehr auszugehen.

5. ▣ Möchten Sie nicht auf ein Glas Wein zu uns _____kommen? Dann können wir auf eine gute Nachbarschaft trinken.
   ● Ja gern, das ist sehr nett von Ihnen.

6. ▣ Mama, wo bist du?
   ● Ich bin hier unten im Keller.
   ▣ Komm mal bitte _____ . Ich muss dich was fragen.
   ● Ich kann jetzt nicht. Komm du doch _____ .

7. ▣ Thomas ist draußen. Geh doch auch _____ und spiel mit ihm.
   ● Wenn er mit mir spielen will, kann er auch _____kommen.

8. ▣ Herr Dr. Schneider, könnten Sie bitte einen Moment _____kommen?
   ● Natürlich, was gibt es?

9. ▣ Kommt doch auch _____ und setzt euch zu uns!
   ● Danke schön.

10. ▣ Gehen Sie bitte _____ . Das Sekretariat ist im 1. Stock.
    ● Wir waren gerade oben. Es ist aber niemand da.

2 Συμπληρώστε το αντίθετο.

1. hinaus (raus) _____
2. irgendwo _____
3. hier _____
4. links _____
5. von vorn _____
6. nach draußen _____
7. nirgendwohin _____
8. hinunter (runter) _____
9. abwärts _____
10. rückwärts _____

3 Συμπληρώστε τα σωστά επιρρήματα.

1. Haben Sie schon unsere Dachterrasse gesehen?
   Kommen Sie bitte mit mir _nach oben_ .

   oben / aufwärts / nach oben

2. Wir sind schon fast _____ gereist, nur
   nicht nach Südostasien.

   überallhin / irgendwohin / überall

3. Mein Vater ist draußen im Garten.
   Gehen Sie bitte _____ zu ihm.

   weg / rüber / hinaus

4. Morgen fahren wir auf den Olympiaturm.
   _____ dort _____ hat man
   einen herrlichen Blick über München und
   bis zu den Alpen.

   von … oben / nach … oben

5. Ich habe mein neues Fahrrad immer
   _____ im Keller. Dort steht es
   sicherer als im Hof.

   runter / nach unten / unten

6. Bitte schau _____ , wenn du Auto
   fährst, und dreh dich nicht immer zu den
   Kindern um.

   vorwärts / hierher / nach vorn

7. Hier gefällt es mir so gut, dass ich gar nicht
   mehr _____ möchte.

   irgendwohin / fort / überallhin

8. Kommen Sie bitte _____ .

   hierher / rechts / dorthin

4 Συμπληρώστε τις προτάσεις.
Μπορεί να υπάρχουν περισσότερες
από μία λύσεις.

1. ■ Claudia, wo bleibst du denn?
Wir warten alle auf dich!
● Keine Panik! Ich komme
sofort/gleich.

2. ■ Hast du schon deine Hausaufgaben gemacht?
● Nein, die mache ich _____ .

3. ■ Wo ist denn mein Geldbeutel?
● Ich weiß es nicht, aber
_____ lag er noch hier
auf dem Tisch.

4. ■ Oma, wo warst du denn auf
Hochzeitsreise?
● Ach Kind, _____ gab es
so etwas noch nicht. Wir hatten
kein Geld für Reisen.

5. ■ Warum hast du mich denn
nicht _____ gefragt?
Ich hätte dir gern geholfen.
● Ja, das war dumm von mir.
Aber _____ ist man
immer schlauer.

6. ■ Wie gefällt dir denn dein
neuer Job?
● _____ macht mir die
Arbeit sehr viel Spaß.
Ich hoffe, es bleibt so.

7. ■ Jetzt machen wir erst mal
eine Pause. Wir können
_____ weitermachen.
● Gute Idee!

8. ■ Wo ist denn Frau Kirchner?
● Ich weiß es nicht. Sie war
doch _____ noch hier.

5 Απαντήστε.

1. Wie häufig gehen Sie in die Oper?
Nie.

2. Wie oft bringen Sie Ihrer
Freundin/Frau Blumen mit?

3. Wie oft sind Sie unpünktlich?

4. Wie häufig sagen Sie nicht die
Wahrheit?

5. Wie oft essen Sie Fleisch pro
Woche?

6. Wie oft sind Sie in Ihrem Leben
schon umgezogen?

7. Wie häufig treiben Sie Sport?

8. Wie oft essen Sie im Restaurant?

9. Wie oft frühstücken Sie im Bett?

10. Wie häufig sehen Sie fern?

3 Τα μόρια

6 Συμπληρώστε τα παρακάτω επιρρήματα.

fast	bestimmt		wenigstens		~~sehr~~
kaum		genauso		irgendwie	umsonst
sehr	höchstens		ziemlich		fast

1. Gute Nacht, ich gehe jetzt ins Bett, ich bin _sehr_ müde.
2. Warum hast du nicht _____ angerufen, wenn du so spät kommst?
3. Sie ist _____ hübsch wie ihre Mutter!
4. Leider haben wir den Auftrag nicht bekommen. So war unsere ganze Arbeit _____ .
5. Sie können sich auf mich verlassen. Was ich verspreche, mache ich auch ganz _____ .
6. Er hat so leise gesprochen, dass ich _____ etwas verstanden habe.
7. Ich habe im Moment auch keine Idee, aber _____ müssen wir dieses Problem lösen.
8. Meine Großmutter ist sehr krank. Sie isst _____ nichts mehr und hat _____ viel abgenommen. Jetzt wiegt sie _____ noch 54 kg.
9. Ich muss jetzt unbedingt etwas essen. Ich habe heute den ganzen Tag _____ nichts gegessen.
10. Ich bin sehr müde, denn die Bergtour war _____ anstrengend.

7 Συμπληρώστε επιρρήματα με αιτιολογική, εναντιωματική ή συμπερασματική σημασία.

1. Meine Kollegin ist sehr erkältet. _____ kommt sie ins Büro.
2. Ich habe den Bus verpasst. _____ bin ich leider zu spät gekommen.
3. Ich habe nichts bestellt, _____ muss ich auch nichts zahlen.
4. Morgen muss ich früh aufstehen, _____ gehe ich jetzt schlafen.
5. Es gibt zu wenig Schnee, _____ können wir am Wochenende nicht Ski fahren.
6. Er lernt erst seit zwei Monaten Französisch. _____ spricht er schon ziemlich gut.

▶ *Περισσότερες ασκήσεις για τα επιρρήματα με αιτιολογική, εναντιωματική και συμπερασματική σημασία σελίδα 218*

4.1 Η πρόταση · Satz

Το συμπλήρωμα ρήματος

Κάθε πρόταση αποτελείται από διάφορους όρους: το υποκείμενο, το ρήμα, τα αντικείμενα, τους προσδιορισμούς κλπ. Αυτοί οι όροι ακολουθούν μια ορισμένη σειρά, που καθορίζεται στα γερμανικά από το ρήμα.

Το ρήμα είναι ο πιο σημαντικός όρος στην πρόταση. Από εκείνο εξαρτάται ποιος άλλος όρος ή συμπλήρωμα ρήματος (Ergänzung) θα μπει στην πρόταση. Το ρήμα *heißen* για παράδειγμα παίρνει σαν συμπλήρωμα κάποιο όνομα και το ρήμα *wohnen* έναν τοπικό προσδιορισμό. Και τα δύο ρήματα παίρνουν κι ένα υποκείμενο. Το συμπλήρωμα είναι απαραίτητο, για να ολοκληρωθεί νοηματικά και συντακτικά η πρόταση. Δείτε και τα παραδείγματα:

(ποιος;)... heißt ... (πώς;)	(ποιος;)... malt ... (τι;)	(ποιος;)... wohnen ...(πού;)
Mein Bruder heißt Hans.	Das Kind malt ein Bild.	Wir wohnen in Mainz.
συμπλήρωμα συμπλήρωμα	συμπλήρωμα συμπλήρωμα	συμπλήρωμα συμπλήρωμα
ρήματος ρήματος	ρήματος ρήματος	ρήματος ρήματος

Θα δείτε παρακάτω ομάδες ρημάτων, που παίρνουν διάφορα συμπληρώματα.

Verb + Nominativ

Ορισμένα ρήματα παίρνουν σαν συμπλήρωμα μόνο το υποκείμενο (σε Nominativ), για να σχηματιστεί μια νοηματικά σωστή πρόταση.

Ich	schlafe.
Das Kind	spielt.
Es	regnet. ...

Verb + Nominativ + Akkusativ

Τα περισσότερα ρήματα στη γερμανική γλώσσα παίρνουν εκτός από το υποκείμενο (που είναι πάντα σε Nominativ) και ένα αντικείμενο (που είναι σε Akkusativ ή Dativ). Όταν το ρήμα παίρνει μόνο ένα αντικείμενο για να σχηματιστεί μια νοηματικά και συντακτικά σωστή πρόταση, τότε αυτό το αντικείμενο είναι συνήθως σε Akkusativ (= Akkusativobjekt).

Das Kind	malt	ein Bild.
Ich	schreibe	einen Brief.
Ich	bestelle	eine Cola. ...

Verb + Nominativ + Dativ

Υπάρχουν όμως και κάποια ρήματα, που παίρνουν ένα μόνο αντικείμενο σε Dativ (= Dativobjekt). Αυτά θα πρέπει να τα μάθετε απ' έξω. Πρόκειται κυρίως για ρήματα, που εκφράζουν μια προσωπική σχέση.

Ich	helfe	dir.
Euer Haus	gefällt	mir.
Diese Jacke	gehört	meiner Freundin.
…		

Ρήματα αυτής της κατηγορίας:

antworten, begegnen, danken, fehlen, folgen, gelingen, glauben, gratulieren, nützen, raten, schmecken, vertrauen, widersprechen, zuhören, zuschauen

Verb + Nominativ + Dativ + Akkusativ

Μερικά ρήματα παίρνουν δύο αντικείμενα. Εδώ ισχύει ο εξής κανόνας:
πράγμα (άμεσο αντικείμενο) σε **Akkusativ**
πρόσωπο (έμμεσο αντικείμενο) σε **Dativ**

Σ' αυτή την κατηγορία ανήκουν κυρίως τα ρήματα που δηλώνουν ότι δίνω / παίρνω κάτι ή λέω / αποσιωπώ κάτι.

Ich	schenke	meiner Tochter	ein Fahrrad.
Er	erzählt	seinem Kind	eine Geschichte.
Sie	bringt	ihrer Freundin	eine Tasse Tee.
…			

Ρήματα αυτής της κατηγορίας:

anbieten, beantworten, beweisen, empfehlen, erklären, erlauben, geben, glauben, leihen, mitteilen, sagen, schicken, verbieten, versprechen, vorschlagen, wegnehmen, wünschen, zeigen

▶ Άσκηση 4   ▶ *Περισσότερες ασκήσεις για Akkusativ και Dativ σελίδα 55*

Verb + Nominativ + Nominativ

Τα ρήματα *sein* και *werden* παίρνουν συχνά συμπλήρωμα ρήματος, που δηλώνει ιδιότητα ή χαρακτηριστικό του υποκείμενου (κατηγορούμενο). Στην περίπτωση αυτή το συμπλήρωμα βρίσκεται στην ίδια πτώση με το υποκείμενο, δηλαδή σε Nominativ.

Sie	ist	eine schöne Frau.
Sie	wird	Ärztin.

▶ *Ασκήσεις για sein και werden σελίδα 18*

Verb + Nominativ + Präpositionalobjekt

Ρήματα με σταθερή πρόθεση παίρνουν πάντα ένα εμπρόθετο αντικείμενο (Präpositionalobjekt). Εξαρτάται από την πρόθεση εάν αυτό το αντικείμενο θα μπει σε Akkusativ ή Dativ.

▶ *Ρήματα με προθέσεις σελίδες 83–88*

Wir	beginnen	mit dem Unterricht.
Ich	denke	gern an meine Kindheit.
Wir	freuen	uns auf die Ferien.
…		

▶ *Ασκήσεις για τα ρήματα με προθέσεις σελίδες 89–95*

Verb + Nominativ + Ergänzung mit Präposition

Υπάρχουν πολλά ρήματα που παίρνουν έναν προσδιορισμό με πρόθεση. Συνήθως πρόκειται για τοπικό προσδιορισμό.

Ich	fahre	nach Berlin.
Ich	gehe	ins Kino.
Sie	bleibt	im Haus.
…		

4.2 Η πρόταση · Satz
Το ρήμα στη δεύτερη θέση

Θέσεις του ρήματος

Σε μια κύρια πρόταση μπορεί το ρήμα να βρίσκεται σε δύο
θέσεις: Στη δεύτερη θέση και στο τέλος της πρότασης.
Στη δεύτερη θέση μπαίνει πάντα το κλιτό μέρος του ρήματος.
Στο τέλος μπαίνει πάντα το άκλιτο μέρος του ρήματος, δηλαδή
το πρόθεμα (στα χωριζόμενα ρήματα), η μετοχή (στους χρόνους
Perfekt, Plusquamperfekt και στην παθητική φωνή) ή το
απαρέμφατο (σε προτάσεις με Modalverb ή στο χρόνο Futur).

	δεύτερη θέση		τέλος της πρότασης
Heute	beginnt	der Film schon um 20.00 Uhr.	
Heute	fängt	der Film schon um 20.00 Uhr	an*.
Gestern	hat	der Film schon um 20.00 Uhr	begonnen.
Gestern	hat	der Film schon um 20.00 Uhr	angefangen*.
Heute	muss	der Film schon um 20.00 Uhr	beginnen.
Heute	muss	der Film schon um 20.00 Uhr	anfangen*.
Wann	beginnt	der Film heute?	
Wann	fängt	der Film heute	an*?

* ▶ *Χωριζόμενα ρήματα* σελίδες 48–49

Η πρώτη θέση στην πρόταση

Στην πρώτη θέση μπορεί να μπει οποιοσδήποτε όρος της
πρότασης. Συνήθως, ο πρώτος όρος συνδέει την πρόταση με
την προηγούμενη. Πολλοί όροι όμως μπαίνουν και στην πρώτη
θέση, για να τονιστούν ιδιαίτερα.

206

Στην καθομιλουμένη συναντάμε στην πρώτη θέση συνήθως τους παρακάτω όρους: Ουσιαστικά ①, αντωνυμίες ②, επιρρήματα ③, χρονικούς προσδιορισμούς ④, τοπικούς προσδιορισμούς που απαντούν στην ερώτηση wo? ⑤, προσδιορισμούς με προθέσεις ⑥, δευτερεύουσες προτάσεις ⑦.

	πρώτη θέση	δεύτερη θέση		τέλος πρότασης
①	Meine Freundin	ist	heute um 6.32 Uhr	angekommen.
②	Sie	ist	heute um 6.32 Uhr	angekommen.
③	Heute	ist	meine Freundin	angekommen.
④	Um 6.32 Uhr	ist	sie	angekommen.
⑤	In München	würde	ich auch gern	studieren.
⑥	Durch meine Krankheit	bin	ich immer noch sehr	geschwächt.
⑦	Wenn du willst,	kannst	du mich auch	besuchen.

Το μεσαίο τμήμα της πρότασης

Το τμήμα της πρότασης, που βρίσκεται ανάμεσα στα δύο μέρη του ρήματος (δεύτερη θέση και τέλος της πρότασης), λέγεται μεσαίο τμήμα της πρότασης (= Mittelfeld). Επειδή στην πρώτη θέση μπορεί να βρίσκεται μόνο ένας όρος, οι υπόλοιποι όροι της πρότασης παρατάσσονται στο μεσαίο τμήμα.

Για τη σειρά των όρων στο μεσαίο τμήμα της πρότασης ισχύουν τα εξής:

A Η αντωνυμία πριν από το ουσιαστικό
B Η σειρά των ουσιαστικών: Nominativ, Dativ, Akkusativ, Genitiv
C Η σειρά των αντωνυμιών: Nominativ, Akkusativ, Dativ
D Το αντικείμενο σε Dativ και Akkusativ πριν από τα εμπρόθετα αντικείμενα
E Η σειρά των προσδιορισμών είναι συνήθως: χρονικοί = **te**mporal (wann? = πότε;), αιτιολογικοί = **ka**usal (warum? = γιατί;), τροπικοί = **mo**dal (wie? = πώς;), τοπικοί = **lo**kal (wo? = πού; wohin? = προς τα πού;) → **te-ka-mo-lo**
F Γνωστές πληροφορίες (με οριστικό άρθρο) βρίσκονται πριν από μια νέα πληροφορία (με αόριστο άρθρο)
G Οι προσδιορισμοί βρίσκονται συχνά ανάμεσα σε δύο αντικείμενα

Ας δούμε κάποια παραδείγματα:

		δεύτερη θέση		**τέλος**
B	Peter	hat	heute seiner Frau Blumen	mitgebracht.
	Nom.		Dat. Akk.	
B	Heute	hat	Peter seiner Frau Blumen	mitgebracht.
			Nom. Dat. Akk.	
A	Er	hat	ihr heute Blumen	mitgebracht.
A + C	Heute	hat	er ihr Blumen	mitgebracht.
C	Heute	hat	er sie ihr	mitgebracht.
A	Sie	hat	sich gerade die Hände	gewaschen.
A + C	Gerade	hat	sie sich die Hände	gewaschen.
D + B	Er	hat	seiner Frau eine Bluse aus Seide	mitgebracht.
D	Gestern	hat	sie einen Brief an ihren Freund	geschrieben.
E	Gestern	bin	ich um 6.32 Uhr in Frankfurt	angekommen.
			temporal lokal	
E	Gestern	bin	ich wegen des Schnees mit dem Zug	gefahren.
			kausal modal	
F	Ich	habe	dem Sohn meines Freundes ein Buch	geliehen.
			γνωστό άγνωστο	
G	Ich	danke	dir herzlich für die Blumen.	
			αντικ. προσδ. εμπρ. αντικ.	
G	Bei der Kälte	muss	ich mir unbedingt einen Anorak	kaufen.
			υποκ. αντικ. προσδ. αντικ.	

Τα αντικείμενα σε Akkusativ και Dativ παραμένουν συνήθως στο μεσαίο τμήμα της πρότασης. Μόνο όταν θέλουμε να τα τονίσουμε ιδιαίτερα, μπορούν να μπουν στην πρώτη θέση.

Ich habe es mir schon gedacht.	*es* =	προσωπική αντωνυμία σε Akkusativ, δεν τονίζεται
Das habe ich mir schon gedacht!	*das* =	δεικτική αντωνυμία σε Akkusativ, τονίζεται

Άρνηση

Στην άρνηση διακρίνουμε τις εξής δύο περιπτώσεις: Μπορούμε
ν' αρνηθούμε μια ολόκληρη πρόταση ή μεμονωμένους όρους
της πρότασης.

**άρνηση
ολόκληρης
πρότασης**

	δεύτερη θέση		τέλος
Ich	kaufe	dir dieses Buch *nicht*.	
Ich	habe	ihn *nicht*	angerufen.
Ich	habe	ihn *nicht* sofort	angerufen.
Ich	kann	*nicht* Auto	fahren.
Ich	interessiere	mich *nicht* für Technik.	
Ich	esse	*kein* Fleisch.	

**άρνηση ενός
όρου**

	δεύτερη θέση		τέλος
Nicht ich	habe	meiner Mutter einen Brief	geschrieben.

Mein Bruder war es.

Ich	habe	*nicht meiner Mutter* einen Brief	geschrieben.

Ich habe meinem Vater geschrieben.

Η τελευταία θέση στην πρόταση

Είδαμε στη σελίδα 206 *Θέσεις του ρήματος* ότι ο άκλιτος τύπος
του ρήματος καταλαμβάνει την τελευταία θέση της πρότασης.
Υπάρχουν όμως δύο όροι που μπαίνουν μετά το ρήμα στο τέλος
της πρότασης. Είναι οι συγκριτικές προτάσεις (A) και τα
εμπρόθετα αντικείμενα (B):

		δεύτερη θέση		τέλος
A	Der Film	ist	interessanter	gewesen	als ich gedacht habe.
A	Der Film	ist	nicht so interessant	gewesen	wie ich gedacht habe.
B	Ich	habe	mich sehr über deinen Besuch	gefreut.	
B	Ich	habe	mich sehr	gefreut	über deinen Besuch.

Όπως βλέπετε στο παράδειγμα, οι συγκριτικές προτάσεις μπαίνουν πάντα στην
τελευταία θέση της πρότασης, ενώ το εμπρόθετο αντικείμενο μπορεί να εμφανίζεται
και στη μέση της πρότασης.

▶ *Δευτερεύουσες τροπικές προτάσεις (συγκριτικές)* σελίδα 226

Ερωτηματική πρόταση με ερωτηματική αντωνυμία

Σ' αυτές τις προτάσεις η ερώτηση ξεκινάει πάντα με την ερωτηματική αντωνυμία. Οι υπόλοιποι όροι της πρότασης παραμένουν στις ίδιες θέσεις:

	δεύτερη θέση		τέλος
Wie	heißen	Sie?	
Wann	fängt	der Film	an?

Σύνδεσμοι: κύρια πρόταση + κύρια πρόταση

Υπάρχουν σύνδεσμοι, που συνδέουν μια κύρια πρόταση με μια δευτερεύουσα (π.χ. *als, wenn, weil* ...) και σύνδεσμοι που συνδέουν μια κύρια με μια άλλη κύρια πρόταση. Οι ακόλουθοι σύνδεσμοι λειτουργούν σαν συνδετικός κρίκος ανάμεσα σε δύο κύριες προτάσεις. Αυτό σημαίνει ότι μετά το σύνδεσμο ακολουθεί η πρόταση με κανονική σύνταξη, δεν αλλάζει δηλαδή θέση το ρήμα.

▶ *als, wenn, weil* ... σελίδες 220–228

aber	αλλά, όμως	Ich fahre am Wochenende nach Paris, *aber* diesmal gehe ich in kein Museum.
denn	επειδή	Ich fahre am Wochenende nach Paris, *denn* im Frühling ist es dort sehr schön.
und	και	Ich fahre am Wochenende nach Paris *und* (ich) schaue mir den Louvre an.
sondern (προηγείται αρνητική δήλωση)	αλλά	Ich fahre nicht weg, *sondern* (ich) bleibe lieber zu Hause.
oder	ή	Ich fahre am Wochenende nach Paris *oder* vielleicht bleibe ich auch zu Hause.

Εύκολα θα μπορέσετε να θυμηθείτε τους συνδέσμους αυτής της ομάδας, αν βάλετε στη σειρά τα αρχικά τους γράμματα: **aduso**.

Ζεύγη συνδέσμων

Αυτοί οι σύνδεσμοι αποτελούνται από δύο μέρη και συνδέουν
ιδιαίτερα στενά δύο όρους της πρότασης ή δύο προτάσεις.

entweder ... oder	ή ... ή	Ich habe meinen Pass *entweder* zu Hause *oder* im Büro vergessen.

Entweder habe ich meinen Pass
vergessen *oder* ich habe ihn verloren.

Όταν το *entweder* εισάγει πρόταση, ακολουθείται από το ρήμα.
Το *oder* από την άλλη ανήκει στους συνδέσμους που είδαμε
παραπάνω. Ακολουθεί δηλαδή το υποκείμενο και το ρήμα.

nicht nur ... **sondern auch**	όχι μόνο ... αλλά και	Deine neue Frisur ist *nicht nur* hübsch, *sondern auch* modern.

Deine neue Frisur ist *nicht nur* hübsch,
sondern sie steht dir *auch*.

sowohl ... als auch	και ... και	Die Touristen schauen sich *sowohl* die Akropolis, *als auch* das Archäologische Museum an.

Αυτό το ζεύγος δε συνδέει προτάσεις, αλλά μόνο δύο όρους της
πρότασης μεταξύ τους.

weder ... noch	ούτε ... ούτε	Mich interessieren *weder* die Museen *noch* die Kirchen.

Weder möchte ich die Museen sehen,
noch möchte ich die Kirchen besuchen.

Όταν οι δύο αυτοί σύνδεσμοι εισάγουν πρόταση, μπαίνουν
στην πρώτη θέση. Ακολουθεί αμέσως μετά το ρήμα.

zwar ... aber	ναι μεν ... αλλά	Dieses Kleid ist *zwar* hübsch, *aber* auch sehr teuer.

Ich liebe meine Kinder *zwar* sehr, *aber*
ich bin auch gern mal einen Tag allein.

Συσχετικά επιρρήματα

Δύο κύριες προτάσεις μπορεί να συνδεθούν και με ένα επίρρημα. Αυτό βρίσκεται συνήθως στην πρώτη θέση ή αμέσως μετά το κλιτό ρήμα, δηλαδή στην τρίτη θέση της πρότασης.

deshalb, deswegen, darum, daher	γι' αυτό (το λόγο)	Mein Auto ist kaputt, *deshalb* fahre ich heute mit dem Zug zur Arbeit.
zuerst	πρώτα, στην αρχή	Ich frühstücke jetzt, *danach* fahre ich
dann	μετά	zur Arbeit. *Dann …*
danach	έπειτα	
schließlich	τελικά	
zuletzt	στο τέλος	
gleichzeitig	συγχρόνως	
vorher	πριν	
nachher	μετά, αργότερα	
trotzdem, dennoch	παρ' όλα αυτά	Ich habe ein Auto, *trotzdem* fahre ich oft mit dem Fahrrad zur Arbeit.
also	λοιπόν, επομένως	Ich bin krank, *also* bleibe ich heute zu Hause.
jedoch	όμως	Ich besuche dich morgen, *jedoch* habe ich erst am Nachmittag Zeit.

Όλα αυτά τα συσχετικά επιρρήματα μπορούν να μπουν, όπως είπαμε, και στην τρίτη θέση της πρότασης. Σ' αυτή την περίπτωση όμως είναι καλύτερα να σχηματίσουμε δύο κύριες προτάσεις:

Mein Auto ist kaputt. Ich fahre *deshalb* heute mit dem Zug zur Arbeit.

Με τη βοήθεια λοιπόν των παραπάνω επιρρημάτων και συνδέσμων μπορούμε να συνδέσουμε νοηματικά προτάσεις μεταξύ τους και να δώσουμε καλύτερη ροή στο κείμενο. Γι' αυτό καλό είναι να χρησιμοποιείτε αυτά τα επιρρήματα και τους συνδέσμους, όταν γράφετε κείμενα (εκθέσεις, επιστολές, άρθρα).

Συνοπτικός πίνακας

Ας δούμε τώρα τους κυριότερους συνδέσμους και τα επιρρήματα σε ένα συνοπτικό πίνακα. Στην πρώτη στήλη θα βρείτε τους συνδέσμους, που συνδέουν κύριες προτάσεις μεταξύ τους και δεν προκαλούν καμία αλλαγή της σύνταξης. Στη δεύτερη στήλη έχουμε τα επιρρήματα, που συνδέουν κύριες προτάσεις μεταξύ τους. Αυτά τα επιρρήματα μπαίνουν είτε στην πρώτη είτε στην τρίτη θέση της πρότασης. Στην τρίτη στήλη θα βρείτε τους συνδέσμους, που συνδέουν κύρια με δευτερεύουσα πρόταση. Στη δευτερεύουσα το ρήμα μεταφέρεται στο τέλος της πρότασης.

▶ *Το ρήμα στο τέλος της πρότασης* σελίδες 220–228

	κύρια + κύρια θέση 0	κύρια + κύρια θέση 1 ή 3	κύρια + δευτερεύουσα
αιτιολογικοί αιτία	denn	deshalb, deswegen, daher, darum	weil, da
χρονικοί χρόνος		zuerst, dann, danach, schließlich, zuletzt …	wenn, als, seit(dem), bevor/ehe, nachdem, sobald, während, bis
υποθετικοί όρος			wenn, falls
εναντιωματικοί αντίθετα με τα αναμενόμενα		trotzdem, dennoch	obwohl
συμπερασματικοί συνέπεια		also	so dass, ohne dass, ohne zu
τελικοί σκοπός, πρόθεση			um zu + Inf., damit
αντιθετικοί περιορισμός, αντίθεση	aber, sondern	jedoch	(an)statt dass, (an)statt zu
άλλοι σύνδεσμοι	und, oder		

▶ Ασκήσεις 1–14

1 Βάλτε τα μέρη του ρήματος στη σωστή θέση.

1. Gestern – ich – um 8.00 Uhr – bin aufgestanden
   Gestern bin ich um 8.00 Uhr aufgestanden.
2. Wir – gern – eine neue Wohnung – würden mieten
3. Er – immer – zu spät – kommt
4. Sie – gestern – noch einmal – wurde operiert
5. Morgen früh – ich – wieder – fahre weg
6. Dieses Jahr – unser Sohn – nicht mit uns – in Urlaub – möchte fahren
7. Wir – gern – noch – ein bisschen länger – wären geblieben
8. Nächste Woche – dich – ich – besuche – sicher

2 Ποιοι όροι μπορεί να βρίσκονται στην πρώτη θέση;
Υπάρχουν μία, δύο ή το πολύ τρεις λύσεις.

1. die Wälder – sehr geschädigt – in den letzten Jahren – durch sauren Regen – wurden (3)
   Die Wälder wurden in den letzten Jahren durch sauren Regen sehr geschädigt.
   In den letzten Jahren wurden die Wälder durch sauren Regen sehr geschädigt.
   Durch sauren Regen wurden die Wälder in den letzten Jahren sehr geschädigt.
2. schenkte – einen großen Blumenstrauß – ihr – zum Geburtstag – er (2)
3. ihm – zum Abschied – sie – gab – einen Kuss (2)
4. haben – wir – gekündigt – unsere Wohnung (2)
5. mache – ab morgen – eine Diät – ich (2)
6. hat – den ganzen Morgen – gelesen – Zeitung – er (2)
7. hat – uns – das Hotel – gefallen – sehr gut (2)
8. die Geschäfte – in Deutschland – um 20.00 Uhr – schließen (3)

3 Αλλάξτε τη σύνταξη της πρότασης ξεκινώντας με τον όρο που αναφέρεται με πλάγια γράμματα.

1. Er hat uns diese Geschichte *gestern* doch ganz anders erzählt!
   Gestern hat er uns diese Geschichte doch ganz anders erzählt!
2. Ich habe heute meinen Lehrer *zufällig* auf der Straße getroffen.
3. Ich würde sehr gern mal *in Paris* arbeiten.
4. Ich habe ihn leider *seit drei Monaten* nicht mehr gesehen.
5. Er hat mir *zum Geburtstag* einen sehr schönen Ring geschenkt.
6. Es hat *in der Nacht* mindestens vier Stunden lang geregnet.
7. Sie hat mir mein Buch *leider* noch nicht zurückgegeben.
8. Wir haben für ihn *zum Abschied* eine Party organisiert.

4 Απαντήστε. Προσοχή στη σωστή σειρά των ουσιαστικών και αντωνυμιών.
▶ *Προσωπικές αντωνυμίες* σελίδα 144

1. ■ Hat der Kellner Ihnen auch das Menü empfohlen?
   ● Ja, er *hat es uns auch empfohlen.*
   _____

5. ■ Hat der Küchenchef den Gästen schon das Menü vorgestellt?
   ● Ja, er _____
   _____ .

2. ■ Haben Sie den Bewerbern die Briefe schon zugeschickt?
   ● Ja, ich _____
   _____ .

6. ■ Haben Sie Herrn Berger schon den Kaffee gebracht?
   ● Ja, ich _____
   _____ .

3. ■ Hat der Nachbar den Kindern den Ball weggenommen?
   ● Ja, er _____
   _____ .

7. ■ Hast du deinem Vater schon dein Zeugnis gezeigt?
   ● Ja, ich _____
   _____ .

4. ■ Hast du den Gästen schon unseren neuen Sherry angeboten?
   ● Ja, ich _____
   _____ .

8. ■ Haben Sie Ihren Studenten schon den Konjunktiv erklärt?
   ● Ja, ich _____
   _____ .

5 Συμπληρώστε τους όρους που βρίσκονται σε παρένθεση.

1. Wir möchten Sie gern einladen. (mit Ihrer Frau – am Samstagabend – zum Essen)
   Wir möchten Sie gern am Samstagabend mit Ihrer Frau zum Essen einladen.

2. Wir gehen ins Schwimmbad. (mit den Kindern – heute Nachmittag)

3. Wir waren in Urlaub. (in den USA – mit dem Wohnmobil – letzten Sommer)

4. Ich würde gern spazieren gehen. (am Fluss – mit dir – abends)

5. Sie geht zum Tanzen. (mit ihrem neuen Freund – jeden Abend – in dieselbe Disco)

6. Ich fahre nach Berlin. (wegen der Hochzeit meines Bruders – nächsten Sonntag)

7. Ich räume die Küche auf. (heute Abend – ganz bestimmt)

8. Er hat sich erkältet. (beim Skifahren – in der Schweiz – letzte Woche)

6 Τονίστε τον όρο που αναφέρεται με πλάγια γράμματα.

1. Wir möchten *darüber* lieber nicht mehr sprechen.
   Darüber möchten wir lieber nicht mehr sprechen.
2. Ich will nichts mehr *mit ihm* zu tun haben.
3. Natürlich hat *mir* wieder keiner was gesagt!
4. Ich weiß *davon* leider nichts.
5. Du kannst dich ganz bestimmt *auf mich* verlassen.
6. Niemand hat mir *das* gesagt.
7. Es ist ihm bei dem Unfall *glücklicherweise* nichts passiert.
8. Ich möchte auch gern einmal *dorthin* fahren.

7 Διορθώστε τη λανθασμένη σειρά των λέξεων στις προτάσεις.

1. Ich fahre mit dem Zug heute nach Hause.
   Ich fahre heute mit dem Zug nach Hause.
2. Ich habe beim Chef mich schon entschuldigt.
3. Er musste vor dem Theater lange auf mich gestern warten.
4. Ich kann nach Hause dich gern fahren.
5. Er hat das Buch ihr schon gebracht.
6. Ich habe wegen der Kälte einen warmen Anorak mir gekauft.
7. Sie hat nichts mir gesagt.
8. Wir sind in die Berge am Sonntag zum Wandern gefahren.

8 Συμπληρώστε τη λέξη *nicht*.

1. Das ist sehr teuer.
   Das ist nicht sehr teuer.
2. Seine Bilder haben mir gut gefallen.
3. Ihre Mutter wird operiert.
4. Er hat sich an mich erinnert.
5. Ich habe das gewusst.
6. Ich kann Tennis spielen.
7. Ich bleibe hier.
8. Du sollst das machen.

9 Συμπληρώστε *kein-* ή *nicht*.

1. Ich mag _keine_____ langweiligen Menschen.
2. Es ist _____ kalt hier.
3. Warum hast du _____ Hunger?
4. Sie hat _____ Glück in der Liebe.
5. Ich habe jetzt _____ Lust spazieren zu gehen.
6. Er kann leider _____ gut Englisch.
7. Ich habe _____ Stift dabei. Könntest du mir _____ kurz deinen leihen?
8. Wir suchen _____ Wohnung, sondern ein Haus.
9. Entschuldigung, sprechen Sie bitte langsamer. Ich verstehe _____ viel Deutsch.
10. Tut mir Leid, ich kenne _____ guten Mechaniker, der dir bei der Reparatur helfen könnte.

10 Σχηματίστε την άρνηση την όρων ή προτάσεων, που αναφέρονται με πλάγια γράμματα.

1. Sie sind *immer* pünktlich.
   Sie sind nicht immer pünktlich.
2. *Ich kenne sie.*
3. Wir gehen *heute* ins Konzert, (sondern morgen).

4. *Alle* lieben diese Sängerin.
5. *Er kann Ski fahren.*
6. Ich gehe *mit jedem* aus.
7. *Ich weiß es.*
8. Das versteht *jeder.*

11 Συμπληρώστε τους συνδέσμους *aber, denn, und, sondern, oder.*

1. ▪ Könnten Sie mir bitte kurz Ihr Wörterbuch leihen, *denn*_____ ich finde meins nicht?

2. ▪ Gehst du heute Abend mit uns ins „Papillon"?
   ● Ich komme gern mit, _____ nicht lange, _____ ich möchte heute früh ins Bett gehen.

3. ▪ Ist Tante Emma schon da?
   ● Nein, sie wollte nun doch nicht heute kommen, _____ lieber morgen.

4. ▪ Was machen Sie heute Abend?
   ● Ich weiß es noch nicht genau. Vielleicht gehe ich ins Kino _____ ich bleibe zu Hause _____ sehe fern.

12 Συμπληρώστε τα ζεύγη συνδέσμων *sowohl … als auch, weder … noch, zwar … aber, entweder … oder.*

1. ▪ Welche Opern mögen Sie lieber, die von Verdi oder Mozart?
   ● Ich liebe _____ die Opern von Verdi _____ die von Mozart. Meine Lieblingsoper ist übrigens „La Traviata".

2. ▪ Mögen Sie keinen Champagner?
   ● Doch, sehr. Ich darf _____ keinen Alkohol trinken, _____ heute mache ich mal eine Ausnahme.

3. ▪ Was machst du denn nach dem Unterricht?
   ● Ich weiß es noch nicht. _____ gehe ich nach Hause _____ ich gehe ins Zentrum zum Einkaufen.

4. ▪ Sprechen Sie Spanisch oder Italienisch?
   ● _____ Spanisch _____ Italienisch, aber ich kann sehr gut Englisch und Französisch.

13 Συνδέστε τις προτάσεις, ώστε να σχηματιστεί ένα ενιαίο κείμενο. Όπου είναι δυνατό μην αρχίσετε με το υποκείμενο, αλλά βάλτε άλλους όρους στην πρώτη θέση.

Να θυμάστε τον κανόνα: Στην πρώτη θέση της πρότασης βρίσκεται ένας όρος που συνδέει αυτή την πρόταση με την προηγούμενη.

trotzdem		schließlich		gestern		deshalb	
in diesem Moment		deswegen		sofort		leider
daraufhin		zum Glück		aber		plötzlich	
also	dann		vielleicht		gleich		und

1. Ich bin nach der Schule nach Hause gegangen.
2. Ich habe vor der Haustür bemerkt, dass ich meinen Schlüssel vergessen habe.
3. Unsere Nachbarin hat auch einen Schlüssel von unserer Wohnung.
4. Ich habe bei ihr geklingelt.
5. Sie war nicht zu Hause.
6. Ich habe überlegt, was ich tun kann.
7. Ich hatte eine Idee.
8. Ich rief den Schlüsselnotdienst an.
9. Der Schlüsselnotdienst kam.
10. Der Mann öffnete mir die Tür.
11. Meine Mutter kam früher von der Arbeit zurück.
12. Ich musste 140,– EUR bezahlen.
13. Ich habe das Geld umsonst bezahlt.

14 Ξαναγράψτε τις προτάσεις χρησιμοποιώντας τα επιρρήματα. Μερικές προτάσεις αλλάζουν εντελώς. Προσέξτε τη σωστή σύνταξη.

1. Bevor wir nach Berlin umgezogen sind, lebten wir auf dem Land in Oberbayern. (früher/jetzt)
2. Da ich in Bayern meine Kindheit verbracht habe, liebe ich die Berge. (deshalb)
3. Obwohl das Leben in einer Großstadt wie Berlin eine große Umstellung für mich bedeutet hat, habe ich mich schnell daran gewöhnt. (trotzdem)
4. In Berlin verwenden die Leute zum Beispiel das Wort „Semmel" nicht. Sie sagen „Schrippen". (hier)
5. Vor ein paar Tagen hat mir jemand gesagt, als ich ihn mit „Grüß Gott" begrüßt habe: „Du kommst wohl aus Bayern!", weil man hier „Guten Tag" sagt. (neulich – denn)
6. So sage ich jetzt auch immer „Guten Tag", wenn ich jemanden grüße. (also)

4.3 Η πρόταση · Satz

Το ρήμα στην πρώτη θέση

Είδαμε ότι στα γερμανικά το ρήμα της κύριας πρότασης μπαίνει πάντα στη δεύτερη θέση. Υπάρχουν όμως δύο είδη προτάσεων όπου το ρήμα εμφανίζεται στην πρώτη θέση. Είναι οι προτάσεις με προστακτική και οι ερωτήσεις κρίσης, δηλαδή ερωτήσεις, στις οποίες απαντά κανείς με *ναι* ή *όχι*.

Προστακτική · Imperativ

πρώτη θέση		τέλος
Komm	bitte hierher!	
Macht	doch bitte die Tür	zu!
Nehmen	Sie doch noch etwas zu essen!	

▶ *Προστακτική* σελίδες 59–60

Ερώτηση κρίσης · Ja-/Nein-Frage

πρώτη θέση		τέλος
Gehst	du heute Abend mit ins Kino?	
Könntet	ihr bitte das Fenster	öffnen?
Hören	Sie gern Musik?	

4.4 Η πρόταση · Satz
Το ρήμα στο τέλος της πρότασης

Οι δευτερεύουσες προτάσεις συμπληρώνουν κύριες προτάσεις, με τις οποίες και συνδέονται.

Κανόνας Στη δευτερεύουσα πρόταση το ρήμα που κλίνεται μπαίνει πάντα στην τελευταία θέση.

Η σειρά των άλλων όρων της πρότασης ακολουθεί τους κανόνες, που αναφέραμε για το μεσαίο τμήμα της κύριας πρότασης.

▶ *Το μεσαίο τμήμα της πρότασης* σελίδες 207–208

κύρια πρόταση

δεύτερη θέση			τέλος
Ich	lerne	Deutsch,	
Ich	lerne	Deutsch,	
Ich	habe	Deutsch	gelernt,

δευτερεύουσα πρόταση

	το ρήμα στο τέλος
weil ich in Deutschland	arbeite.
weil ich in Deutschland	arbeiten möchte.
als ich in Deutschland	gearbeitet habe.

δευτερεύουσα πρόταση

= πρώτη θέση
Als ich in Deutschland gearbeitet habe,

κύρια πρόταση

δεύτερη θέση		τέλος
habe	ich Deutsch	gelernt.

Παρατηρήστε προσεκτικά τα παραπάνω παραδείγματα.
Θα δείτε ότι:

- Η δευτερεύουσα πρόταση μπορεί ν' ακολουθεί την κύρια ή να προηγείται. Πάντα όμως χωρίζεται από αυτή με κόμμα.

- Όταν η δευτερεύουσα πρόταση βρίσκεται μπροστά από την κύρια, καταλαμβάνει ουσιαστικά τη θέση του πρώτου συντακτικού όρου της κύριας πρότασης. Επομένως η κύρια πρόταση ξεκινάει με το ρήμα.

Δευτερεύουσες χρονικές προτάσεις

Οι δευτερεύουσες χρονικές προτάσεις εισάγονται με συνδέσμους, οι οποίοι φανερώνουν τη χρονική ακολουθία. Δηλώνουν δηλαδή αν η πράξη της δευτερεύουσας συμβαίνει ταυτόχρονα με την πράξη της κύριας ή αν συμβαίνει πριν ή μετά.

ταυτόχρονα	όχι ταυτόχρονα
als	bevor/ehe
wenn	nachdem
während	sobald
bis	
seit / seitdem	

▶ *Χρόνοι* σελίδες 24–32

Χρονική ταύτιση

als
όταν
ερώτηση: *πότε;*
(*wann?*)

▫ Wann hast du eigentlich in Paris gelebt?
● *Als* ich noch Student war. Weißt du das nicht mehr?

πράξη / κατάσταση που συνέβη μια φορά στο παρελθόν

wenn
όταν
ερώτηση: *πότε;*
(*wann?*)

▫ *Wenn* ich das nächste Mal nach Paris fahre, bring' ich dir einen besonders guten Rotwein mit.
● Oh, das wäre sehr nett.

πράξη που συμβαίνει μια φορά στο παρόν ή στο μέλλον

▫ Hast du denn noch Freunde in Paris?
● Ja klar. Jedesmal *wenn* ich nach Paris gefahren bin, habe ich sie besucht.

πράξη επαναλαμβανόμενη στο παρελθόν (χρησιμοποιούμε συνήθως τις λέξεις jedesmal = κάθε φορά ή immer = πάντοτε)

während ενώ ερώτηση: *πότε;* (*wann?*)	■ Kann ich dir irgendwie helfen? ● Ja, das wäre sehr nett. *Während* ich das Essen warm mache, könntest du vielleicht schon den Tisch decken. *Δύο πράξεις που συμβαίνουν ταυτόχρονα στο παρόν, παρελθόν ή μέλλον. Ο χρόνος στην κύρια και στη δευτερεύουσα πρόταση είναι ο ίδιος.*
bis μέχρι ερώτηση: *μέχρι πότε;* (*bis wann?*) *πόσο καιρό; / για πόση ώρα;* (*wie lange?*)	■ Mama, darf ich mitkommen? ● Nein, du wartest im Auto, *bis* ich zurückkomme. Ich bin gleich wieder da. *λήξη μιας πράξης*
seit / seitdem από τότε που ερώτηση: *από πότε;* (*seit wann?*)	■ Wie geht es Ihnen? ● Danke, gut. *Seitdem* ich nicht mehr so viel arbeite, geht es mir viel besser. *Η δευτερεύουσα πρόταση δηλώνει την αρχή ενός χρονικού διαστήματος.*

Χρονική απόκλιση

bevor / ehe πριν ερώτηση: *πότε;* (*wann?*)	■ Also, um wie viel Uhr kommst du morgen? ● Ich weiß es noch nicht genau. Aber ich kann dich ja kurz anrufen, *bevor* ich von zu Hause losfahre. *Η πράξη της κύριας πρότασης συμβαίνει πριν από την πράξη της δευτερεύουσας, παρ' όλα αυτά χρησιμοποιούμε συνήθως και στις δύο προτάσεις τον ίδιο χρόνο.*

nachdem
αφού
ερώτηση: *πότε;*
(*wann?*)

▪ Warum bist du denn gestern Abend nicht mehr zu uns gekommen?

● Ich war einfach zu müde. *Nachdem* ich den ganzen Tag am Computer gearbeitet hatte, taten mir die Augen weh, und ich wollte nur noch ins Bett.

Δηλώνει πράξεις στο παρελθόν: στη δευτερεύουσα πρόταση έχουμε χρόνο Plusquamperfekt, ενώ στην κύρια Präteritum. Στην καθομιλουμένη μπορεί να συναντήσουμε και Perfekt στην κύρια πρόταση.

▪ Kannst du dich denn schon auf Deutsch unterhalten?

● Ein bisschen. *Nachdem* ich diesen Sprachkurs beendet habe, kann ich hoffentlich genug Deutsch, um mich mit Deutschen zu unterhalten.

Perfekt στη δευτερεύουσα πρόταση
Präsens στην κύρια πρόταση

sobald
μόλις, αμέσως μετά
ερώτηση: *πότε;*
(*wann?*)

▪ Kommst du nicht mit uns?

● Doch, aber ich muss noch auf meine Tochter warten. *Sobald* sie da ist, kommen wir nach.

Χρησιμοποιούμε την ίδια ακολουθία χρόνων όπως στην πρόταση με nachdem. Συχνά όμως ο χρόνος της κύριας και δευτερεύουσας πρότασης μπορεί να είναι ο ίδιος.

▶ Ασκήσεις 1–16

Δευτερεύουσες αιτιολογικές προτάσεις

weil
επειδή

■ Warum kommst du denn nicht mit ins Kino?
● *Weil* ich keine Zeit habe. Ich muss noch arbeiten.

αιτιολόγηση

da
επειδή

■ Was haben Sie am Wochenende gemacht?
● Nichts Besonderes. *Da* das Wetter schlecht war, bin ich fast die ganze Zeit zu Hause geblieben und habe gelesen oder ferngesehen.

Η δευτερεύουσα πρόταση με da βρίσκεται συνήθως μπροστά από την κύρια.

▶ Ασκήσεις 17–21

Δευτερεύουσες υποθετικές προτάσεις

wenn
αν

■ Kommst du am Samstag mit zum Europapokal-Endspiel?
● Ja gern, *wenn* es noch Karten gibt.

προϋπόθεση

falls
σε περίπτωση που,
αν τυχόν

■ *Falls* du heute Abend doch noch kommst, bring bitte eine Flasche Wein mit.
● Ja, mach' ich.

προϋπόθεση, που δε θεωρείται ακόμη βέβαιη

▶ Ασκήσεις 22–25

Δευτερεύουσες εναντιωματικές προτάσεις

obwohl
παρόλο που

■ Er ist zur Arbeit gegangen, *obwohl* er krank ist.

κάτι συμβαίνει αντίθετα με τα αναμενόμενα

Η ίδια πρόταση μπορεί να εκφραστεί και με δύο κύριες προτάσεις, που συνδέονται με *trotzdem*:

■ Er ist krank. *Trotzdem* geht er zur Arbeit.

▶ Ασκήσεις 26–29   ▶ *trotzdem* σελίδες 198, 212–213

Δευτερεύουσες τελικές προτάσεις

damit / um zu
για να,
με σκοπό να

■ Musst du denn jetzt noch telefonieren?
Unser Zug fährt doch gleich!
● Ich muss schnell meine Eltern anrufen,
damit sie uns vom Bahnhof abholen.

στόχος, πρόθεση, σκοπός

■ Warum bist du in Deutschland?
● *Damit* ich ein Praktikum mache.
καλύτερα:
● *Um* ein Praktikum *zu* machen.

*Όταν το πρόσωπο που ενεργεί στην κύρια πρόταση είναι
το ίδιο με το πρόσωπο που ενεργεί στη δευτερεύουσα
(ταυτοπροσωπία), είναι προτιμότερη η σύνδεση με το um zu:*

Ich bin in Deutschland, *um* ein Praktikum *zu* machen.
→ *um zu* + Infinitiv

▶ Ασκήσεις 30–33

225

Δευτερεύουσες συμπερασματικές προτάσεις

so dass
έτσι ώστε, οπότε

■ Du wolltest doch gestern noch schwimmen gehen?
● Ja, eigentlich schon. Aber am Abend wurde es ziemlich kalt, *so dass* ich keine Lust mehr hatte.

συνέπεια

so ... dass
έτσι ... ώστε,
τόσο ... που

■ Du wolltest doch gestern noch schwimmen gehen?
● Ja, eigentlich schon. Aber am Abend wurde es *so* kalt, *dass* ich keine Lust mehr hatte.

συνέπεια (τονίζεται το επίθετο)

ohne dass/
ohne zu
χωρίς να

■ Warum ist Ilse denn so traurig?
● Ihr Freund ist weggefahren, *ohne dass* er sich von ihr verabschiedet hat.
καλύτερα:
● Ihr Freund ist weggefahren, *ohne* sich von ihr *zu* verabschieden.

συνέπεια που περιέχει άρνηση

▶ Ασκήσεις 34–35

Δευτερεύουσες τροπικές προτάσεις (συγκριτικές)

wie
όπως
ερώτηση: *πώς;*
(*wie?*)

■ Wie war euer Urlaub in Portugal?
● Sehr schön. Alles war genau *so, wie* wir es erwartet hatten.

so ... wie (= έτσι όπως), *συμφωνία μεταξύ πραγματικότητας και προσδοκίας*

als
από

- Wie war denn euer Urlaub in Portugal?
- Wunderbar. Es war noch *schöner, als* wir es erwartet hatten.

Komparativ (συγκριτικός βαθμός) + als
διαφορά μεταξύ πραγματικότητας και προσδοκίας

Οι λέξεις *wie* και *als* δε συνδέουν μόνο κύριες με δευτερεύουσες προτάσεις, αλλά και λέξεις ή όρους της πρότασης μεταξύ τους:

Ich bin *so* groß *wie* du.
Ich bin *größer als* du.

je ... desto/umso
όσο ... τόσο

- *Je schneller* ich mit dem Auto fahre, *desto mehr* Benzin verbraucht es.

στη δευτερεύουσα πρόταση: je + Komparativ (συγκριτικός βαθμός)
στην κύρια πρόταση: desto/umso + Komparativ (συγκριτικός βαθμός)

▶ Ασκήσεις 36–39   ▶ *Τα παραθετικά των επιθέτων* σελίδες 122–123

Δευτερεύουσες αντιθετικές προτάσεις

(an)statt dass/
(an)statt zu
αντί να

- Kannst du mir bitte ein bisschen helfen, *anstatt dass* du den ganzen Tag nur fernsiehst?
καλύτερα:
- Kannst du mir bitte ein bisschen helfen, *anstatt* den ganzen Tag nur fern*zu*sehen?

κάποιος συμπεριφέρεται διαφορετικά απ' ότι περιμένουμε

▶ Ασκήσεις 40–41

dass – ob

Το *dass* και το *ob* είναι σύνδεσμοι, που δε φανερώνουν κάποια λογική σχέση ανάμεσα στην κύρια και τη δευτερεύουσα πρόταση. Απλώς τις συνδέουν.

Το *ob* χρησιμοποιείται σε απαντήσεις μετά από ερωτήσεις κρίσης (Ja-/Nein-Fragen).

dass ότι	■ Ich wusste nicht, *κύρια πρόταση*	*dass* du heute Geburtstag hast. *δευτερεύουσα πρόταση*

ob αν	■ Kommst du heute Abend mit ins Kino? ● Ich weiß noch nicht, *κύρια πρόταση*	*ob* ich Zeit habe. *δευτερεύουσα πρόταση*

▶ Ασκήσεις 42–47

1 Αντιστοιχίστε.

1	2	3	4	5	6	7

1. Als ich in Deutschland war,
2. Bevor man in Deutschland studieren kann,
3. Jedesmal wenn wir in Paris waren,
4. Seitdem sie in Italien lebt,
5. Nachdem ich eine Stunde gewartet hatte,
6. Dieser faule Typ! Während ich Ski fahre,
7. Warte hier,

a liegt er im Bett und liest.
b ist sie viel glücklicher.
c hat es nie geregnet.
d bis ich zurückkomme.
e haben wir unsere Verwandten besucht.
f ging ich schließlich nach Hause.
g muss man eine Sprachprüfung bestehen.

2 Γράψτε προτάσεις αρχίζοντας με τη δευτερεύουσα πρόταση.

1. Ich hatte noch kein Fahrrad, als ich so alt war wie du.
   Als ich so alt war wie du, hatte ich noch kein Fahrrad.
2. Ich muss noch schnell die Wohnung aufräumen, bevor meine Eltern kommen.
3. Du könntest doch schon mit dem Geschirrspülen anfangen, während ich das Bad putze.
4. Du bist schrecklich nervös, seitdem sie angerufen haben.
5. Ich habe mir erst einmal ein Glas Wein geholt, nachdem sie angerufen hatten.
6. Ich habe nie geglaubt, dass sie mich wirklich besuchen wollen, bis ihr Anruf am Samstagabend kam.
7. Sie haben mich nie besucht, als ich in London gelebt habe.
8. Wir haben immer im selben Hotel gewohnt, wenn wir in Paris waren.

3 Συμπληρώστε *als* ή *wenn*.

1. _____ wir letztes Jahr im Urlaub in Schweden waren, hatten wir großes Glück mit dem Wetter.
2. _____ die Sonne schien, machten wir immer lange Wanderungen, und _____ es regnete, blieben wir zu Hause.
3. Eines Tages, _____ schon morgens die Sonne schien, gingen wir ohne Regenjacken los. Nachdem wir circa drei Stunden gewandert waren, bewölkte sich der Himmel immer mehr, so dass wir zurückgingen.
4. Wir beeilten uns sehr, aber _____ wir kurz vor dem Hotel waren, fing es fürchterlich an zu regnen.
5. Es ist doch immer wieder dasselbe: _____ wir unsere Regenjacken mitnehmen, scheint garantiert den ganzen Tag die Sonne, aber _____ wir sie einmal zu Hause lassen, regnet es mit Sicherheit!
6. So war es auch, _____ wir vor zwei Jahren in Island waren.

4 Γράψτε προτάσεις με *als* ή *wenn* [+ *immer* (= πάντοτε) / *jedesmal* (= κάθε φορά)] στο παρελθόν (Präteritum).

1. Kind sein – Lokomotivführer werden wollen
   Als ich ein Kind war, wollte ich Lokomotivführer werden.
2. noch kein Auto haben – viel zu Fuß gehen
3. krank sein – Mutter mir viele Bücher vorlesen
4. im Krankenhaus liegen – viel mit den anderen Kindern spielen
5. Großmutter zu Besuch kommen – uns Schokolade mitbringen
6. zur Schule gehen – nie Hausaufgaben machen wollen
7. in Urlaub sein – Vater viel mit mir spielen
8. in Italien sein – viel Eis essen

5 Γράψτε τρελές προτάσεις με *als* ή *wenn* στο παρελθόν.

zur Schule gehen   in Urlaub sein
auf einem Baum sitzen
Auto fahren   ~~ein Kind sein~~
in der Badewanne liegen   Ski fahren

Humphrey Bogart treffen
~~Motorrad fahren~~   Klavier spielen
eine Symphonie komponieren
Zeitung lesen   Opernarien singen
auf den Händen gehen

Als ich ein Kind war, bin ich viel Motorrad gefahren.
…

6 Σχηματίστε την κύρια πρόταση.

1. Als ich 10 Jahre alt war, *ging ich aufs Gymnasium.* _____
2. Als meine Großmutter noch lebte, _____ .
3. Als ich noch nicht verheiratet war, _____ .
4. Als ich 18 Jahre alt war, _____ .
5. Als ich noch keinen Computer hatte, _____ .
6. Als ich zur Schule ging, _____ .
7. Als ich das erste Mal verliebt war, _____ .
8. Als ich dich noch nicht kannte, _____ .

7 Γράψτε προτάσεις με *während*.
Συμπληρώστε το ρήμα *können* στην
κύρια πρόταση.

1. Koffer packen – auf der Bank Geld
   wechseln
   Während ich die Koffer packe,
   könntest du schon auf der Bank Geld
   wechseln.
2. tanken – Autofenster waschen
3. Reiseproviant vorbereiten – Küche
   aufräumen
4. Hotel suchen – auf das Gepäck
   aufpassen
5. duschen – die Koffer ausräumen
6. einen Parkplatz suchen – ins
   Restaurant gehen

9 Γράψτε προτάσεις με *bis* ή *seitdem*.

1. gut Deutsch können – noch viel
   lernen
   Bis ich gut Deutsch kann, muss ich
   noch viel lernen.
2. in Deutschland leben –
   Sprachschule besuchen
3. mit der Arbeit beginnen – noch
   Deutsch lernen müssen
4. einen neuen Lehrer haben – gar
   nichts mehr verstehen
5. mit diesem Buch lernen – besser
   die Grammatik verstehen
6. gut Deutsch können – verrückt
   werden
7. eine neue Wohnung haben –
   glücklicher sein
8. ich sie kennen – Leben viel
   schöner sein

8 Γράψτε προτάσεις με *während*.

Was machen die Personen?

1. Während der Vater _____

2. _____
   _____

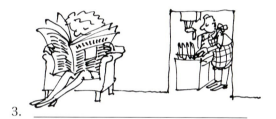

3. _____
   _____

4. _____
   _____

231

10 Γράψτε μικρούς διαλόγους με *sobald*.

	Kind			Vater		
■		ins Schwimmbad gehen	■		Schuhe ausziehen	■
■		Rad fahren	■		etwas essen	■
■		~~mit mir~~ spielen	■		Hände waschen	■
■		Eis essen gehen	■		~~Zeitung~~ lesen	■
■		malen	■		Schreibtisch aufräumen	■
■		in den Park gehen	■		Mittagsschlaf machen	■

■ *Papa, wann spielst du denn endlich mit mir?*
● *Sobald ich die Zeitung gelesen habe.*
…

11 Συμπληρώστε *als* ή *nachdem*.

1. ■ Waren Sie am Samstag in der Oper?
   ● Leider nicht, _____ wir eine Stunde an der Kasse gewartet hatten, hat der Mann vor uns die letzten zwei Karten gekauft, und wir mussten nach Hause gehen.

2. ■ Wie alt warst du, _____ du das erste Mal ohne deine Eltern in Urlaub gefahren bist?
   ● Da war ich ungefähr 16.

3. ■ Hallo, da seid ihr ja endlich! Warum habt ihr so lange gebraucht?
   ● Wir haben uns total verfahren. Aber _____ wir uns schließlich einen Stadtplan gekauft hatten, haben wir den richtigen Weg schnell gefunden.

4. ■ Wie hast du dich gefühlt, _____ du endlich wieder zu Hause warst?
   ● Einfach wunderbar!

5. ■ Wo haben Sie so gut Deutsch gelernt?
   ● Eigentlich in der Schule. Aber wirklich gut sprechen konnte ich erst, _____ ich sechs Monate in Hamburg gelebt hatte.

6. ■ Woher kennt ihr euch eigentlich?
   ● _____ wir Kinder waren, haben wir im selben Dorf gewohnt.

12 Απαντήστε.

1. ■ Mama, wann hast du
   schwimmen gelernt?
   ● *Als ich 6 Jahre alt war.*

2. ■ Mama, wann darf ich zu meinen
   Freunden zum Spielen gehen?
   ● Sobald …

3. ■ Mama, wann bekomme ich
   endlich mehr Taschengeld?
   ● Wenn …

4. ■ Mama, wann kommt Papa nach
   Hause?
   ● Sobald …

5. ■ Mama, wann darf ich heute
   fernsehen?
   ● Bevor …

6. ■ Mama, wann hilfst du mir bei
   den Hausaufgaben?
   ● Wenn …

7. ■ Mama, wann hast du alle diese
   Bücher gelesen?
   ● Als …

8. ■ Mama, wann spielst du endlich
   mit mir?
   ● Sobald …

13 Συμπληρώστε τις προτάσεις.

Interview mit Herrn Weise, Musiker,
66 Jahre alt.

1. ■ Herr Weise, wann waren Sie am
   glücklichsten in Ihrem Leben?
   (Kind sein)
   ● *Am glücklichsten war ich, als ich*
   noch ein Kind war.

2. ■ Was haben Sie nach dem Abitur
   gemacht? (zum Militär müssen)
   ● Ja also, nachdem …

3. ■ Und wann haben Sie dann mit
   dem Musikstudium begonnen?
   (26 Jahre alt)
   ● Als …

4. ■ Das ist doch ungewöhnlich spät.
   Wie kam das?
   (Arzt werden wollen)
   ● Ja wissen Sie, bevor ich mit dem
   Musikstudium …

5. ■ Seit wann spielen Sie überhaupt
   Klavier? (zur Schule gehen)
   ● Seit …

6. ■ Und wann haben Sie Ihre Frau
   kennen gelernt?
   (aus USA zurückkehren)
   ● Nachdem ich …, besuchte ich
   einen alten Schulfreund. Sie ist
   seine jüngere Schwester.

7. ■ Waren Sie auch manchmal
   nervös bei Ihren Konzerten?
   (auf die Bühne gehen)
   ● Oh ja, jedesmal wenn …,
   war ich schrecklich nervös.

8. ■ Wann haben Sie aufgehört,
   Konzerte zu geben?
   (den zweiten Herzinfarkt haben)
   ● Nachdem …

14 Συμπληρώστε τις δευτερεύουσες προτάσεις.

1. Er fing erst an Sport zu treiben, *nachdem er mit dem Rauchen aufgehört hatte.*

2. Er trank so viel Bier, bis …

3. Seine Freundin verließ ihn, nachdem …

4. Seine Eltern schrieben ihm einen bösen Brief, als …

5. Er wanderte drei Monate allein durch die Berge, nachdem …

6. Er drehte sich um und ging weg, sobald …

7. Sie trank noch einen Kaffee, bevor …

8. Sie wollten nicht heiraten, bis …

9. Sie weinte den ganzen Abend, nachdem …

10. Sie haben ihr Haus verkauft, als …

11. Er wollte noch einmal mit ihr sprechen, bevor …

12. Ich spiele Trompete, seit …

13. Er sah fern, während …

14. Wir haben eine Flasche Champagner aufgemacht, nachdem …

15. Du kannst bei uns bleiben, bis …

16. Ich kann nicht mehr schlafen, seitdem …

17. Wir fahren los, sobald …

18. Ich war total überrascht, als …

19. Wir machen noch eine Pause, bevor …

20. Kommst du nach, sobald …

15 Γράψτε μία μικρή ιστορία για κάτι που συνέβη το περασμένο σαββατοκύριακο, χρησιμοποιώντας όσο το δυνατόν περισσότερους χρονικούς συνδέσμους.

▪	~~am Sonntag~~	schönes Wetter	alle Restaurants voll	▪
▪	Auto kaputt	Ausflug	…	▪
▪	Zug verpassen	Bahnhof	eine Stunde warten	▪

Als ich am Sonntag aufstand, stellte ich zu meiner großen Freude fest, dass endlich die Sonne schien und der Regen aufgehört hatte. …

16 Συμπληρώστε *als* (2 φορές), *wenn, während, nachdem, bevor, sobald, bis, seitdem.*

Warten

Seit Montag wartete er auf diesen
Moment. Alles war vorbereitet.
_____ er noch einmal mit
prüfendem Blick durch die Zimmer ging,
5 überlegte er, ob er Musik auflegen sollte.
Klassische Musik vielleicht. Zum Glück
bin ich mit allem rechtzeitig fertig
geworden, dachte er, _____ er zum
wiederholten Mal an diesem Abend auf
10 die Uhr geschaut hatte. Er erwartete sie
um 20.00 Uhr, also in fünf Minuten.
Das Warten erschien ihm unerträglich.
_____ er unten auf der Straße ein
Auto vorfahren hörte, wurde er unruhig.
15 Es blieb stehen. _____ der Fahrer
den Motor abgestellt hatte, hörte er
laute Stimmen. Zwei oder drei Personen
sprachen fast zur gleichen Zeit, so dass
er nur einen Teil des Dialogs verstehen
20 konnte. „Warum hast du das nicht
gesagt, _____ wir losgefahren
sind", sagte eine Frau ärgerlich. Und der
Mann antwortete: „Das habe ich ja, aber
immer _____ ich mit diesem
25 Thema beginne, läufst du weg und hörst

mir nicht mehr zu". Mit diesen Worten
betraten sie das Wohnhaus nebenan.
Bis jetzt war er noch ruhig geblieben,
aber langsam wurde er nervös. Es war
30 bereits nach 20.00 Uhr. Warten, warten
… Wie lange musste er das noch
ertragen, _____ er sie endlich
sehen würde. Solange er nicht wusste,
wie dieser Abend sich entwickeln würde,
35 konnte er unmöglich ruhig und gelassen
sein. _____ das Telegramm am
Montag ihre Ankunft angekündigt hatte,
konnte er sich auf nichts mehr richtig
konzentrieren. Nur während der
40 Arbeitszeit gelang es ihm, die
Erinnerungen kurze Zeit hinter sich zu
lassen, aber am Abend zu Hause dachte
er nur an die alten Zeiten.
Wieder bog ein Auto um die Ecke und
45 hielt vor dem Haus. Er lauschte.
Einen Moment lang hoffte er, dass es
jemand anderes wäre. Auf einmal hatte
er Angst, Angst vor dem lang ersehnten
Augenblick. _____ er sie dann
50 sah …

17 Συνδέστε τις προτάσεις με *weil.*

1. Ich gehe jetzt nach Hause. Ich bin müde.
   Ich gehe jetzt nach Hause, weil ich müde bin.
2. Der Film hat mir nicht gefallen. Er war so brutal.
3. In dieses Restaurant gehe ich nicht mehr. Es ist zu teuer.
4. Nein danke, ich trinke keinen Wein mehr. Ich muss noch Auto fahren.
5. Ich gehe jetzt ins Bett. Ich muss morgen früh aufstehen.
6. Wir essen kein Fleisch. Es schmeckt uns nicht.

18 Γράψτε προτάσεις.

1. ihre – Frau Bauer – weil – ist –
    unglücklich – weggelaufen –
    Katze – ist
2. freut – hat – Toni – sich – Prüfung –
    weil – bestanden – er – die
3. kauft ein – da – Supermarkt – dort –
    am billigsten – alles – im – sie – ist
4. Bett – sie – müde – weil – Anna –
    ins – geht – ist
5. am Wochenende – krank – weil –
    nicht – ich – bin – mitgekommen –
    war – ich
6. es – Olivenöl – weil – wir – am besten –
    nur – ist – nehmen – zum Kochen

19 Γράψτε προτάσεις.

- den Menschen helfen können
- ~~schöner Beruf~~ sein
- in vielen Ländern arbeiten können
- viel Neues lernen können
- abwechslungsreiche Arbeit haben
- interessanter Beruf sein
- …

Arzt	Lehrer	Musiker
~~Ärztin~~	Maler	Lehrerin
Musikerin	Malerin	…

Ich möchte Ärztin werden, weil das ein schöner Beruf ist.
…

20 Απαντήστε.

1. ■ Papa, warum liest du immer so
    lange Zeitung?
    ● Weil _____

2. ■ Papa, warum kannst du jetzt nicht
    mit mir spielen?
    ● Weil _____

3. ■ Papa, warum musst du immer so
    viel arbeiten?
    ● Weil _____

4. ■ Papa, warum ist das Wasser im
    Meer salzig?
    ● Weil _____

5. ■ Papa, warum fällt der Mond nicht
    vom Himmel runter?
    ● Weil _____

6. ■ Papa, warum sagst du immer, dass
    ich still sein soll?
    ● Weil _____

21 Συμπληρώστε τις δευτερεύουσες προτάσεις με *weil / da*.

1. Ich gehe nicht auf dem Mond spazieren, *weil ich nicht Neil Armstrong bin.*

2. Sie schläft mit den Füßen auf dem Kopfkissen, _____ .

3. Er wäscht seine Haare mit rohen Eiern, _____ .

4. Wir sitzen im Unterricht auf Stühlen, _____ .

5. _____ , will ich nicht Prinz Charles heiraten.

6. Sie zieht nur rote Hosen an, _____ .

7. _____ , möchte ich nicht mit dir verreisen.

8. _____ , will ich Cowboy werden.

22 Συνδέστε τις προτάσεις.

1. Gehen Sie jetzt spazieren? Dann sollten Sie einen Regenschirm mitnehmen.
   Wenn Sie jetzt spazieren gehen, sollten Sie einen Regenschirm mitnehmen.

2. Kauft Hans sich schon wieder einen Ferrari? Dann hat er aber sehr viel Geld.

3. Streitet ihr schon wieder? Dann geht ihr sofort ins Bett.

4. Brauchst du noch Geld? Dann ruf mich einfach an.

5. Haben Sie noch etwas Zeit? Dann schreiben Sie bitte noch schnell diesen Brief.

6. Haben Sie immer noch Schmerzen? Dann nehmen Sie eine Tablette mehr pro Tag.

23 Απαντήστε.

1. ■ Kommst du mit ins Schwimmbad?
   ● Ja gern, wenn *ich mit der Hausaufgabe fertig bin.*

2. ■ Fahren Sie nächstes Jahr im Urlaub wieder nach Brasilien?
   ● Ja, wenn … genug Geld haben

3. ■ Schmeckt Ihnen bayerisches Essen?
   ● Ja, wenn … nicht so fett sein

4. ■ Suchst du dir wieder einen Job als Babysitter?
   ● Ja, wenn … keine andere Arbeit finden

5. ■ Mama, darf ich noch zu Anna zum Spielen gehen?
   ● Ja, wenn … nicht zu spät nach Hause kommen

6. ■ Kommst du am Samstag mit zum Fußballspiel ins Olympiastadion?
   ● Ja, wenn … noch Karten bekommen

7. ■ Singst du gern?
   ● Ja, besonders wenn … in der Badewanne liegen

24 Συμπληρώστε τις προτάσεις.

1. Wenn *du mich besuchst* , koche ich dir etwas Gutes.

2. Falls _____ , komm doch noch zu uns.

3. Ich leihe Ihnen gern mein Auto, wenn _____ .

4. Wenn _____ , bin ich immer am glücklichsten.

5. Wir würden uns sehr freuen, wenn _____ .

6. _____ , falls ihr keine anderen Pläne habt.

7. Falls Sie nächstes Jahr wieder nach Europa kommen, _____ _____ .

8. _____ , falls du heute noch einkaufen gehst?

25 Απαντήστε.

1. ■ Gehen Sie morgen Abend mit mir ins Theater?
   ● Ja gern, falls *die Karten nicht zu teuer sind.*

2. ■ Möchten Sie etwas zu essen?
   ● Ja gern, falls …

3. ■ Fahren wir am Wochenende in die Berge?
   ● Ja gern, wenn …

4. ■ Möchtest du gern Chinesisch lernen?
   ● Ja, sehr gern, wenn …

5. ■ Könntet ihr mir am Samstag beim Umzug helfen?
   ● Ja gern, falls …

6. ■ Darf ich Sie zu einem Glas Wein einladen?
   ● Ja, sehr gern, wenn …

26 Αντιστοιχίστε.

1	2	3	4	5	6

1. Frau Mutig geht allein in den Wald,

2. Er kauft sich ein neues Fahrrad,

3. Sie geht nicht zum Arzt,

4. Sie isst nie Obst,

5. Sie haben nur eine kleine Wohnung,

6. Er geht mit seiner Frau ins Theater,

a obwohl es so gesund ist.

b obwohl er lieber ins Kino gehen würde.

c obwohl sie fünf Kinder haben.

d obwohl es schon dunkel ist.

e obwohl sie krank ist.

f obwohl sein altes noch in Ordnung ist.

27 Αλλάξτε τη σειρά των προτάσεων της άσκησης 26 ξεκινώντας την πρόταση με το *obwohl*.

1. *Obwohl es schon dunkel ist, geht Frau Mutig allein in den Wald.*

...

29 Γράψτε πέντε προτάσεις.

Ich finde Deutschland toll,

– *weil das Bier überall gut schmeckt.*
– *obwohl es dort so kalt ist.*

...

30 Απαντήστε.

1. Warum lernst du Deutsch?
   in Deutschland studieren können
   Ich lerne Deutsch, um in Deutschland studieren zu können.

2. Wozu brauchen Sie denn alle diese Werkzeuge?   Auto reparieren

3. Wozu brauchst du denn einen Computer?   damit spielen

4. Warum warst du am Wochenende schon wieder in Wien?
   Freundin besuchen

5. Warum stellst du nur immer so viele Fragen?   dich ärgern

6. Warum machst du so viele Übungen in diesem Buch?   Grammatik üben

28 Γράψτε ερωτήσεις.

Fußball spielen   ~~spazieren gehen~~
schon nach Hause gehen
allein nach New York fliegen
fernsehen   Auto kaufen

schönes Wetter   gefährlich
~~es regnet~~   nicht spät
kein Geld haben   es schneit

Willst du wirklich spazieren gehen, obwohl es so stark regnet?
...

31 Συνδέστε τις προτάσεις με *damit* ή *um zu*.

1. Er spart sein Taschengeld. Er möchte sich ein Videospiel kaufen.
   Er spart sein Taschengeld, um sich ein Videospiel zu kaufen.

2. Die Firma vergrößert ihren Werbeetat. Sie möchte den Verkauf ihrer Produkte erhöhen.

3. Die Banken erhöhen die Zinsen. Die Bürger müssen mehr sparen.

4. Die Regierung beschließt, die Staatsschulden zu verringern. Sie will die Inflation bekämpfen.

5. Die Eltern bauen ihr Haus um. Ihr Sohn kann darin eine eigene Wohnung haben.

6. Er geht ganz leise ins Schlafzimmer. Seine Frau soll nicht aufwachen.

7. Ich habe in mein Auto einen Katalysator einbauen lassen. Ich kann mit bleifreiem Benzin fahren.

8. Er lernt eine Fremdsprache. Er möchte eine bessere Arbeit finden.

32 Συμπληρώστε μια δευτερεύουσα πρόταση με *damit* ή *um zu.*

Frau wieder in ihrer Heimat sein ~~Deutsch lernen~~

Praktikum machen   gutes Bier trinken   viel Geld verdienen

Kinder hier zur Schule gehen   etwas Neues erleben

Herr Markopoulos ist in Deutschland, *um Deutsch zu lernen.*

...

33 Απαντήστε. Γιατί είσαστε στη Γερμανία;
Γιατί θα θέλατε να πάτε κάποτε στη Γερμανία;

Ich bin in Deutschland, ...

...

34 Συνδέστε τις προτάσεις με *so dass* ή *so ... dass.*

An Weihnachten

1. Die Kinder waren sehr aufgeregt. Sie konnten gar nicht mehr ruhig sitzen.
   Die Kinder waren so aufgeregt, dass sie gar nicht mehr ruhig sitzen konnten.
2. Die Kinder haben gebastelt. Sie hatten für jeden in der Familie ein kleines Geschenk.
3. Die Kinder haben ihrer Mutter beim Backen geholfen. Sie konnten schon die Plätzchen probieren.
4. Der Vater hatte vorher viel gearbeitet. Er konnte nach Weihnachten ein paar Tage frei nehmen.
5. Die Großmutter kam zu Besuch. Sie musste die Feiertage nicht allein verbringen.
6. Der Weihnachtsbaum war groß. Sie brauchten zum Schmücken eine Leiter.

35 Συνδέστε τις προτάσεις με το *ohne dass* ή *ohne zu.*

1. wegfahren – sich nicht verabschieden
   Er fuhr weg, ohne sich zu verabschieden.
2. später kommen – nicht vorher anrufen
3. jemandem wehtun – sich nicht entschuldigen
4. laute Musik hören – nicht an die Nachbarn denken
5. jemanden beleidigen – es nicht merken
6. mein Fahrrad nehmen – nicht vorher fragen
7. vorbeigehen – nicht grüßen
8. aus dem Haus gehen – die Schlüssel nicht mitnehmen

36 Αντιστοιχίστε. Μετά συνδέστε τις προτάσεις με *wie* ή *als*.

1. Das Ergebnis der ~~Verhandlung~~ war ~~besser,~~

2. Am Oktoberfest wurde so viel getrunken,

3. Dieser Computer ist nicht so gut,

4. Er kocht besser,

5. Wir mussten für die Reise weniger zahlen,

6. Sie schwimmt schneller,

a   ich gedacht habe.

b   im Allgemeinen angenommen wird.

c   ihre Konkurrenten befürchtet haben.

d   ~~wir erwartet hatten.~~

e   im vergangenen Jahr.

f   im Prospekt stand.

Das Ergebnis der Verhandlung war besser, als wir erwartet hatten.

...

37 Απαντήστε.

wie/als ich gedacht hatte	
wie/als ich angenommen hatte	
wie/als ich geglaubt hatte	
~~wie/als ich gehofft~~ hatte	
wie/als ich erwartet hatte	
wie/als ich vermutet hatte	
wie/als ich befürchtet hatte	

1. War das Fußballspiel gut?
   Es war besser, als ich gehofft hatte.
   Es war nicht so gut, wie ich gehofft hatte.

2. Waren die Eintrittskarten schnell verkauft?

3. Ist das Buch spannend?

4. War der Film interessant?

5. Waren viele Leute bei der Veranstaltung?

6. Hast du viele Kollegen auf der Party getroffen?

7. War das japanische Essen gut?

8. War die Bergtour anstrengend?

38 Γράψτε προτάσεις με *je ... desto/umso*.

Sport machen	wenig essen	häufig spazieren gehen	
Künstler berühmt werden		viel verdienen	gern arbeiten
Chef nett sein	alt werden	eine gute Figur bekommen	
~~lange in England leben~~		schlecht schlafen	tolerant werden
Kaffee stark sein		~~gut Englisch sprechen~~	
schönes Wetter sein		schlecht gelaunt sein	

Je länger ich in England lebe, desto besser spreche ich Englisch.

...

39 Συμπληρώστε τις προτάσεις.

1. Je leiser du sprichst, *desto schlechter verstehe ich dich.*

2. Je weniger du anderen Leuten hilfst, _____

3. Je schlechter die Wirtschaftslage ist, _____

4. Je besser das Lehrbuch ist, _____

5. Je lustiger der Lehrer ist, _____

6. Je schöner ein Mann ist, _____

40 Γράψτε προτάσεις με *(an)statt zu*.

mit dem Hund spielen	so lange telefonieren
zum Fenster hinausschauen	die schöne Frau beobachten
Musik hören	eine halbe Stunde duschen

Kannst du mir bitte ein bisschen helfen, anstatt den ganzen Tag zum Fenster hinauszuschauen?
…

41 Γράψτε προτάσεις με *(an)statt zu*.

mit meiner Freundin spazieren gehen	Hausaufgaben machen
Fenster putzen	Geschirr spülen mit dir ausgehen
in den Biergarten gehen	eine Diät machen
Schokolade essen	arbeiten Klavier üben
zu Hause bleiben	eine Prüfung machen
in der Sonne liegen …	alte Kirchen besichtigen …

Ich bleibe lieber zu Hause, anstatt mit dir auszugehen.
…

42 Συμπληρώστε τους συνδέσμους.

da/weil	als	als	als	als	da/weil	so dass
	so dass	(so) … dass		nachdem	nachdem	
obwohl		ohne	während		wie	bevor

_____ wir vor zwanzig Jahren nach Berlin zogen, mieteten wir eine kleine, aber billige Wohnung in einem sehr alten Haus. (1)

5 _____ wir wussten, dass diese Wohnung mit unseren vier heranwachsenden Kindern bald zu klein werden würde, konnten wir uns keine andere leisten, _____

10 mein Mann zu dieser Zeit nicht viel verdiente. (2)

_____ wir mit der Renovierung begannen, besprachen wir mit unseren Kindern alles und fragten

15 sie, _____ sie ihr Kinderzimmer am liebsten hätten. (3)

Dann machten wir uns mit viel Elan an die Arbeit. _____ mein Mann und ich die Wände strichen,

20 mussten die zwei größeren Kinder auf ihre kleinen Geschwister aufpassen. (4)

_____ wir mit viel Mühe und Zeit alle Zimmer renoviert hatten,

25 gefiel uns unsere Wohnung sehr gut, _____ wir eine Zeit lang gar nicht mehr daran dachten umzuziehen. (5)

Erst _____ die Kinder dann

30 so groß waren, _____ sie nicht mehr alle zusammen in einem Zimmer wohnen wollten, dachten wir darüber nach, eine neue Wohnung zu suchen. (6)

35 Jedoch waren nach der Wiedervereinigung Deutschlands die Wohnungsmieten in Berlin sehr gestiegen, _____ wir uns keine größere Wohnung in Berlin

40 mehr leisten konnten. (7)

Deshalb überlegten wir, ob wir vielleicht aufs Land ziehen sollten, besonders _____ die Umgebung von Berlin sehr schön ist

45 und es dort eventuell noch billigere Wohnungen gab. (8)

_____ wir uns eines Tages wieder eine Wohnung in einem Dorf anschauten, entdeckten wir

50 durch Zufall ein kleines, sehr altes Haus, das leer stand. (9)

Wir waren alle begeistert davon, und den Kindern gefiel besonders der verwilderte, große Garten.

55 _____ wir herausgefunden hatten, wem es gehörte, schrieben wir gleich einen Brief an den Besitzer und fragten, ob es zu vermieten sei. (10)

60 Nach einer Woche erhielten wir seine Antwort. Wir waren alle ein bisschen nervös, _____ mein Mann den Brief öffnete. (11)

Aber wir hatten Glück. Die Miete war

65 nicht sehr hoch, und der Besitzer war froh, neue Mieter gefunden zu haben, _____ eine Anzeige in der Zeitung aufgeben zu müssen. (12)

243

43 Συμπληρώστε τις προτάσεις.

1. Ich suche eine neue Wohnung,
   weil die alte zu klein ist.

2. Ich habe schon viel erlebt,
   seitdem …

3. Obwohl sie noch sehr jung ist, …

4. Ich war sehr überrascht, als …

5. Wir werden dich besuchen,
   sobald …

6. Da ich kein Geld bei mir hatte, …

7. Warum warten Sie nicht, bis …

8. Nachdem der Zug angekommen
   war, …

9. Ich weiß nicht, ob …

10. Könntest du nicht ein bisschen
    mehr lernen, anstatt …

11. Es hat so geschneit, dass …

12. Nehmen Sie eine von diesen
    Tabletten, wenn …

13. Gehen Sie nicht weg, bevor …

14. Das Buch ist nicht so interessant,
    wie …

15. Ich werde es Ihnen erklären, falls …

16. Ich hätte gern Ihre Adresse, damit …

17. Anstatt sein Geld zu sparen, …

18. Je mehr ich schlafe, desto …

19. Es geht mir viel besser, seit …

20. Während ich putze, …

21. Ich möchte jetzt nichts essen, weil …

22. Falls mein Chef anruft, …

23. Obwohl er krank war, …

24. Können Sie mir bitte sagen, ob …

25. Nimm nie mehr mein Auto, ohne …

26. Diese Übung ist leichter, als …

44 Συμπληρώστε τους συνδέσμους.

Meine Großmutter erzählte uns Kindern
Geschichten, …

1. _____ wir noch klein waren.

2. _____ uns zu unterhalten.

3. _____ wir Zähne geputzt
   hatten und im Bett lagen.

4. nie _____ etwas Neues zu
   erfinden.

5. _____ das Wetter schlecht
   war und wir nicht draußen spielen
   konnten.

6. _____ wir uns nicht
   langweilten.

7. _____ uns das so gut gefiel.

8. _____ sie immer viel Arbeit
   hatte.

9. _____ sie Essen kochte.

10. _____ wir abends ins Bett
    gingen.

45 Συμπληρώστε τη δευτερεύουσα πρόταση. Υπάρχουν περισσότερες από μία λύσεις.

1. Er kam nicht zum Unterricht, …
   … weil er den Zug verpasst hatte.
   … obwohl er es mir versprochen hatte.

2. Mein Vater gibt mir nicht mehr
   Geld, …

3. Er ging weg, …

4. Ich habe meine Arbeitsstelle
   gekündigt, …

5. Morgen kommt meine Freundin, …

6. Sie erkundigte sich nach einem Flug
   in die Türkei, …

7. Die Arbeiter haben den Streik
   beendet, …

8. Österreich gefällt mir sehr, …

46 Γράψτε με τη βοήθεια των παρακάτω συνδέσμων μια ιστορία. Πρέπει να χρησιμοποιήσετε όλους τους συνδέσμους, αλλά σε όποια σειρά θέλετε.

als	obwohl	damit	ohne zu	nachdem	weil	wenn
um zu	da	während	sobald	bevor	ob	dass

47 Συμπληρώστε τις λέξεις στο σταυρόλεξο με κεφαλαία γράμματα (Ä = AE).

1. Ich bin heute sehr müde, ▨▨▨▨ ich letzte Nacht zu wenig geschlafen habe.
2. Kommen Sie mich doch mal besuchen, ▨▨▨▨ Sie Zeit haben!
3. ▨▨▨▨ ich einen Mittagsschlaf gemacht habe, ist er spazieren gegangen.
4. ▨▨▨▨ sie reich sind, leben sie sehr bescheiden.
5. Warte bitte hier, ▨▨▨▨ ich fertig bin.
6. ▨▨▨▨ sie weggefahren war, war er sehr traurig.
7. Er ging weg, ▨▨▨▨ sich noch einmal umzudrehen.

Wortregister

Wortregister